Henning Köhler
Jugend im Zwiespalt

Henning Köhler

Jugend im Zwiespalt

Eine Psychologie der Pubertät
für Eltern und Erzieher

Verlag Freies Geistesleben

Henning Köhler, geboren 1951, arbeitet als Heilpädagoge in ambulanter Praxis in dem von ihm mitbegründeten «Janusz Korczak Institut» in Wolfschlugen bei Stuttgart. Im Verlag Freies Geistesleben sind von ihm u.a. erschienen: *Vom Rätsel der Angst; Von ängstlichen, traurigen und unruhigen Kindern; Schwierige Kinder gibt es nicht; Was haben wir bloß falsch gemacht? Kindernöte, Elternsorgen und die verflixten Schuldgefühle; Die stille Sehnsucht nach Heimkehr. Zum Verständnis der Pubertätsmagersucht; Vom Ursprung der Sehnsucht. Die Heilkraft von Kreativität und Zärtlichkeit; War Michel aus Lönneberga aufmerksamkeitsgestört?* und *Vom Wunder des Kindseins.*

ISBN 978-3-7725-2519-3

7. Auflage 2009

Verlag Freies Geistesleben
Landhausstraße 82, 70190 Stuttgart
Internet: www.geistesleben.com

© 1990 Verlag Freies Geistesleben
& Urachhaus GmbH, Stuttgart
Umschlag: Thomas Neuerer unter Verwendung eines Fotos von Wolfgang Schmidt
Druck: Druckhaus NOMOS, Sinzheim

Inhalt

Geleitwort zur Neuausgabe 1999	7
Vorwort zur vierten Auflage	27
Vorbemerkungen des Verfassers	31

Spurensuche. Jugendfrage und Menschenbild

Entwicklung zwischen Bedingtheit und Freiheit 37

*Die verlorene Heimat 37 / Gesprächsauszug Johanna S. 43 /
Das leidvolle Erwachen an der Welt 45 / Gesprächsauszug David B. 55 /
Diskussion: Zwei Träume (nach Alice Miller) 61*

Das Ich: ‹Fixe Idee› oder Realität? 65

*Heilende Pädagogik 65 / «Ich gebe mir Form und Gestalt» 71 /
Briefauszug Michaela R. 78 / Diskussion: Zwei Fallschilderungen
(nach H. E. Richter) 80 / Der Streit um die Freiheit 92 / Briefauszug
Katja H. 97 / Spurensuche 98 / Sinnverneinung und Fernweh 102 /
«Was soll ich hier? Was wollte ich?» 110 / Zusammenfassung 113*

**Der Weg zum Herzen. Die Pubertätskrise im Licht der frühen Kindheit.
Bausteine zu einer entwicklungspsychologischen Phänomenologie**

I. Vorbemerkungen zur Symptomatologie 117

II. Wandlungen der Selbst- und Welterfahrung 126

*Grundformen der Wahrnehmung 126 / Die Wahrnehmungswelt des
Kleinkindes 127 / Die Wahrnehmungswelt nach der Schulreife 130 /
Zum Wesen des «Astralleibs» 135 / Ausdrucksdrang und
Gedächtnisbildung 137 / Schlafen und Wachen im Reich der
Sinneserscheinungen 141 / Vergangenheit und Zukunft 143 /
Metamorphosen: «Beschleunigung» und «Verhinderung» 147 /
Von der Angst, sich zu verlieren 149 / Scham und Zweifel 150 /
Die Atemreife 153 / Der Weg zum Herzen 157 /
Aphoristische Übersicht 162*

**Anatomie einer Krise. Seelische Beobachtungsresultate
aus der Jugendarbeit und Ratschläge für Eltern und Erzieher**

I. Güte, Schönheit, Wahrheit?   167
*Die drei Grunderwartungen der kindlichen Seele 167 / Vom
Urvertrauen in die Güte 169 / Vom Urvertrauen in die Schönheit 173 /
Vom Urvertrauen in die Wahrheit 179 / Von der dreifachen
Enttäuschung der Jugendseele 186 / Eros – Moralität – Idealismus 192*

II. Schattenreiche   203

III. An die Eltern   212
*Liebe Eltern 212 / Glauben Sie an Ihr Kind! 214 / Entwickeln Sie
Phantasie! 216 / Das Gespräch 217 / Besinnen Sie sich auf sich selbst! 218 /
«Was haben wir nur falsch gemacht?» 220 / Gehorsam 223 /
Warnzeichen 226 / Bedrohliche Anzeichen 230 / Was Sie Ihrem Kind
raten können 231*

Anhang. Drei Kolumnen und ein Märchen

Märchenwege, Erlösungswege   237

Stell dir vor, es ist Krieg ...   240

Der Verlust der Kindheit   243

Der gestohlene Kristall   246

Anmerkungen   248

Geleitwort zur Neuausgabe 1999

Im Herbst 1989 schloß ich die Arbeit an diesem Buch ab. Somit feiert *Jugend im Zwiespalt* mit der fünften, neugestalteten Auflage 1999 – hinzu kommt die kartonierte Sonderausgabe 1997 – seinen zehnjährigen «Geburtstag».[1] Als erste Monographie zum Thema Pubertät und Adoleszenz aus anthroposophischer Sicht stand das Buch anfangs sozusagen konkurrenzlos in der Landschaft, aber das änderte sich bald. Beachtliche Arbeiten anderer waldorfpädagogisch orientierter Autoren folgten.

Ob *Jugend im Zwiespalt* wie eine Initialzündung wirkte oder rein zufällig den Reigen eröffnete, ist schwer zu sagen. Das Buch löste jedenfalls ein unerwartet starkes Echo aus und steht immerhin chronologisch am Anfang eines Prozesses, der dazu führte, daß heute in der Waldorfszene eine lebendige Diskussion über die Jugendfrage stattfindet. Bleibt zu hoffen, daß diese Diskussion in absehbarer Zeit auch praktische Resultate erbringen möge, etwa hinsichtlich der Unterrichtsgestaltung in der Oberstufe. Immer dringlicher stellt sich ja die Frage, was Schule dazu beitragen kann, die Zukunftshoffnung der jungen Menschen vor den Depressionen der Zeit zu retten; ihnen Erfahrungs- und Gestaltungsräume zu schaffen, in denen *Jugend* – nicht zu verwechseln mit dem kommerziellen Jugendlichkeitskult – *gelebt* werden kann. Noch viel wichtiger aber als die Veränderung der äußeren Formen ist, daß wir als Erzieher «unsere Ideen, unsere Begriffe, unsere Empfindungen … in bewußter Weise umgestalten», denn unsere «allgemeine Seelenverfassung» muß eine solche werden, in der die Jugendlichen «eine gewisse Verwandtschaft mit der eigenen Seelenstimmung» finden (Rudolf Steiner).[2]

Meine Vortragsreisen führen mich seit Jahren kreuz und quer durch die Waldorfszene im In- und Ausland. Immer häufiger schließt sich an die Vorträge eine intensive Gesprächsarbeit mit Lehrern und Eltern an, so daß auch konkrete Gestaltungsvorschläge für den Oberstufenplan erörtert werden können. Es ist seltener geworden, daß sich anläßlich solcher Besuche in den Lehrerkollegien Für- und Wider-Fraktionen bilden. Die

Zeit und die Not haben trennende Gräben überbrückt. Auch in «unseren Zusammenhängen» ist die Misere der Jugendpädagogik nicht mehr zu leugnen. Daß wir in dieser Situation, unbeirrt von marginalen Meinungsunterschieden, aufeinander zugehen müssen, spürt inzwischen (fast) jeder.

Dazu gehört auch die Bereitschaft, alte Ressentiments zu überprüfen. Lange kursierte ja in Waldorfkreisen das Gerücht, ich propagierte eine «antipädagogische» Laisser-faire-Haltung namentlich gegenüber den widerspenstigen oder unmotivierten Jugendlichen und kanzle von diesem Standpunkt aus die gesamte Lehrerschaft als vorgestrig ab. Glücklicherweise ist dieses Vorurteil nur noch selten anzutreffen. Wie kam es zustande? Wer das Buch aufmerksam liest, wird keine Aussage finden, die in diese Richtung zielt. Man hatte wohl mein engagiertes – in Vorträgen vielleicht manchmal überengagiertes – Drängen, die Jugendfrage in veränderter Zeitlage ganz neu zu überdenken und sich gegebenenfalls von einigen überalterten Gewohnheiten zu verabschieden, als pauschale Geringschätzung des Bestehenden und Bewährten gedeutet. Das ist ja ein bekanntes Phänomen: Wer für Veränderung eintritt, muß damit rechnen, daß ihm, noch ehe man seine Anregungen in Ruhe geprüft hat, sogleich nachgesagt wird, er mißachte die Tradition. Dabei müßte doch eigentlich der große Unterschied zwischen geschichtsbewußten und wildwüchsigen Erneuerungsbestrebungen bekannt sein. Nur jene können zu wirklich tiefgreifenden *Verwandlungen* führen, und das sind im Menschenreich immer zuerst Verwandlungen des *Denkens* vor dem Hintergrund der Fülle des schon Gedachten und Erprobten. Und ist nicht die Tradition, um die es sich in unserem Falle handelt, ihrem Wesen nach eine «Tradition der fortwährenden Erneuerung»? Ich kritisiere – aus meiner Sorge sowohl um die Jugendlichen als auch um die spirituelle Substanz und Zukunftsfähigkeit der anthroposophischen Pädagogik – keineswegs «die Tradition», sondern gewisse lähmende Beharrungstendenzen innerhalb derselben. *Was aus dem Quell der Anthroposophie impulsiert wird, kann nie in unveränderlichen Formen erstarren.* Das wäre ein Widerspruch in sich. Der Umkehrschluß lautet: *Was in unveränderlichen Formen erstarrt, kann nicht (mehr) aus dem Quell der Anthroposophie impulsiert sein.* Wenn man dies zu bedenken gibt, ist man doch kein Gegner der Waldorftradition. Ganz im Gegenteil! Diese Tradition wäre ein Auslaufmodell, wenn man konstatieren müßte, sie sei nicht mehr fähig, flexibel und kreativ auf die Zeitverhältnisse zu reagieren.

Daß mein Werben um Verständnis und *Hilfsbereitschaft* – statt Ausgrenzung und Verurteilung – für diejenigen Jugendlichen, die den pubertären Schwellenübertritt als tiefgreifende Krise erleben, häufig als profane antiautoritäre Position mißverstanden und geradezu allergisch zurückgewiesen wurde, war ein bemerkenswertes Phänomen. Auf diese Einschätzung konnte sich nur kaprizieren, wer mit einer gewissen Unerbittlichkeit nicht zur Kenntnis nehmen wollte, was ich tatsächlich geschrieben hatte. Erziehung hat sehr viel mit Freundschaft zu tun, richtig. Doch unter Freundschaft verstehe ich keine Jasagerei, kein gelangweiltes Danebenstehen! In meinen Ausführungen schwingt zwar unüberhörbar die Forderung mit, den aufbegehrenden, sich verweigernden, vorübergehend psychisch und moralisch labilen jungen Menschen *a priori* – sozusagen als goldene Grundregel einer im höheren Sinne *gerechten* pädagogischen Einstellung – zuzubilligen, daß sie *plausible Gründe* für ihr Verhalten haben (statt immer zu unterstellen, sie manövrierten sich aus purer Lust und Laune in Schwierigkeiten). Aber das ist nun wirklich nicht so aufzufassen, als plädierte ich für kritik- und tatenloses Gewährenlassen. Der Text gibt, wie gesagt, keinen Anlaß zu diesem Fehlurteil. Manchmal beschleicht mich der Verdacht, es sei dadurch zustande gekommen, daß der Ruf des politisch unverbesserlich linksgestrickten Autors, den ich mir durch meine Kolumnen und Essays eingehandelt hatte (er ehrt mich!), den Kurzschluß auslöste, ich müsse in meinen pädagogischen Auffassungen ein anthroposophisch bemäntelter Neill-Epigone[3] sein. Richtig ist, daß ich – wie A.S. Neill – für eine Erziehungshaltung eintrete, die auf Repressalien verzichtet. Dies bedeutet aber in meinen Augen nicht *weniger,* sondern *mehr* pädagogisches Engagement im Sinne von Aufmerksamkeit, Andacht, Herzlichkeit und Kreativität. Was ich genau darunter verstehe, ist in meinen verschiedenen Büchern nachzulesen. *Liebe als erbauliches Gefühl genügt nicht. Tätige Liebe ist Güte. Und Güte ist lernbar – wenn wir lieben.* 1997 habe ich mit «*Schwierige*» *Kinder gibt es nicht* eine komprimierte Zusammenfassung meiner Grundgedanken zur Erziehungsfrage vorgelegt, eine «pädosophische» Studie, die den Untertitel «Neill vom Kopf auf die Füße gestellt» tragen könnte. Diese Ideen sind in *Jugend im Zwiespalt* alle schon angelegt, wenngleich teilweise noch etwas unscharf und umständlich formuliert. Manches, was ich damals *von außen* betrachtete, ist mir inzwischen *von innen* ansichtig. Ich will damit sagen: Man beschreibt dieselben Zusammenhänge, aber das eine Mal spricht man *über* sie, das andere Mal *aus* ihnen.

Ich habe das Thema Pubertät und Adoleszenz natürlich weiter verfolgt und vertieft. Die ständige Wechselbeziehung zwischen meiner Tätigkeit als Jugendberater und Jugendtherapeut am Janusz-Korczak-Institut und der gedanklichen Verarbeitung des dort Erlebten, um es schriftlich und mündlich mitzuteilen, stellt mich vor immer neue Herausforderungen, wirft immer neue Fragen auf. Das Gebiet ist unerschöpflich und noch lange nicht erschlossen. Eine Sammlung von verstreut veröffentlichten Aufsätzen und Interviews der letzten etwa sechs, sieben Jahre, ergänzt durch Vortragsautoreferate und Selbstzeugnisse von Jugendlichen, soll zu gegebener Zeit nachgereicht werden. Auch meine beiden letzten Bücher[4] sind – trotz ihrer umfassenderen philosophisch-anthroposophischen Fragestellung – deutlich auf die Entwicklungsphänomenologie der Vor- und Frühpubertät bezogen. In meiner Vortrags- und Seminartätigkeit nehmen in letzter Zeit die psychogenen Eßstörungen (Magersucht, Bulimie) wieder größeren Raum ein, mit denen ich als Therapeut seit vielen Jahren ununterbrochen befaßt bin.[5]

Ende der achtziger Jahre bot sich der Jugendforschung ein Bild, das nicht mehr viel Ähnlichkeit mit der Situation in den alternativbewegten Siebzigern hatte. Während sich in Europa bereits abzeichnete, daß die kommunistischen Staaten dem inneren und äußeren Druck nicht würden standhalten können, nahm die Entwicklung hierzulande eine Richtung, die von den Weichenstellern als «neuer Anfang» oder Aufbruch «zu einem neuen Ufer» (Helmut Kohl) gefeiert wurde. Eine «geistig-moralische Wende» sollte geradezu eingeleitet werden. Kritische Stimmen warnten, hinter diesen pompösen Formeln verberge sich die keineswegs geistreiche und schon gar nicht «moralische» Entschlossenheit, einen restaurativen Prozeß («Rollback») in Gang zu setzen, durch den wieder ausgeschlossen werden sollte, was seit 1968 überraschenderweise in den Bereich des Möglichen gerückt war, nämlich daß sich der Souverän (der mündige Bürger) erheben und darauf bestehen könnte, seine Rechte auszuüben. In der Tat: «Geistig-moralische Wende» war «ein Aufbruchsbefehl zum Rückmarsch».[6] Die Parole wurde auf dem demagogischen Kampffeld wie eine Siegesfahne gehißt, zum Zeichen dafür, daß diejenigen, die «mehr Demokratie wagen» wollten (Schlüsselsatz der Willy Brandt-Ära), politisch und moralisch versagt hätten. Nachdem schon Helmut Schmidt die von vielen kritischen Intellektuellen unterstützte, bei der politisch interessierten Jugend relativ beliebte linksliberale Brandt/Scheel-Regierung als «futurologische Seminareinrichtung» geschmäht und den reformerischen Elan auf allen Ebenen gebremst hatte, wurde nun Helmut Kohl als Gallionsfigur der *konservativen Gegenreformation* aufgebaut. Heiner Geißler prägte damals an die Adresse der Friedensbewegung einen Satz, der eigentlich alles aussagt über die demagogische Unverfrorenheit,

mit der die Wende-Moralisten zu Werke gingen: «Der Pazifismus der
dreißiger Jahre hat Auschwitz erst möglich gemacht.» Wer aufmerksam
hinhörte und sich nicht von Begriffsverdrehungen täuschen ließ, mußte
erkennen, daß es darum ging,

– den historisch errungenen sozialethischen Konsensus aufzu-
weichen, der nach Auschwitz nie mehr zur Disposition stehen dürfte[7]

– Bildung und Kultur zu «befrieden» (also: politisch zu reglemen-
tieren und wirtschaftlichen Zwängen zu unterwerfen)

– ein neues Denunziationsklima gegen jede Art von linksverdäch-
tiger[8] Gesellschaftskritik zu erzeugen, sowie, last but not least,

– die Verharmlosung nationalsozialistischer Verbrechen (Leugnung
ihrer Singularität; Verständnis für die *eigentlich* ehrenwerten Motive Hit-
lers oder für seine *Zwangslage* angesichts der bolschewistischen Gefahr,
«Herunterhandeln» der Opferzahlen) zwecks «Aussöhnung» der Deutschen mit ihrer Geschichte zu betreiben.

Dies alles firmiert seither unter «Enttabuisierung», «Kampf gegen politisch korrekte Denkverbote» und so weiter. Der längst keiner staatsfeind-
lichen Hintergedanken mehr verdächtige Jürgen Habermas diagnosti-
ziert rückblickend ein – bis heute anhaltendes – «diffuses und lähmendes
kulturelles Klima, in (dem) kommerzialisierte Massenmedien den Takt
angeben».[9] Das absehbare Scheitern der osteuropäischen Sozialismus-
perversionen und die letzten Zuckungen der RAF wurden von den Mei-
nungsmachern geschickt gegen den Zukunftsanspruch in Stellung gebracht, den die neuen sozialen Bewegungen auf unterschiedliche Weise
und mit unterschiedlichen Schwerpunkten geltend machen wollten.
Joseph Beuys prägte für diesen Anspruch jenseits aller ideologischen Gra-
benkämpfe den Begriff «soziale Plastik»: *Die Gesellschaft mit dem Antlitz
des MENSCHEN.*

Die Rechnung ging auf. Man konnte keinen kulturkritischen Pieps
mehr von sich geben, ohne sich die obskure «Lehre der Geschichte»
vorhalten lassen zu müssen, daß soziale Utopien, wenn überhaupt irgendwohin, stets in die Barbarei geführt hätten. Nach dieser Logik müßten
wir heute in einem barbarischen Staat leben (bei aller moralischen Verwil-
derung und geistigen Vergröberung – das wäre übertrieben), denn die
freiheitlich-demokratische Grundordnung ist das Ergebnis sozialer Utopien früherer Jahrhunderte. (Die Theorie vom prinzipiell totalitären Charakter idealistischer Gesellschaftsentwürfe war übrigens schon Ende der
siebziger Jahre von den französischen «neuen Philosophen» verbreitet
worden, z.B. von Bernard Henry-Lévi in seinem Buch *Die Barbarei mit*

menschlichem Gesicht). Phantasielosigkeit wurde in «Illusionslosigkeit», Opportunismus in «Realismus» umbenannt, der Konformist empfahl sich plötzlich als «Querdenker», und wer in die veröffentlichte Mehrheitsmeinung einstimmte, schwamm tapfer gegen den Strom. Kurz: Legionen von geistig-moralisch Gewendeten kämpften unter der Führung der Boulevardpresse gegen die Windmühlenflügel einer angeblichen Kulturhegemonie der kritischen Gegenöffentlichkeit. Man muß das so kraß sagen. Auch gemäßigte Zeitzeugen rieben sich damals die Augen, weil sie kaum glauben konnten, wie rapide das Diskursniveau absank. Jeder gewöhnliche Dummkopf durfte sich als Speerspitze des Kulturfortschritts fühlen und ein paar hämische Unbeholfenheiten über zerronnene Träume, zu Ende erzählte große Erzählungen, unbelehrbare Weltverbesserer und so weiter zum Besten geben. Symptomatisch war der Feuilletonschreiber (ich erinnere mich leider nicht mehr, wo ich es las), der von Ernst Blochs *Prinzip Hoffnung* offensichtlich nur den Titel kannte, was ihm aber genügte, um ausgiebig darüber zu dozieren, wie naiv es sei, wenn man die Hoffnung zum *Prinzip* erhebe, statt auch einmal eine ernüchternde Wahrheit zur Kenntnis zu nehmen. Zwar wäre es Bloch nie eingefallen, diese Binsenweisheit in Abrede zu stellen, aber egal, Hauptsache ein «Utopist» konnte dem ahnungslosen Publikum als Depp vorgeführt werden. So ging das in einem fort: Kleine Lichter machten sich schulmeisternd über bedeutende Geister her. Damit ist diese Zeit wohl am besten charakterisiert. Und man kann leider nicht behaupten, in diesem Punkt sei inzwischen eine Besserung eingetreten.

«Utopist» und «Traditionalist» waren plötzlich austauschbare Begriffe. Wer sich dem Rollback anschloß, stand auf der Seite der «Modernisierer» und «Realisten»; wer hingegen nicht aufhören wollte, für sozialen Fortschritt einzutreten, hing altmodischen und selbstverständlich gefährlichen Illusionen nach. Wüßte man nicht, was nach der sogenannten Wiedervereinigung geschah, würde man sagen, die Begriffskonfusion sei kaum mehr zu überbieten gewesen. Das öffentliche Gesprächsklima war auf eine dunstig-schwerfällige Art vergiftet, in gewisser Hinsicht noch vergifteter als im berüchtigten «deutschen Herbst» 1977. Damals – der «eiserne» Helmut Schmidt regierte – brach offener Haß aus. Durchgedrehte Revolutionsparanoiker auf der einen und kompromißunfähige Machthysteriker auf der anderen Seite stachelten einander zu immer aberwitzigeren Kurzschlußhandlungen auf. Die Mainstream-Medien sorgten für eine regelrechte Pogromstimmung gegen den sogenannten Sympathisantensumpf, also gegen alle, die dem Milieu angehörten, in dem sich die RAF zusammengerottet hatte (daß es sich um ein überwiegend pazifistisches Milieu handelte, interessierte nicht); die RAF wiederum verirrte sich in ein Weltbild, in dem jeder, der ihr nicht zumindest klammheimlich applaudierte, als «Büttel» des «faschistoiden Schweinesystems» im Prinzip für alle Ungerechtigkeiten der Welt mithaftete. Das war eine gefährliche Situation, aber so merkwürdig es klingen mag, die Hochspannung aktivierte auch ein beachtliches kreatives Potential. Was sich damals in Film, Literatur, Presse und Popmusik im Bemühen um Verarbeitung des Fiaskos ereignete, war ermutigend. Deutschland-West erlebte das hirnverbrannte Kräftemessen zwischen einer Regierung inklusive dienstbeflissener Justiz, der nichts anderes mehr einfiel als «Härte! Härte! Härte!», und einer «Metropolenguerilla», die es unverblümt darauf abgesehen hatte, das barbarische Regime, das ihren Attentatsvoluntarismus vielleicht entschuldigt *hätte,* herbeizubomben, also die Staatsmacht zur nachträglichen Lieferung der Rechtfertigungsgründe für den gegen sie gerichteten Terror zu veranlassen. Angesichts dieses absurden Theaters taten die «Sympathisanten» im Schulterschluß mit ihren sogenannten wertkonservativen Verbündeten das einzige, was noch helfen konnte: Sie entzündeten Geistesleben. Es wurde diskutiert, projektiert und experimentiert, was das Zeug hielt, und dies teilweise auf einem Niveau, von dem man heute nur noch träumen kann. In diesem Schmelztiegel formierten sich die GRÜNEN als «Anti-Partei-Partei» (Petra Kelly), um die Alternativ- und Friedensbewegung in den Parlamenten zu vertreten. Anthroposophische Ausbildungsstätten im künstlerischen und sozialpflegerischen Bereich hatten bezeichnenderweise einen Zulauf, von dem man heute ebenfalls nur noch träumen kann. Und zum ersten Mal in diesem Jahrhundert sah es kurzzeitig danach aus, als hätte die Dreigliederungsbewegung eine reelle Chance.

Natürlich trieb die Kreativexplosion der siebziger Jahre auch manche skurrile Blüte. Aber wo viel gedeiht, da bleibt Skurriles nicht aus. Ich weiß, welches Unheil die Drogen anrichteten. Tun sie es heute nicht? Ich erinnere mich gut, wieviel Unsinn im Love & Peace-Überschwang geredet, geschrieben und ausprobiert wurde. Sind wir heute klüger? Oder einfach mutloser? Politische Rattenfänger und obskure Propheten wilderten in der Szene. Sie wildern auch heute, unter anderen Fahnen, mit anderen Tricks, und nicht in der «Szene» (die ist verschwunden), sondern am Rande des großen Lifestile-Kasperletheaters, das für die Teenager der 90er Jahre inszeniert wird. Wer die Offerten der «Beschwichtigungs- und Zerstreuungsindustrie» (Horst-Eberhard Richter[10]) nicht annimmt, ist out of the game.

Wer aber mitmacht, fühlt sich nach einiger Zeit furchtbar leer, und die Leere macht Angst. Das wissen die Demagogen und Sinnbetrüger. Damals dienten sie sich dem naiven Weltverbesserungsidealismus an und lockten ihn auf Abwege. Sie hatten nur eine Chance bei der Jugend, wenn sie es verstanden, Novalis'sche Edelgesinnung vorzutäuschen («Wir sind berufen, die Erde zu bilden»). Heute sprechen sie in die sinnlose und entsinnlichte Glitzerwelt hinein: «Du wirst keine Angst mehr haben. Du wirst stark sein. Du wirst glücklich sein. Du wirst dort sein, wo du hingehörst: oben.» Es geht nur noch darum, wer sich in der «seelenlosen Rivalitätskultur» (Richter) auf die Seite der Winner schlägt oder in der Masse der Loser verschwindet. Alle leben in dem Gefühl: Die Zahl der Plätze an der Sonne ist begrenzt. Eliten werden den Kuchen unter sich aufteilen. Ich muß dazugehören! – Vergeblich sucht man den im besten Sinne romantischen, auf ein urchristliches Motiv zurückverweisenden Hang zur hierarchischen Umkehrung, dessen Musik der *Blues* war: Der Bettler ist König. Dem Gescheiterten gebührt die Ehre.

Es gab viele Entwurzelte und Verstörte in jener Auf- und Umbruchzeit, unbestritten. Aber will jemand allen Ernstes behaupten, das sie heute anders? Um die siebziger Jahre aus der Sicht der *Jugendforschung* richtig zu beurteilen, muß man das *Charakteristische* hervorheben, wodurch sich der *Geist der Jugend* in dieser Zeit aussprechen wollte. Drogen, Sekten, politische Fanatismen, sexuelle Ausschweifungen: dies alles spielte sich auf Nebenschauplätzen ab, an denen freilich die Medien das größte Interesse hatten. Die Nebenschauplätze waren größtenteils gar nicht von den Jugendlichen selbst eröffnet worden. Die Wachsamen unter ihnen wußten, daß einflußreiche Kreise hinter dem Import von Tonnen und Abertonnen harten Rauschgifts stehen mußten. Auch die Gründer der Jugendsekten waren bekanntlich keine langhaarigen Teenager, sondern geschäftstüchtige Charismatiker älteren Jahrgangs. Bei der Bewaffnung der gewaltbereiten Szene mischte, wie man längst weiß, der Verfassungsschutz kräftig mit. Und daß eine voyeuristische Öffentlichkeit von der Idee, den Krieg durch Liebe zu überwinden, lediglich blanke Busen und Gruppensexorgien – die höchst selten wirklich stattfanden – zur Kenntnis nehmen wollte, hatten die jungen Leute eigentlich auch nicht zu verantworten. Jedenfalls ist Beate Uhse gewiß keine Folgeerscheinung des *Make love, not war*. – Das *wesentliche* Ereignis war die teilweise denkwürdig kreative, teilweise rührend unbeholfene Anstrengung Hunderttausender von Greenhorns, allesamt im Mief und Muff der fünfziger Jahre aufgewachsen, sich gegen die bedrohliche Zeittendenz zu stemmen, die, kurz gesagt, darauf hinauslief, Auschwitz als bedauerliches Mißgeschick abzuhaken und zur Tagesordnung der Geschichte überzugehen. Oskar Lafontaine hatte diese «Tagesordnung» im Auge, als er seinerzeit völlig zu Recht (es ist schon aufschlußreich, welche Aufregung diese eigentlich ganz selbstverständliche Bemerkung verursachte) die Präferenz der «bürgerlichen Sekundärtugenden» in Frage stellte, mit denen jeder Nazi-Scherge im Prinzip gut habe leben können: Was nützen Ordnung, Gehorsam, Pflichtbewußtsein, Sittenstrenge und so weiter, wenn die ganze Marschrichtung wieder in Richtung Entsolidarisierung, Intoleranz und Gewaltakzeptanz geht? Die Jugend und, ihr folgend (!), Teile der Erwachsenenwelt versuchten eine kreative, unorganisierte «machtlose Gegenmacht» aufzubauen gegen das Heraufziehen einer neuen biedermännischen Brandstiftergesinnung, aber nicht zuletzt auch gegen die skrupellosen Irrläufer aus den eigenen Reihen. Die Bewegung war von der zweifellos unausgegorenen, konzeptlosen, aber *Wärme freisetzenden* Idee beflügelt, jenen schlichten Satz zu bewahrheiten, der für diese Generation eine fast initiatische Bedeutung gewonnen hatte: «Der Weg *ist* das Ziel.»

Zehn Jahre später war die Atmosphäre zwar nicht mehr kontrovers aufgeheizt, sondern im Gegenteil beklemmend spannungslos, aber mindestens ebenso ressentimentlastig. Die Protestbewegung hatte die Zähigkeit und meinungsbildende Macht des Establishments völlig unterschätzt. Die großen Kampagnen gegen den NATO-Doppelbeschluß waren sozusagen die Abschiedsvorstellung der Alternativ- und Friedensbewegung, wenn man einmal vom kurzen Wiederaufflackern während des Golfkriegs absieht. Danach vollzog sich eine stille Kapitulation. Der Kapitulationsschock übertrug sich auf die nachrückende Jugend als flächendeckende «Hat-ja-doch-keinen-Zweck»-Stimmung. Eine unsägliche Trägheit lag über dem Land. Es ist nicht übertrieben, zu sagen, daß die demokratische Streitkultur fast vollständig erlahmte. Ungezählte alternative Projekte und kritische Publikationsorgane verschwanden von der Bildfläche. Statt dessen boomten sogenannte «Zeitgeist-Magazine» für den körper- und modebewußten Genießer mit leichtem Hang zur politischen Korrektheit. Die neue Avantgarde wollte schön, reich und fit sein, exquisiten Sex haben, gepflegt essen gehen und nebenher, solange es keine Mühe machte, auch ein bißchen das Baumsterben bedauern und Amnesty international im Prinzip cool finden. Dieser für ökologische Fragen mäßig aufgeschlossene, adrette und überaus vernünftige neue Sozialisationstyp war sicherlich auch eine Art Kontrastprogramm zu den griesgrämigen Altachtundsechzigern und Ex-Alternativlern, die sich zwar maulend ins Unvermeidliche geschickt hatten, aber – schon leicht angegraut – immer noch Schnoddrigkeit zur Schau trugen und den pubertären «Wow! Wahnsinn!»-Slang partout nicht ablegen wollten. Aber vor allem folgte der in jeder Hinsicht gemäßigte Lifestile-Sonnyboy einer *Medien*vorlage. Sein Outfit und sein Habitus waren auf bestimmte Produktpaletten der Mode-, Genußmittel- und Unterhaltungsindustrie abgestimmt. Die Zeit, in der die Weigerung beträchtlicher Teile der jungen Bevölkerung, das Spiel des Luxus und der Moden mitzuspielen, in den entsprechenden Branchen einige Unruhe ausgelöst hatte, war vorüber.

Die westdeutsche Bevölkerung einschließlich der Jugend schien heimlich mit einem Sedativum versorgt worden zu sein. Eine dumpf-pragmatische («Haste was, biste was») und zugleich irgendwie dümmlich-euphorische Stimmung machte sich breit. Der Kulturkritiker Georg Seeßlen charakterisiert in *KONKRET* (5/99) treffend die Imperative dieser Dümmlichkeit, die, wie wir heute wissen, keine vorübergehende Erscheinung war: «Kämpf dich nach oben, mache Profit, genieße deine Macht, zeig, was du hast, bewundere Effizienz!» Der Argwohn gegen Normen (anthroposophisch gesprochen ein Zeichen für die Regsamkeit der Bewußtseinsseele), aus dem die «alternative» Jugend ihren Freiheitsanspruch destilliert hatte, wich binnen weniger Jahre einer «neuen Norm marktgerechter Gefälligkeit» (Richter). Man muß kein Verschwörungstheoretiker sein, um festzustellen, daß sich dieser Einstellungswandel, was die Jugend betrifft, nicht freiwillig vollzog. Sie geriet in den Bann einer kommerziell diktierten Auffassung von «Lebensqualität», die ihr via Medien förmlich eingetrichtert wurde. Pausenlose Lobpreisungen der grandiosen Zukunftsmöglichkeiten neuer Technologien deckten vordergründig den Bedarf an Visionen und lenkten ihn zugleich in garantiert konforme Bahnen. Cyberspace statt herrschaftsfreie Gesellschaft. Der kritische Diskurs dümpelte, wo er überhaupt noch stattfand, pedantisch, haarspalterisch und zumeist auf unwichtigen Nebengeleisen vor sich hin. Kein noch so aufgeweckter Jugendlicher war vom Fernsehapparat wegzulocken durch totalitarismustheoretische Spitzfindigkeiten oder endlose soziologische Erörterungen über selbststeuernde gesellschaftliche Regelkreise und so weiter. «Es herrscht wieder Ruhe im Land», sang Konstantin Wecker zwischen Zorn und Resignation. Dem von Richter konstatierten kollektiven «Zwang zur Unbekümmertheit» entsprach der Trend in den meinungsbildenden Medien, jede Äußerung kritischen Bewußtseins angewidert als notorischen Kulturpessimismus zurückzuweisen. Die neue Botschaft lautete: Laßt euch nicht den Spaß verderben!

Nur noch in wenigen verbliebenen Nischen überlebte jener widersetzliche, melancholische und warmherzige Geist, der sich nicht abfinden kann mit Gewalt, Intoleranz, Ungerechtigkeit, Machtwillkür und organisierter Hilfeverweigerung. Diese Einstellung galt nun als Schwäche. Folgerichtig setzte eine Renaissance des *Rechts*radikalismus ein, der die heute als «sozialromantisch» bespöttelten ethischen Positionen konterkariert, also Gewalt und Intoleranz verherrlicht, Macht und Privilegien offen erstrebt, Hilfeverweigerung als conditio sine qua non einer gerechten Weltordnung propagiert. Er wurde zunächst auf der politischen Bühne und in intellektuell maskierten Formen wieder salonfähig, dann formierte sich allmählich das fanatisierte – meist jugendliche – Fußvolk und begann zu *tun*, was die «seriösen» Hetzer bei offiziellen Anlässen nur *vorsichtig und juristisch wasserdicht anzudeuten* pflegten. Dieser bestürzende Trend verschärfte sich nach dem Mauerfall deshalb, weil der Rechtsextremismus bekanntlich immer dort am besten gedeiht, wo starke soziale Gegensätze auftreten und ein entsprechendes Minderwertigkeitstrauma die Verlierer für martialische Größenphantasien anfällig macht. Aber das ändert nichts daran, daß es sich bei den neonazistischen Umtrieben um ein hausgemachtes Fiasko der politischen und kulturellen Entwicklung in den *alten* Bundesländern handelt. Die gesellschaftlich abgehängten, mangels Alternative für faschistische Propaganda anfälligen Jugendlichen aus der Ex-DDR sind sozusagen nur auf den fahrenden Zug aufgesprungen.

Die allermeisten Jugendlichen reagierten auf das Rollback der Achtziger, das in den Neunzigern einen zusätzlichen kräftigen Schub erhielt, nicht fanatisch, sondern opportunistisch, nämlich mit einer geradezu gespenstischen Ergebenheit in den Status quo. «Um sich im Schoß der Mehrheit sicher zu fühlen, scheuen sie alle Auffälligkeiten» (Richter). Was blieb, was bleibt ihnen anderes übrig? Die neue Borniertheit, von Richter treffend als «herrschende euphorische Allianz des positiven Denkens» charakterisiert, übte (und übt bis heute) einen zwar subtilen, aber hochwirksamen psychischen Terror aus: Wer dem Prototyp des dauerlächelnden, appetitlichen, hippen Jasagers nicht entspricht, ist out. Und es gibt kaum etwas Schlimmeres als Outsein, Unnormalsein. Ich erinnere mich an Zeiten, da war «Normalo» eine Beleidigung. Jeder wollte unverwechselbar und absonderlich wirken. «Irrer Typ» galt als hohe Auszeichnung. Wer den genialisch-außenseiterischen Gestus überzeugend vorzuführen verstand, machte bei den Karriereverächtern Karriere. Natürlich entbehrte das nicht einer gewissen Komik. Das krampfhafte Anderssein-wollen wurde wiederum zur Uniform. Außerdem nahm man einem siebzehnjährigen Milchgesicht den *Steppenwolf, Mundharmonika, Yogananda* oder *Bakunin* einfach nicht ab.[11] Aber war diese Haltung nicht doch jugendgemäßer als der heutige konformistische Einheitsbrei?

Man kann die siebziger Jahre rückblickend wahrnehmen als eine Episode, in der die Jugendseele aus ihren ureigenen Impulsen ein gesellschaftliches Fanal setzen wollte. In der Bilanz des 20. Jahrhunderts erscheinen die Ereignisse, deren Schattenwurf der RAF-Terror war, wie historisch vorversetzt, wie die Einspiegelung von Zukunftsmöglichkeiten, die das Gewordene überforderten, und im Idealfall wäre daraus die Lehre zu ziehen gewesen: Sorgen wir dafür, daß die Verhältnisse für diese Möglichkeiten empfänglich werden. Was da auf- bzw. hereinbrach, ließ sich nur mühsam aus der Zwangsläufigkeit der ökonomischen und politischen Entwicklung erklären; vielmehr schien es ein Versuch zu sein, eben diese Zwangsläufigkeit zu durchbrechen. Im Grunde genommen ging es nicht darum, der ewigen Rechts-Links-Haßgeschichte eine weitere Episode hinzuzufügen, auch wenn durch die starke Betonung sozialethischer Ansprüche eine Nähe zu linken Traditionen aus der Sache heraus gegeben war. Genaugenommen vertrat die antiautoritäre Bewegung – später «Altemativbewegung» – gar keine *politischen* Positionen. Sie war im Gegenteil ihrem Wesen nach *offensiv apolitisch* und stand insofern dem gewaltlosen *Anarchismus* nahe. Daß sie sich in bezug auf ihren apolitischen Grundzug irritieren ließ, hat zweifellos zu ihrem Scheitern beigetragen. Was heißt «apolitischer Grundzug»? Der Widerstand richtete sich gegen die *Polis,* also gegen den – wirtschaftlich dominierten oder die Wirtschaft dominierenden – Zentralstaat *als solchen,* unabhängig von seiner jeweiligen ideologischen Selbstrechtfertigung. Führend war die Vision der «herrschaftsfreien Gesellschaft». Insofern kehrte in veränderter Form eine Position wieder, die von libertären Sozialisten wie Erich Mühsam oder Gustav Landauer vor dem Zweiten Weltkrieg vertreten und von ihnen selbst als apolitisch oder antipolitisch bezeichnet worden war. Der Hauptgrund für die kulturrevolutionäre Aufbruchsstimmung war die Sensibilität für das staatlich-wirtschaftliche Diktat über das Geistesleben. Die allermeisten (ich würde sagen 90 Prozent) sympathisierten folgerichtig *nicht* mit dem «real existierenden Sozialismus» – allerdings auch nicht mit dem selbstgerechten Antikommunismus. Wenn heute beharrlich das Gegenteil behauptet wird, so ist dies Zweckpropaganda, aus der wir lernen können, wie es im Medienzeitalter funktioniert, das öffentliche Bewußtsein mit einer Geschichtslüge zu imprägnieren. Die Jugend war von einem Geist ergriffen, der uns auch in Rudolf Steiners *Philosophie der Freiheit* begegnet – wenn wir sie so lesen, daß das Herz mitliest (ich füge das hinzu, weil schriftgelehrte Einwände hier natürlich ein Leichtes wären): von einem aus der Zukunft hereinsprechenden Geist, der im anthroposophischen Sprachgebrauch als ethischer Individualismus bekannt ist. Wenn man sich auch offiziell auf die «kritische Theorie» berief (weiß Gott nicht die schlechteste!) – das Fühlen drängte zum ethischen Individualismus hin.

Nach hoffnungsvollem Beginn endete die sanfte Kulturrevolution jedoch – grob gesagt – statt im angestrebten «Netzwerk der Zukunftswerkstätte» in einem drogenbenebelten Netzwerk der Szenekneipen und Popkonzerte. Nichts gegen Kneipen und Popmusik. Aber mit den ursprünglichen antiautoritären Träumen und Entwürfen (neue Lebens- und Arbeitsformen, Abschaffung der Macht des Geldes, herrschaftslose Gesellschaft, Ethos der Gewaltlosigkeit) hatte die subversiv dekorierte Freizeitidylle nur noch wenig zu tun. Die GRÜNEN etablierten sich als vierte parlamentarische Kraft und begannen systematisch ihre Anti-Partei-Prinzipien über Bord zu werfen. Sie entwickelten sich – erwartungsgemäß – in Richtung jener sogenannten Seriosität, für die der «schmerzliche» Abschied von sozialen Utopien und die Etikettierung derselben als «Jugendsünden» charakteristisch ist. (Ehrlicher wäre es, offen über das Dilemma zu sprechen, daß der Weg zur Macht Kompromisse fordert, die an Selbstverrat grenzen. Man kann diese Tatsache schönreden oder sich ihr stellen; nur wer sich ihr stellt, hat die Chance, das Dilemma in Grenzen zu halten.) Zug um Zug suspendierten sie ihre geistige Elite: Die eigentlichen Ideengeber waren zugleich diejenigen, die im Älter- und Klügerwerden keineswegs die Notwendigkeit sahen, Grundüberzeugungen aufzugeben. Zuerst verschwanden die Visionäre und kühnen Köpfe des undogmatischen Spektrums, dann die linken Fundamentalisten (ihre Auffassungen sind für mich in vielen Punkten unannehmbar, was mich aber nicht hindert zu bedauern, daß brillante Köpfe wie Thomas Ebermann das grüne Spektrum nicht mehr bereichern), und zur Zeit erleben wir den Kehraus der verbliebenen pazifistischen Basis. Die Tragödie einer Petra Kelly steht symbolisch für den *spirituellen Suizid* der Grünen. Als klar wurde, daß ein Joseph Beuys keinen Platz bei ihnen finden würde, zeichnete sich das Scheitern des Projekts – ich spreche von der *qualitativen* Auszehrung umgekehrt proportional zum äußeren Erfolg – bereits ab. Im Schicksal dieser Partei, die heute einen absurden Krieg mitzuverantworten hat und daran vermutlich zerbrechen wird (jedenfalls hat der unverwüstliche Dieter Kunzelmann recht, wenn er sagt, damit sei das grün-alternative Projekt inhaltlich beendet), spiegelt sich in vieler Hinsicht das Schicksal jener Jugendbewegung, aus der sie hervorgegangen war: Die Ideale verblaßten, der Fit-for-fun-Lifestyle lockte, und das *Credo der sich selbst in den Rücken fallenden Moderne* («Ende der sozialen Utopien!») wurde auch dort hoffähig, wo es puren Selbstverrat bedeutete, zum Beispiel bei den Grünen. Damit war an die Adresse der Jugend nichts Geringeres gesagt als dies: Ihr habt nur noch dann eine Chance, in dieser Welt zu bestehen, wenn ihr auf euer Privileg verzichtet, für eine freiere, friedlichere, gerechtere Welt einzutreten. Man macht sich gar nicht klar genug, welcher enge Zusammenhang zwischen der gegenwärtigen Agonie der Jugend und der Vergreisung der öffentlichen Gesprächskultur besteht, aus der praktisch alle attraktiven Identifikationsangebote für das sinnsucherische Streben und die Herzensempörung junger Menschen verschwunden sind. Wenn ihnen fremdenfeindliche Ressentiments eingeflößt werden, hat dies, da sind wir uns hoffentlich einig, mit jugendlicher *Herzensempörung* nichts zu tun.

Es würde den Rahmen sprengen, hier zu erörtern, wodurch der anhaltende ideelle und kreative Substanzschwund ausgelöst wurde. Zweifellos sind in erster Linie gesellschaftliche Entwicklungen ins Auge zu fassen, die dazu geführt haben, daß gegen die bewußtseinsverändernde Macht des Geldes und der *Maschine* kaum mehr etwas auszurichten ist. Innovative Impulse müssen naturgemäß von der Jugend ausgehen. Das ist ein Evolutionsgesetz. Jede Jugendgeneration empfängt Bilder und Fähigkeiten aus der Zukunft, die aber nur dann zu Bewußtsein kommen und kreativ verfügbar werden, wenn sie irgendwo die ihnen gemäße, bestätigende Resonanz finden. Es müssen Menschen und Menschenzusammenhänge da sein, die auffassungsfähig sind für das, was die Jugend hereinträgt. Das können nur unabhängige Menschenzusammenhänge sein, denen es nicht einfällt, sich der «großen Koalition der Einverstandenen» anzuschließen,[12] und die dennoch einen gewissen Einfluß ausüben. Es sind wohl noch Reste einer solchen Gegenkultur vorhanden, aber sie gibt fast keine Lebenszeichen mehr von sich. Wie sollte sie auch – ohne Medienecho, ohne die Geldmittel, die man heute braucht, um sich Gehör zu verschaffen? Darin liegt ein großes Problem, auch wenn es mancher in der allgemeinen Schläfrigkeit nicht wahrhaben will. Max Horkheimer warnte schon 1967 vor der «Gefährdung der Subjektivität» durch technisch-instrumentelle Entfremdung und Kommerzialisierung. Damals schien das übertrieben, heute klingt es beinahe verharmlosend. Man mag über die Denker der «Frankfurter Schule» herziehen, wie man will (auch das ist Mode geworden): die Entwicklung hat ihre Kulturprognosen bestätigt. Heute wird in größerem Stil, als es Horkheimer vermutlich für möglich hielt, die *kommerzielle Verfälschung und Ausbeutung der Jugendsehnsucht* betrieben. Vergleichbares hat es in der Geschichte nie gegeben. Jugendabschöpfung ist sozusagen ein Spezialfach der freien Marktwirtschaft, die sich in Gang hält, indem sie immer neuen Bedarf nach überflüssigen Gütern weckt und befriedigt. Mit profundem Wissen um adoleszente Schwächen und Unsicherheiten insbesondere in bezug auf die *zugeschriebene Identität* (ein entwicklungspsychologischer Begriff, der das Spannungsfeld Sozialprestige / Selbstwertgefühl bezeichnet) suggeriert die Traumfabrik Image-, Genuß- und Besitzwünsche und bietet den präparierten Jugendlichen zum Kauf bzw. Verbrauch an, was sie unter dem Einfluß der Suggestionen zu benötigen glauben, um dazuzugehören. Intelligenz und Phantasie sind in dumpfen Ängsten gefangen: «Sehe ich gut aus? Bin ich sexy? Wirke ich souverän? Werde ich viel Geld verdienen? Karriere machen?» Solche Anwandlungen sind bis zu einem gewissen Grad adoleszenztypisch. Aber heute werden diese Schwächen hemmungslos ausgenutzt. Hundertmal am Tag begegnet den Jugendlichen, direkt oder verschlüsselt, die Botschaft: Es spielt keine Rolle, wer du bist, wofür du glühst und was du tatsächlich zu geben hast. Alles hängt davon ab, ob du in der Hierarchie der Egoismen und Narzißmen oben oder unten landest. Die Aussage, es komme nicht auf äußere Attribute, sondern auf innere Werte an, wirkt auf den heutigen Durchschnittsjugendlichen wie eine kalte Dusche, denn er bezieht sie sofort auf sich und vermutet dahinter die Absicht, man wolle ihn über seine Unzulänglichkeit hinwegtrösten. Wen interessieren «innere Werte»! (Insgeheim interessieren sie den einzelnen Jugendlichen durchaus; aber jeder unterstellt, sie interessierten *alle anderen* nicht. Jedenfalls nicht *wirklich*. Das hängt damit zusammen, daß die Vorstellung, jemand habe sich das medienvermittelte Weltbild *nicht* zu eigen gemacht, völlig utopisch erscheint. In Wahrheit – und das ist die gute Botschaft – lebt in vielen Jugendlichen, versteckt allerdings, eine ordentliche Portion Skepsis gegen die Parodie von Jugendlichkeit, die sie vorsichtshalber mitspielen. Sie müßten sich nur getrauen, einander diese Skepsis zu gestehen.)

Der Traum von gesellschaftlicher Transformation durch sanfte Macht von unten war jedenfalls schneller ausgeträumt, als selbst eingefleischte Skeptiker vermutet hatten. Marxistische Betonköpfe und bürgerliche Traditionshüter triumphierten in seltener Eintracht: Der tiefe Argwohn gegen «subkulturelle», «alternative», «pazifistische», «anarchistische» Umtriebe war und ist ihr kleinster gemeinsamer Nenner. Und wo waren die

Anthroposophen? Zweifellos gab es interessante Bemühungen etwa in Form von Kongressen der Jugendsektion oder der Christengemeinschaft. Aber nun rächte sich doch, daß in jenen Jahren, in denen, wie gesagt, die Jugend aus ihren ureigenen Impulsen ein gesellschaftliches Fanal setzen wollte, bei den meisten Anthroposophen kein Sinn, kein Verständnis vorhanden gewesen war für die Stimmungslage, Sprache und Lebensweise *dieser* Jugend, so daß sie sich ihre spirituellen Anregungen lieber bei Baghwan «Osho» Sree Raynjeesh, Maharishi Mahesh Yogi oder irgendwelchen amerikanischen Drogenpäpsten suchte. Die anthroposophische Welt war ihnen – Ausnahmen bestätigen wie immer die Regel – schlicht und ergreifend zu spießig. Man muß an dieser Stelle den unermüdlichen Peter Schilinski erwähnen, der mehr junge Leute aus der damaligen Alternativszene für Rudolf Steiner erwärmen konnte als vermutlich irgend jemand sonst.[13]

Die Kampagnen gegen den NATO-Doppelbeschluß, an denen sich noch einmal sehr viele Jugendliche beteiligt hatten, markierten das Ende einer Epoche, die von verschiedenen Ausdrucksformen des moralisch motivierten Protestes junger Menschen gegen gesellschaftliche Mißstände und Fehlentwicklungen geprägt war. Engagierte Jugendliche hatten allenthalben die Möglichkeit zur Begegnung und Auseinandersetzung mit Erwachsenen, die eine das Generationenschisma überbrückende, nämlich im besten Sinne unkonventionelle, idealistische, über den eigenen Gartenzaun (bzw. das eigene Bankkonto) hinausblickende Geisteshaltung verkörperten. Darin besteht heute vielleicht das größte Problem: – Es gibt kaum mehr Ältere, die, bei aller Lebensreife, dennoch für etwas stehen, worin die Jugendseele *sich selbst* wiedererkennt in der flackernden Leere. Es gibt fast keine gesellschaftlichen Ereignisse, Einrichtungen oder Gesprächszusammenhänge mehr, die geeignet wären, den jungen Leuten zu signalisieren: Jugendliches Geistesstreben, jugendliche Seelenstimmung ist im wesentlichen ganz und gar nicht auf ein bestimmtes biologisches Reifungsstadium beschränkt. Ihr könnt diese Qualität überall dort antreffen, wo Menschen, gleich welchen Alters, *sich nicht zufriedengeben,* sondern mitwirken wollen am Bau einer menschenwürdigen Zukunft.

Wenn der Jugendliche nur die Wahl hat zwischen kleinbürgerlicher Ödnis auf der einen und dunklen Verlockungen auf der anderen Seite, dann muß er entweder seine Sehnsucht zum Schweigen bringen, also sich unentwegt ablenken, betäuben, zerstreuen, oder er wählt das Dunkle. Denn es ist die schlimmste aller Möglichkeiten, die Sehnsucht zu *spüren,* sie heraufzulassen, ihr *nicht* auszuweichen, sie *nicht* zu übertölpeln durch

22

tausend kleine Kicks und Gags und Sensatiönchen, und *doch* ausweglos festgehalten zu sein im Grau(en) des gewöhnlichen, glanzlosen, aussichtslosen Dahinlebens. Grau ist schrecklicher als Schwarz. Das müssen wir uns merken, wenn wir Jugendliche zu erziehen haben.

Der SPIEGEL zitiert wohlwollend einen 26jährigen Frankfurter Finanzjongleur mit den Worten: «Die Welt ist am Arsch … und wir machen Party.» Beschrieben wird ein Leben, in dem es nur Geldmachen (tagsüber am Bildschirm) und Geldausgeben (nachts in der Edeldisko) gibt. Wenn das die Quintessenz einer gerade ausklingenden Jugend ist, steht es nicht gut um den Mann. Das viele Geld wird ihm wenig helfen gegen die Sinnlosigkeitskrankheit, die ihm schon in den Knochen sitzt. Ich fürchte, er bringt auf den Punkt, mit welcher Situation die jungen Leute heute fertigwerden müssen. Er hat erreicht, was ihnen als Nonplusultra einer gelungenen Lebensplanung vorgegaukelt wird: «Die Pathologie des gemeisterten Lebens».[14] Nur mit unserer Hilfe können sie diesen Schwindel durchschauen. Dazu müssen wir ihn aber *selbst* erst einmal durchschauen. Und einen heiligen Zorn dagegen entwickeln.

Nun klingt das alles recht pessimistisch, und sollte ich übertrieben haben, so geschah es aus echter Besorgnis. Die Probleme werden systematisch bagatellisiert (ich erinnere an Richters Befund einer «herrschenden euphorischen Allianz des positiven Denkens», deren amtliche und halbamtliche Jugendstudien, wie man sich denken kann, schönfärberisch ausfallen), da werde ich ein bißchen schwarzmalen dürfen, um zum Gleichgewicht der Kräfte beizutragen. Ich blicke auf fünfundzwanzig Jahre pädagogische, sozialpflegerische und therapeutische Jugendarbeit zurück, berate und begleite seit 1986 junge Menschen in Lebenskrisen. Vor diesem Hintergrund und bestärkt durch viele Gespräche mit anderen Fachleuten fühle ich mich berechtigt, dem Trend zur Schönfärberei entgegenzuhalten, daß in den letzten zehn, fünfzehn Jahren die gesellschaftliche Entwicklung namentlich im Hinblick auf die Lage der Jugend äußerst ungünstig verlaufen ist. Ich habe zu skizzieren versucht, warum. Es wäre übrigens ein Mißverständnis, meinen Ausführungen zu entnehmen, daß ich den Ereignissen der siebziger Jahre unkritisch gegenüberstünde. Wer meine publizistische Tätigkeit durch die Jahre verfolgt hat, weiß, daß dem nicht so ist und nie so war. Ich hatte mit den meisten Idolen, Moden und Phrasen der damaligen Zeit wenig im Sinn, wenngleich mir die *Werkstattatmosphäre* und das verbreitete *soziale Engagement* in angenehmer Erinnerung geblieben sind. Wie auch immer. Daß es eine für junge Menschen unerhört anregende Zeit, eine wirkliche Jugend-Ära war, steht ganz außer Frage. Heute befinden wir uns in einer ausgesprochen jugend-fernen, um nicht zu sagen jugendfeindlichen Ära – nicht trotz, sondern *wegen* des großen Pseudo-Jugendkults. Die jungen Leute haben nicht die geringste Chance, gesellschaftlich etwas einzubringen, was sich irgendwie von der Durchschnittsnorm abheben würde. Sie werden als Konsumen-ten maximal umworben, aber niemand interessiert sich für *ihre* Impulse. Also scheint es so, als hätten sie keine. Aber der Schein trügt. Ich glaube, daß sich etwas Neues anbahnt. Es wäre ja widersinnig, die Szene der Siebziger wieder heraufbeschwören zu wollen. Was vorbei ist, ist vorbei. The times, they are changing. Die Frage muß lauten: Was bringen die heute Sechzehn-, Achtzehn-, Zwanzigjährigen mit? Können wir ihnen helfen zu artikulieren, was in *ihnen* lebt? Sind wir imstande wahrzuneh-men, welche Akzente *sie* setzen wollen?

Mein in letzter Zeit sich verstärkender Eindruck ist der, daß diese Generation Bilder und Fähigkeiten aus der Zukunft empfangen hat, die mit *seelischer Intimität* zu tun haben, mit dem Raum des Zwischen-Uns, mit dem Ereignis der Du-Empfänglichkeit, des Ergriffenseins «von Ange-sicht zu Angesicht», mit dem feingesponnenen zwischenmenschlichen Gewebe. Wie in den Siebzigern als Schattenwurf oder Gegenbild der großen Themen «Nie wieder Krieg», «Keine Gewalt von Menschen gegen Menschen!» der RAF-Terrorismus auftrat, so zeigt sich heute – als Schat-tenereignis des Fragens nach dem *Wunder der Begegnung,* des neuen Wahrnehmungsvermögens für die *Verletzlichkeit des anderen* – eine neue Qualität der Gewalt, die kein Thema mehr hat, keinem noch so verzerr-ten Ideal folgt, sondern nur noch das eine will: verletzen. Der Schatten-wurf kann unseren Blick auf die Lichtquelle lenken.

Das wahre, tief innerliche Interesse der Jugendlichen, die wir heute vor uns haben, richtet sich auf die *seelisch-geistige Liebe.* Auf den verscholle-nen Eros.

Was ist Liebe? Was vermag Liebe? Was webt zwischen Mensch und Mensch? Gibt es Freundschaft? Ist Hingabe möglich? Woher kommt der Haß? Wie kann er überwunden werden? Kann Zärtlichkeit den Sexus erlösen – von der Angst, von der Gewalt? Sexualität als körperliche Spra-che der Liebe oder als seelenlose Triebabfuhr? Wird Zärtlichkeit die Welt retten?

Das sind die Fragen, die zum Vorschein kommen, wenn die Maske abgesetzt wird. Und damit geht einher, daß diese jungen Menschen, die so gar nichts mit fahnenschwingendem Weltverbesserungspathos anfan-gen können, über eine Fähigkeit des einfühlsamen Verstehens verfügen (sie machen kein Aufhebens davon!), die es nach meiner Beobachtung früher viel seltener gab. Sie kümmern sich umeinander, ohne es an die große Glocke zu hängen. Sie interessieren sich *wirklich* füreinander.

Wenn genügend Erwachsene diese neue Qualität wahrnehmen und richtig darauf reagieren – zum Beispiel in der Schule, wo man mit Angeboten wie «Beziehungskunde», Philosophie und Psychologie der Liebe, das Geheimnis der Freundschaft, Sexualität und Eros (z.B. literaturgeschichtlich, kunstgeschichtlich), das Ideal der Liebe in den Befreiungsbewegungen der Geschichte (Anspruch und Scheitern), soziales Üben u.ä. ins Schwarze treffen würde (man müßte freilich die *Unterrichtsformen* diesen Inhalten entsprechend überdenken ...) –, könnte sich erweisen daß diese Jugendgeneration einen ungeahnten *erneuerten Christusimpuls* jenseits der Konfessionen und Bekenntnisse hereintragen will. Aber man muß eben auch mit dem gebotenen Ernst hinzufügen: Wenn sich die gesellschaftliche Entwicklung so fortsetzt, wie ich sie oben skizziert habe, wird es sehr, sehr schwer für die jungen Menschen werden, diesen Impuls durchzubringen. Es ist schon frappierend, wie sie unaufhörlich mit Bildern bombardiert werden, die genau das verhöhnen, was ihr tiefstes Anliegen ist (ich habe mich darüber im Themenheft «Sexualität» der Zeitschrift *Erziehungskunst* ausführlich geäußert). Helfen wir, ihnen zuliebe, also mit – jeder an seinem Platz, jeder nach seinem Vermögen –, dem Gegen-Zeitgeist wieder freie Gesprächs- und Gestaltungsräume abzuringen. Sozialkünstlerische Übungs- und Erfahrungsfelder sucht die Jugend. Ein Auftrag *auch* – ja heute vielleicht ganz besonders – für die Schule.

1   Eine französische Übersetzung liegt vor, eine holländische ist geplant.
2   Rudolf Steiner, Die Erziehungsfrage als soziale Frage, GA 296, Dornach [4]1991.
3   Alexander S. Neill ist der Begründer der antiautoritären Pädagogik (Summerhill).
4   *Vom Ursprung der Sehnsucht*, Stuttgart [3]2007; *Eros als Qualität des Verstehens*, Wangen 1998.
5   Vgl. dazu mein Buch *Die stille Sehnsucht nach Heimkehr*, Stuttgart [3]2008.
6   So Jürgen Leinemann im Spiegel, 20/1999.
7   Er lautet: «In einer ethisch zivilisierten Gesellschaft gilt die Fürsorge für Schwache, Kranke, Unmündige und Benachteiligte als vornehmste gemeinsame Aufgabe.»

8 Ich verwende den Begriff «links» in der ursprünglichen Bedeutung: Politik mit
   der Zielsetzung eines Gesellschaftsvertrags der freiwilligen gegenseitigen Hilfe
   und unbedingten Achtung der Menschenwürde; Abbau des Zentralstaats zugunsten selbstverwalteter Kollektive und basisdemokratischer Entscheidungs-
   strukturen.

9 In: *ZEIT-Punkte*, 4/1999.

10 Horst-Eberhard Richter, *Umgang mit Angst*, Hamburg 1992. Alle weiteren
   Zitate von Richter sind diesem Buch entnommen.

11 Steppenwolf: Romanfigur von Hermann Hesse; Mundharmonika: Geheimnis-
   volle Gestalt aus dem Film «Spiel mir das Lied vom Tod»; Yogananda: Indischer
   Guru; Bakunin: Russischer Anarchist (Identifikationsfiguren der damaligen
   Zeit).

12 Marianne Gronemeyer, *Lernen mit beschränkter Haftung*, Berlin 1996.

13 Vgl. dazu: Rainer Rappmann (Hrsg.), *Denker, Künstler, Revolutionäre*, Wangen
   1996.

14 Vgl. dazu das gleichnamige Kapitel in meinem Buch *«Schwierige» Kinder gibt es
   nicht*, Stuttgart ⁶2007.

Vorwort zur vierten Auflage

Seit der ersten Drucklegung (1990) hat dieses Buch viele tausend Leser gefunden und ist, soweit den Rückmeldungen in Form von Briefen, Rezensionen, Einladungen und persönlichen Gesprächen zu entnehmen war, überwiegend positiv aufgenommen worden. Natürlich gab es auch kritische Stimmen. Diese bezogen sich in den meisten Fällen nicht auf den Inhalt, sondern auf den Stil (zu schwierig geschrieben, intoleranter Umgang mit Andersdenkenden) und auf die unberücksichtigten oder zu kurz abgehandelten Fragen. Bedauert wurde das Fehlen von speziellen Kapiteln zu Jugendsoziologie, Geschlechterdifferenzierung und Sexualität, Drogen-, Sekten- und Gewaltproblematik, Psychopathologie, Oberstufenpädagogik sowie zur Pubertätskrise bei Adoptivkindern, Scheidungswaisen und Behinderten. Nun war *Jugend im Zwiespalt* zunächst als allgemeine entwicklungspsychologische Studie aus anthroposophischer Sicht zum «Regelfall» der Pubertätskrise gemeint, also zu den Konflikten, die jeder Mensch in diesem Alter auf die eine oder andere Art durchmacht. Das Buch wurde nicht mit dem Anspruch veröffentlicht, ein Ratgeber für alle in Frage kommenden Sonderfälle zu sein bzw. sämtliche Unterabteilungen seines Themas eingehend zu beleuchten. Ich wollte kein endgültiges und umfassendes Werk vorlegen, sondern Arbeitsmaterial zur Menschenkunde des Jugendalters unter besonderer Berücksichtigung der Hintergründe, Risiken und Chancen des pubertären Autonomiestrebens. Natürlich sind dadurch viele Fragen angerissen worden, auf die im einzelnen einzugehen späteren Arbeiten vorbehalten bleiben muß. Zur pathologischen Abirrung der weiblichen Pubertätskrise habe ich mich am Beispiel der Magersucht allerdings ausführlich in meinem Buch *Die stille Sehnsucht nach Heimkehr* (1987/94) geäußert.

Nun ist es ja, nebenbei bemerkt, nicht so, daß ich alles allein machen müßte. Mittlerweile liegen empfehlenswerte Arbeiten von *Vogt* (Drogen-Sektenproblematik), *Koob* (Drogen), *Wember* (Freiheitsfrage), *Fucke* (Oberstufenpädagogik), *Sleigh* (Entwicklungsstufen im Jugendalter), *Smit*

(Jugendanthroposophie) u.a. vor.[1] Ich stimme mit den genannten Autoren nicht in allen Punkten überein, was meinem Respekt jedoch keinen Abbruch tut. Unterschiedliche Sichtweisen können die Diskussion nur befruchten, wenn in einigen grundsätzlichen Fragen Einigkeit besteht. Wünschenswert wäre allerdings, ganz unabhängig von Meinungsverschiedenheiten (die man ja nennen könnte), das kollegiale Bezugnehmen auf die Arbeiten anderer oder wenigstens ihre Würdigung durch Erwähnung. Warum *Jugend im Zwiespalt* in anderen anthroposophischen Publikationen zur Jugendfrage beharrlich übergangen wird, muß dahingestellt bleiben. Es steht diese Nichtbeachtung jedenfalls in einem merkwürdigen Kontrast zur weiten Verbreitung des Buches, das im fünften Jahr in die vierte Auflage geht, an vielen Waldorfschulen von Lehrern und Eltern gemeinsam erarbeitet wird und mittlerweile auch in die Oberstufenlehrerausbildung Eingang gefunden hat. Kürzlich wurde von berufener Seite in einer anthroposophischen Monatsschrift behauptet, Erhard Fuckes *Grundlinien einer Pädagogik des Jugendalters* (1991) sei die erste Monographie zur Jugendfrage aus anthroposophischer Sicht. Der dieses schrieb, konnte nicht übersehen haben, daß *Jugend im Zwiespalt* schon ein Jahr zuvor erschienen war. Für wen oder was soll es nützlich sein, ein Buch, das längst unübersehbar ist, wie Luft zu behandeln? «Es bleibt zu hoffen», hatte ich in den ersten Vorbemerkungen geschrieben, «daß die folgenden Darstellungen als Herausforderung begriffen werden, denen Ergänzendes oder Korrigierendes aus geisteswissenschaftlicher Sicht nachzureichen ist, wie es in einer lebendigen Diskussion geschehen könnte.» Diese Hoffnung hat sich im publizistischen Bereich nicht erfüllt, aber um so mehr dort, wo Eltern und Lehrer in der immer schwieriger werdenden Erziehungspraxis mit Jugendlichen stehen und dafür Anregungen suchen. So konnte an vielen Orten in Deutschland und dem benachbarten Ausland durch Vorträge und Fortbildungsveranstaltungen gemeinsam an den Inhalten des Buches weitergearbeitet werden. Dies wird auch in den kommenden Jahren geschehen.

---

1 Erhard Fucke, *Grundlinien einer Pädagogik des Jugendalters. Zur Lehrplankonzeption der Klassen 6 bis 10 an Waldorfschulen.* Stuttgart 1991. / Julian Sleigh, *Freiheit erproben. Das 13. bis 19. Lebensjahr. Verständnishilfen für Eltern.* Stuttgart 1992. / Felicitas Vogt, *Drogen, Sekten, New Age. Bewußtseinserweiterung um jeden Preis?* Dornach 1992. / Olaf Koob, *Drogensprechstunde. Ein pädagogisch-therapeutischer Ratgeber.* Stuttgart ²1992. / Valentin Wember, *Vom Willen zur Freiheit. Eine Philosophie für die Jugend.* Dornach ²1993.

Die zunehmende Gewalt, die von Jugendlichen ausgeht, ob politisch verbrämt oder nicht, ist ein Ausdruck dafür, daß die «Zwangsherrschaft der Formalisierung, der Mechanisierung [und] Oberflächlichkeit in Beziehung auf alle tieferen geistigen Bedürfnisse» (Jörgen Smit) und, so muß man hinzufügen, die Überflutung des Bewußtseins durch Bilder und Botschaften des Bösen – untermalt von den Abgesängen der bürgerlichen Welt auf soziale Utopien – ihre Wirkung nicht verfehlen.

«Im Jungsein ist die Sehnsucht nach dem Geist bloßgelegt», schrieb Rudolf Steiner. Heute scheint «geistig» anziehend nur noch das Dämonische, Abgründige zu sein. Das Wort «Liebe» ist in der Langeweile des Spießertums und der verspießerten Psychologie versackt, zusammengeschrumpft zur Bezeichnung für den Geschlechtsakt. Es hat keinen revolutionären Klang mehr. Die Jugend aber sucht nach Worten mit revolutionärem Klang. Findet sie solche im Sprachschatz des Humanismus nicht, sucht sie Ersatz im Wörterbuch des Unmenschen oder verliert sich in Äußerlichkeiten, wodurch der Gesellschaft ihre wichtigsten Ressourcen verlorengehen: die aus Jugendkräften geborenen Gestaltungsideen, welche aufzugreifen und mit Lebenserfahrung zu durchdringen der geistigen Elite der Erwachsenenwelt obläge. Aber man verschmäht diesen Reichtum und macht sich nicht klar, welche Katastrophe heraufbeschworen wird durch den gegenwärtig im großen Stil betriebenen denunziatorischen Umgang mit Begriffen, die für den Traum von einer besseren Welt stehen. Man unterschätzt die von Rudolf Steiner erwähnte Geistsehnsucht. Sie läßt sich nicht einfach abschalten durch die Proklamation ihres historischen Scheiterns. Es gibt auch eine «geistige Welt» der destruktiven, menschenverachtenden Zukunftsvisionen, die unerbittlich an Ausstrahlung gewinnt, je heftiger der Weg des Herzens verleumdet wird. Es ist dem Jugendalter eigentümlich, daß *beide* Wege zunächst als faszinierend empfunden werden. In dieser Ambivalenz liegt das erste, fundamentale Freiheitserlebnis. Wenn aber der eine Weg in unfruchtbare, eingeebnete Landschaften zu führen scheint und der andere ein grandioses Panorama verspricht, werden immer mehr Jugendliche den zweiten wählen und zur Beute der Giftmischer, Haßprediger und falschen Heiligen werden.

Nürtingen/Wolfschlugen im Dezember 1993   *Henning Köhler*

Vorbemerkungen des Verfassers

Das Thema dieser Aufsätze ist kein vernachlässigtes, im Gegenteil. Die Fülle von Literatur erweckt eher den Eindruck, es werde das öffentliche Nachdenken über die «Jugendfrage» übertrieben. Im Kontrast dazu steht die wachsende Not in der Praxis, die ich als Erziehungs- und Jugendberater täglich erlebe und von der ich mich nicht ausnehme. Das Gefühl der Ohnmacht, das sich einstellen kann, wenn jugendliche Menschen mit wütender Entschlossenheit oder wirklichkeitsflüchtiger Unbekümmertheit, alle Argumente und Warnungen hinwegfegend, in existenzbedrohende Gefahren hineinlaufen, ist mir wohl bekannt.

Aber gerade dadurch kann sich der bestürzt zuschauende Erwachsene vor eine entscheidende Frage gestellt sehen: Bis zu welchem Alter und in welchem Umfang geht es überhaupt darum, im Lebenslauf eines Menschen etwas abwenden, «ihm ersparen» zu wollen? Ab wann kommt es vielmehr darauf an, eine Art verstehend-begleitendes «Wächter»-Amt wahrzunehmen: unaufdringlich ratend, in stillem Freundesdienst Scherben aufkehrend und bittere Konsequenzen mildernd, sich bereithaltend für seltene, aber umso kostbarere Stunden der Gesprächsbereitschaft? Anders gefragt: Worin besteht eigentlich die Schicksalshilfe, die ein Älterer einem Jugendlichen geben kann, den es früh, allzu früh danach drängt, ihm bislang fremde Wirklichkeiten zu durchforschen?

Die Kluft zwischen den Jugendlichen und denen, die ihnen Wegweiser ins Leben sein sollten, wird immer größer; Vorwurfshaltungen und Empfindlichkeiten vereiteln das Gespräch, wenn es gerade am nötigsten wäre – es ist, als stünden sich Angehörige verschiedener Kulturkreise feindselig gegenüber. Und immer deutlicher sehen wir, daß auch diejenigen Eltern, deren Kinder äußerlich stets unauffällig, folgsam und verständig waren, hinblickend auf die Jugendjahre nicht beruhigt sein dürfen, im Gegenteil: Zunehmend begegnen uns schwere adoleszente Krisenbilder, die geradezu charakteristisch sind für eine Situation, die man nennen könnte: «Das Drama des braven Kindes».

Die Frage nach möglichen tieferen Hintergründen des Problems drängt sich auf.

Sollte eine grundsätzliche Neubesinnung im Hinblick auf die Prozesse kindlicher Individuation und Sozialisation erforderlich sein? Haben wir überhaupt Wahrnehmungsmöglichkeiten für die eigentlichen Bedürfnisse und Kümmernisse jugendlicher Seelen, oder sind wir diesbezüglich Begriffs-Analphabeten und somit zurückgeworfen auf unklare Empfindungen, die uns eher zusätzlich verwirren, als daß sie uns etwas entschlüsseln könnten? Ist das heute verbindliche Denken des Menschen über den Menschen, das unser alltägliches Miteinander untergründig bestimmt, etwa dazu angetan, den Jugendlichen, ohne daß ihm dieser Zusammenhang ganz bewußt wäre, fortwährend in seinem Innersten zu kränken?

Und schließlich: Was erwartet die heute Heranwachsenden in der Zukunft? Ist es möglich, daß manches, was wir an rätselhaften Angstzuständen, Verweigerungen, Rückfluchtbewegungen erleben, in einer Art visionären Begabung der Jugendseele gründet, die erschrocken zurückweicht vor dem, was sie kommen fühlt?

Dies ist, wie zu zeigen sein wird, eine originär anthroposophische Fragestellung. Sie ergibt nur vor dem Hintergrund einer geisteswissenschaftlichen Psychologie Sinn. Erwiese sie sich als plausibel, wäre das analytische Durchforschen der Kindheit nach traumatisierenden Erlebnissen, ödipalen Konflikten, Übertragungsmechanismen und anderem in vielen Fällen ein bloßes Herumtappen im Halbdunkel jener Teilwahrheiten, die schlimmer sind als ganze Lügen. Man müßte das Ineinanderwirken von Vergangenheit, Gegenwart und Zukunft in der menschlichen Biographie ganz neu denken.

Die hier vorliegende Sammlung verschiedener, aufeinander bezogener und sich gegenseitig stützender Essays ist eine Reaktion auf dringliche Anfragen, die an mich gerichtet wurden, nachdem ich seit 1985 Gelegenheit hatte, einige Arbeitsergebnisse aus zehnjähriger Jugendfürsorge in Heim, Klinik und freier Praxis öffentlich darzustellen. Außerdem nahm Dr. Bernd Seydel, Lektor beim Verlag Freies Geistesleben, eine längere Passage aus meinem 1987 erschienenen Buch «Die stille Sehnsucht nach Heimkehr» zum Anlaß, mich zur Ausarbeitung des dort zur Pubertätsproblematik nur Angedeuteten aufzufordern. Für diese Ermutigung schulde ich ihm Dank.

Das «Rohmaterial» für die Sammlung bilden insbesondere verschiedene Vorträge, die ich in den Jahren 1987/88 auf Einladung der Anthropo-

sophischen Gesellschaft/Arbeitszentrum Nürnberg, der Freien Waldorfschulen Tübingen und Würzburg, der Vereine zur Förderung der Waldorfpädagogik Baindt/Allgäu und Biberach sowie im Rahmen der II. und
III. medizinisch-pädagogischen Fortbildungstage des Wolfschlugener
Korczak-Instituts halten konnte.

Das Buch will verstanden sein als ein Werkstattbericht aus der Arbeit des
Korczak-Instituts, der dem Leser Einblick gibt in die lebendigen Prozesse
des (natürlich niemals fertigen) Erkenntnisbemühens aus der täglichen
Praxis heraus. Nicht lauter Ergebnisse, gar mit Unfehlbarkeitsanspruch,
will ich vorlegen, sondern zeigen, daß die Arbeit an einem solchen Buch
selbst noch ein Forschen, Abwägen, Suchen und Entdecken ist. Vielleicht
überträgt sich etwas von dieser Lebendigkeit und Freude an der Arbeit
auch auf den Leser.

Mein besonderer Dank gilt den ärztlichen, heilpädagogischen und
kunsttherapeutischen Mitarbeitern des Instituts, mit denen ich mich
immer wieder beraten konnte; er gilt den Eltern, die sich mir rückhaltlos
anvertrauten, vor allem aber den Jugendlichen selbst. Ihre mündlichen und
brieflichen Auskünfte sind meine wertvollste Quelle, und ich bin mir ihrer
Zustimmung gewiß, wenn ich aus dieser Quelle reichlich zitiere.

Es bleibt zu hoffen, daß die folgenden, gewiß lückenhaften und in manchen Punkten anfechtbaren, auch von Wiederholungen nicht immer freien
Darstellungen als Herausforderung begriffen werden, denen Ergänzendes
oder Korrigierendes aus geisteswissenschaftlicher Sicht nachzureichen ist,
wie es in einer lebendigen Diskussion geschehen könnte.

Die praktisch-ratgebenden Passagen erfüllen dann ihren Zweck, wenn
sie in beklemmenden, ausweglos erscheinenden Situationen vermitteln
können: Bemühungen im Geiste liebevoller Verständnis- und Verständi-
gungsbemühung sind niemals «umsonst», auch wenn wir manchmal nicht
wissen, wann und wie die Saat aufgehen wird.

Wolfschlugen, im November 1989   *Henning Köhler*

Spurensuche.
Jugendfrage und Menschenbild

Entwicklung zwischen Bedingtheit und Freiheit

«Man muß so erziehen können, daß man für dasjenige,
was aus einer göttlichen Weltordnung neu in jedem
Zeitalter in den Kindern in die Welt hereintritt,
die physischen und seelischen Hindernisse wegräumt
und dem Zögling eine Umgebung schafft, durch die
sein Geist in voller Freiheit in das Leben eintreten kann.»
Rudolf Steiner 1922 in Oxford

Die verlorene Heimat

Den Hintergrund für die nachfolgenden Betrachtungen bildet die anthroposophische Menschenkunde. Dazu zählt besonders die aus ihr sich ergebende und in vieljähriger Praxis bestätigte, auf Rudolf Steiner zurückgehende Auffassung von den Entwicklungsphasen des kindlichen Seelenlebens.

Wer diese Betrachtungsart nicht wenigstens in ihren Grundzügen als eine berechtigte anerkennen will, wird sich auf das, was wir vorzubringen haben, nicht mit Gewinn einlassen können.

Nicht jedoch den «anthroposophischen Gelehrten», sondern den unvoreingenommen forschenden Geist, der sich durch die herrschenden materialistischen Denkgewohnheiten nicht nur betrogen, sondern auch unterfordert fühlt, wünscht sich dieses Buch als Leser. An ihn vor allem wenden sich diese einleitenden Ausführungen, die das Thema «Pubertät und Adoleszenz» zugleich als eine Art weltanschaulichen Disput behandeln, ausgehend von der Überzeugung, daß der heute noch alles andere übertönende naturwissenschaftliche Abgesang auf die großen menschheitlichen Sinnfragen auch ein Abgesang auf die Jugend ist.

Die von Rudolf Steiner im Grundriß hinterlassene und seinen Schü–lern zur Ausgestaltung anvertraute «wirkliche Psychologie, welche herausgeholt ist aus anthroposophischer Welterkenntnis»,[1] will den Lebenslauf des Menschen «von seiner Geburt bis zu seinem Tode … aber auch alles dasjenige erfassen … was an übersinnlichem Wesen innerhalb dieses Lebens zwischen Geburt und Tod sich auslebt als Zeuge davon, daß der Mensch einer übersinnlichen Welt angehört».[2] Damit ist gesagt, daß die

Ich-Wesenheit – im Erdenleben wirksam als Stifterin biographischer Kontinuität – einem rein geistigen, pränatalen Dasein entstammt und, während sie sich mit den materiellen Verhältnissen umkleidet, zu einem Teil im Zustand der Ungeborenheit verbleibt. Der Lebenslauf ist eine dauernde Auseinandersetzung des im Geistigen sich haltenden und von dort her motivierten Wesensanteils des Menschen mit alledem, wodurch er Naturwesen ist. Im Brennpunkt dieses schöpferischen, aber auch verzehrenden Konflikts entfaltet sich Seelenleben, soziales Leben, Kultur.

Anthroposophische Entwicklungspsychologie will zeigen, wie sich der so verstandene eigentliche und innerste Richtungsimpuls biographischen Werdens schrittweise durch die zunächst übermächtig ihm aufgezwungenen irdisch-naturhaften und genetischen Gesetze (wir können von «primären Determinanten» sprechen) und soziokulturellen Vorfindlichkeiten («sekundäre Determinanten») hindurcharbeitet, sie im Individuationsvollzug überwindet und sich in diesem Prozeß vom um- und vorweltgeprägten zum selbst- und umweltgestaltenden Wesen, «vom Geschöpf zum Schöpfer» erheben kann. Es geht um die Fähigkeit des Menschen (und nur des Menschen), «mit seinem Ich einen Lebenslauf im beseelten Erdenleib zu gestalten und seine Biographie in die Welt einzuschreiben»,[3] aber auch um die mannigfachen Hindernisse, welche diesen Vorgang verzerren, ja vereiteln können. «Wir stehen unter Bedingungen», sagte der 1988 verstorbene Philosoph und Anthroposoph Herbert Witzenmann in seinem letzten Interview, «von denen wir uns als erkennende Wesen und eigene Verursacher unserer Freiheit lösen, deren bedingende Wirkung also in der Selbstverursachung zurückgedrängt und überwunden wird.»[4]

In diesem Prozeß ist die Schwelle zum dritten Lebensjahrsiebt, die sogenannte Pubertät einschließlich der darauffolgenden Zeit, eine entscheidende Wegmarke, weil hier der heranreifende Mensch erstmals seine Begabung zur biographischen Selbstverursachung entdeckt und erprobt. Dies ist eine völlig neuartige Qualität des Selbsterlebens im Weltzusammenhang, die keineswegs nur freudige Empfindungen auslöst.

Sie ist zunächst verwirrend und beängstigend, der Umgang mit ihr muß von Grund auf erübt werden, und zwar – darin liegt die besondere pädagogische Schwierigkeit – von jedem einzelnen auf ganz individuelle Art. F. Alonso-Fernandez stellt mit Recht fest, daß eine höchst widersprüchliche Situation entsteht, indem der entscheidende Akt der «Persönlichkeitsbildung» sich sogleich zur ersten großen «Identitätskrise» auswächst.[5] Das Erwachen zum biographischen Selbsterleben ist notwendig ein Vorgang des Ausgestoßenwerdens aus einer Schutzzone der Geborgenheit, in der sich die Daseinsgewißheit aus den Sicherheiten und Unverrückbarkeiten eines räumlich-sinnlich-sozialen Umkreises vertrauter Menschen, Gerüche und Rituale aufbaute. Das Kind wurde überwiegend von außen zusammengehalten, selbst noch in der präpubertären Phase der Verkapselung, der sogenannten Latenzzeit, mit ihren «Einwicklungen» und ihrer defensiven Weltzurückweisung.[6]

Jetzt, eintretend in die Jugend, muß der Heranwachsende sich sammeln aus eigener Mitte, und er taumelt. Die Vergangenheitswelt haltgebender Ursächlichkeiten wird brüchig; der Zweifel tritt in seine Rechte und umkreist zuerst die Dinge, Ereignisse, Wesen der heimischen Sphäre. Die Bedingungswelt, das heißt die Welt der selbstverständlichen Gegebenheiten, wird auf Abstand gebracht und entwertet, ihres Rechtes auf Mitwirkung enthoben. In dieser doppelten Verfügung der Distanzierung und Disqualifikation von Heimat – der Jugendliche «zieht sich ... zurück und streift einsam umher»[7] –, die auch den eigenen Leib betrifft, liegt manches von dem begründet, was wir als schwer einzuordnenden Ausdruck von Leid bei Pubertierenden finden. Denn was hier versucht wird, muß scheitern, und die Jugendlichen spüren das.

Die Jugendberaterin Irene Kummer hat festgestellt, daß es «oft sehr schwierig (ist), Jugendliche nach Kindheitserinnerungen zu fragen», denn «viele sagen ‹Was soll das, es ist doch vorbei› oder ‹Ich weiß nichts mehr›.»[8] Auf der anderen Seite ist es wahr, wenn Louise J. Kaplan schreibt: «Der ... Jugendliche sehnt sich zurück nach dem Land der verlorenen Zufriedenheit – den Straßen des Glücks, die er einst bereiste und nicht wieder befahren kann.»[9]

Damit ist der Konflikt umrissen. Das «Land der verlorenen Zufriedenheit» wird, um den schmerzlichen Verlust erträglicher zu machen, verleugnet, wo nötig diffamiert. Der Jugendliche ist ein «vaterlandsloser Geselle», hinter dessen wütenden Anwürfen gegen die Heimat nichts als Abschiedsschmerz steckt. Tatsächlich erlebt man ja oft, wie die jungen Leute dies in charakteristische Wunschbilder umsetzen, indem sie sozusagen metaphorisch beschließen, Staatenlose zu werden, auszuwandern, auf einer Südseeinsel eine eigene Republik zu gründen und so weiter.

Für das lange ersehnte «Erwachsenwerden» muß der hohe Preis der ersten Erfahrung unvermeidlichen Mißlingens entrichtet werden. Das unlösbare Rätsel des «Scheiterns» tritt ins Bewußtsein. Weder kann die Heimat ausgelöscht werden, noch wird sie je wieder sein, was sie war. Es gibt keinen Weg der Schmerzvermeidung, der nicht noch größere Schmerzen nach sich zöge. Wir wissen als Erwachsene, daß diese Wunde niemals heilt. Bei manchen bricht sie jedes Jahr zu Weihnachten auf, bei anderen, wenn sie das Haus ihrer Kindheit betreten. Und sie schwärt bezeichnenderweise auch in den Herzen derer zeitlebens weiter, die von ihren Eltern vernachlässigt oder gar mißhandelt wurden: eine jedem Psychotherapeuten geläufige Beobachtungstatsache, die überzeugend beweist, auf welchem Holzweg sich diejenigen befinden, die zu kühler Distanz in der Erziehung raten, um die Ablösungskrise der Jugendjahre vorbeugend zu erleichtern.[10] Man hat mit dem Schmerz zu leben gelernt. Damals, als er einsetzte, war die Seele von Angst erfüllt. Aber diese Angst unterschied sich von der jäh aufschießenden, Zuflucht suchenden und am Zufluchtsort sogleich wieder zerrinnenden des kleinen Kindes.

Die Angst der Jugendseele entspricht schon – und erstmals – der von Karl König beschriebenen «reifen», ins selbstwahrnehmende Bewußtsein heraufschlagenden und durch nichts Äußeres ausgelösten «angustia» (Enge, Druck, Fessel), hinter der sich ein «Abgrund des Unbekannten» auftut. König zitiert den Existenzialisten Heidegger mit dem Satz: «Angst enthüllt die Nichtigkeit» und fährt fort: «Unsere Existenzgrundlage ist weggeschwemmt, und wir treiben ziellos dahin. Wir wissen nicht, wovor wir erschreckt sind, aber wir empfinden Unsicherheit, und irgendwo im Hintergrund lauert der Tod.»[11]

Rudolf Steiner hat dieses angstvolle Erschrecken als eine Steigerung des «Erstaunens», der «Überraschung» gekennzeichnet, die damit zusammenhängt, daß wir dem, was auf uns zukommt, mit unserem Urteil nicht gewachsen sind. Wir verlieren den Halt im Vergangenen, wo die Welt aus Bekanntem besteht, und aus der Überraschung wird Angst. Dies kann unter der Wirkung eines bestimmten, starken Eindrucks geschehen, aber es kann auch ohne unmittelbar auslösenden Sinnesreiz auftreten als «eine Art anhaltender ... Stimmung, die ... langsam, aber stetig heran(wächst) ... eine *Elegie*», wie sich König ausdrückt. Verursacht wird diese «elegische Angst» dadurch, daß ein Strom an das Seelenleben heranbrandet, der alles dasjenige mit sich führt, «was Begehrungen, Wünsche ... was die Phänomene von Liebe und Haß sind» (Steiner) und das Fassungsvermögen übersteigt. Wo dies geschieht, resümiert Steiner, «drängt die Zukunft in unser Seelenleben hinein», denn Gefühle mit Wunschcharakter, Sehnsuchtscharakter, positiv oder negativ, «haben ... alle etwas merkwürdig Gemeinsames: Sie beziehen sich alle auf die Zukunft.»[12]

Die Zukunft – als solche, urteilend nicht zu bewältigen, gleichsam ein von fremden Stimmen, Klängen, Düften und Lockrufen erfüllter Nebel aus «unstrukturierter Zeit» (M. Lawrence[13]) – drängt in die Jugendseele herein, und die Vergangenheit, jetzt erst als solche ansichtig, entgleitet ins Ungewisse.

Anthroposophisch gesprochen überfordert der Astralleib den Ätherleib, dessen schützender Umhüllung er sich eben erst entwunden hat, wie ein Kleinkind die Mutter bis zur Depression überfordern, zurückweisen, tyrannisieren kann und doch vor den Gefahren der Welt bei ihr Zuflucht sucht. Jener oben beschriebene, gleichermaßen feindselige und trauervolle Abschied von der Kindheitswelt hat sein äquivalentes Geschehen im Wesensgliedergefüge, wo Turbulenzen und Spaltungen auftreten, die den Jugendlichen zerreißen müßten, wenn dieser lebensgeschichtliche Augenblick nicht zugleich derjenige der Epiphanie des Ich wäre, das als ordnende und zielsetzende Kraft aus der geistigen Welt eingreift.[14]

Dem Betrogenheitsgefühl der zum Bewußtsein ihrer selbst erwachenden Seele im Angesicht plötzlich sich enthüllender Häßlichkeiten und Unvollkommenheiten der urvertrauten Welt folgt Heimatverleugnung, zumeist defensiv, «aussteigend», immer häufiger aber auch offensiv vernichtend. Das unvermeidliche Mißlingen der Verleugnung, aber auch jedes Heimkehrversuches, kann Resignation, unheilbaren Lebensüberdruß auslösen, kann aber auch den befreienden Gedanken entzünden, daß der Mensch Hände hat, um die Erde zu verschönern, und Ideen, um an ihnen die Hände zu bilden. Eine vollkommene, fertige Welt, gibt D. W. Winnicott zu bedenken, wäre für den Jugendlichen, obgleich er sie gekränkt einklagt, entwicklungshemmend, denn «Perfektion gehört in den Bereich der Maschine», während «Mängel, die für die Anpassung des Menschen an Gegebenheiten charakteristisch sind … ein wesentliches Merkmal für eine Umwelt darstellen, die den Menschen in seiner Entwicklung fördert».[15] Man möchte hinzufügen: Nicht nur die Anpassung des Menschen an (mangelhafte) Gegebenheiten, sondern vor allem auch die Entdeckung der Anpaßbarkeit der Gegebenheiten an den Menschen und des Beitrags, den jeder einzelne dazu leisten kann, entbindet Kreativität.

Hier zeigt sich das grundlegende Problem selbst der geistvollsten psychoanalytischen Denker, zu denen Winnicott gehört: Sie nehmen den Idealismus nicht als Qualität für sich, sondern als Triebsublimat, durchaus sympathisch, wohl auch nötig, aber letztendlich eine Art Verlegenheitslösung, welche die Frustrationen des Triebverzichts in Grenzen hält.

So kommt die Aussage zustande, daß Entwicklung dauernde Anpassung sei, nämlich Anpassung an Triebverzichtsforderungen der Umwelt, wodurch der Mensch gezwungen sei, ersatzweise andere Qualitäten in sich aufzurufen.

Dennoch macht Winnicotts Bemerkung auf einen bedeutsamen Zusammenhang aufmerksam. Die Erfahrung der Mangelhaftigkeit – von den früher nie wahrgenommenen schlechten Angewohnheiten des Vaters über die Unerfüllbarkeit elementarer Wünsche bis hin zur Brüchigkeit herrschender Wertvorstellungen – ist tief enttäuschend und birgt doch zugleich eine Chance: Wie sollten Ideale gebildet werden, wenn alles ideal wäre?

An Winnicotts Überlegung kann sich eine weiterführende anschließen. Sie soll als Frage formuliert werden: Ist es nicht denkbar, daß die kindliche Hingabefähigkeit, die so erschütternd viel zu dulden, selbst Qualvolles, Böses in ihr Bedürfnis nach heimatlicher Vertrautheit mit einzuschließen bereit ist, als Erinnerungserbe mitgebracht wird aus einer Existenzform, die tatsächlich frei war von «Mangelhaftigkeit» im irdischen Sinne? Könnte es, in bildlicher Vereinfachung gesprochen, nicht sein, daß das Kind mindestens zwei mal sieben Jahre seines Lebens benötigt, um wirklich zu begreifen, daß Menschen keine Engel und menschliche Werke kein Ausfluß reinster schaffender Güte sind?

Wenn Rudolf Steiner vom Pubertätsgeschehen spricht als von dem Schritt in die «Erdenreife», so ist darunter im weitesten Sinne zu verstehen, daß das Kind bewußt erlebend in die Erdenverhältnisse eintritt, die ihm in seiner vorherigen Seelenverfassung noch großenteils verhüllt waren – was nicht ausschließt, sondern im Gegenteil nahelegt, daß ihm ganz andere, nicht weniger wirkliche Verhältnisse enthüllt waren, für die es sein Wahrnehmungsvermögen nun verliert. An den irdischen Realitäten hätte es ohne Schutz und Führung zerbrechen müssen. Jetzt kann es ihnen standhalten. Als würde ein Schleier von einer Lichtquelle fortgezogen, während ein anderes Licht erlischt, werden harte Konturen sichtbar, Kontraste, Licht und Schatten, im direkten und übertragenen Sinne. Zugleich entsteht das peinigende Gefühl, selbst, vor aller Welt entblößt, in diesem grellen Licht zu stehen. «Eine geistige Schamhaftigkeit erwacht (im Jugendlichen) und macht ihn scheu, wortkarg und verlegen. Er … vermutet in allem, was gesagt wird, Anspielungen auf seine verborgensten Seiten», heißt es bei H. Tellenbach. Er ist allein, weil er sich gerade von denen, die ihm bisher am nächsten standen, auf Schritt und Tritt «ertappt» fühlt – er weiß nicht recht, wobei ertappt, aber über seinem ganzen Dasein liegt eine Stimmung des Verbotenen, die Mitmenschen «sind plötzlich so merkwürdig anzüglich geworden»,[16] hinter der unverfänglichsten Bemerkung scheint ein Verdacht zu lauern.

Gesprächsauszug Johanna S., 17 Jahre alt

(Schwere Adoleszenzkrise mit sexueller Haltlosigkeit, Schwermutszuständen, Appetitlosigkeit, ständigen Kopf- und Leibschmerzen ohne medizinischen Befund, Schulversagen und heftigen Verbalaggressionen gegen die Eltern.)

J.: «Wie geht man mit Leuten um, für die man nur noch Verachtung und Mitleid empfindet? Wäre es da nicht besser, alles abzubrechen?»

– «Von welchen Leuten redest du?»

J.: «Ist egal. Ich behalte es besser für mich. Sag mir, was du machen würdest. Kennst du das, jemanden nur noch zu verachten?»

– «Nein.»

J.: «Überhaupt nicht?»

– «Wenn mich früher jemand sehr gekränkt hat, ein Mädchen zum Beispiel, habe ich manchmal gesagt: Ich verachte dich, du tust mir leid und so weiter. Aber es hat nicht gestimmt.»

J.: «Ich kann es nicht leiden, wenn jemand dauernd nur noch heult und jammert und mit den Nerven runter ist, nur weil ich mache, was ich will.»

– «Du redest von deiner Mutter.»

J.: «Kann sein.»

– «Ich glaube, sie ist verzweifelt, weil du sie nur noch anschreist und nichts mehr mit ihr besprichst.»

J.: «Ich schreie sie nicht immer an. Nur wenn sie zu predigen anfängt, was alles gefährlich für mich ist und daß ich an meine Zukunft denken soll und daß ich mich ruiniere, wenn ich dies oder das ausprobiere. Ich muß selber herausfinden, was gut für mich ist, oder? Sie wird nicht damit fertig, daß ich siebzehn bin.»

– «Das ist nichts Besonderes. Keine Mutter wird ohne weiteres damit fertig, daß die Kinder erwachsen werden. Ist das ein Grund für Verachtung?»

J.: «Schau sie dir doch an, wie sie aussieht. Total abgehärmt und bleich, mit Tränensäcken, angeblich alles wegen mir. Nachts schläft sie nicht mehr, und tagsüber macht sie ein vorwurfsvolles Gesicht. Ich kann gar nicht sagen, wie aggressiv mich das macht. Dauernd kriege ich zu hören, was sie alles für mich getan hat und daß sie auf so vieles verzichten mußte, um mir eine schöne Kindheit zu bescheren. Ich soll dankbar sein, verstehst du? Vielleicht wäre ich ja sogar dankbar, wenn sie mich in Ruhe ließe. Aber sie meint mit Dankbarkeit Gehorsam. Bestimmt hat sie dir auch schon von ihrer großen mütterlichen Aufopferung erzählt.»

– «Ja. Sie hat gehofft, von dir eines Tages zu hören: Du warst eine tolle Mutter.»

J.: «Das stimmt sogar. Sie war schon eine gute Mutter. Ich durfte fast alles und konnte über alles mit ihr reden. Aber nun schau sie dir an, was für ein Häufchen Elend dabei rausgekommen ist. Sie kann ja nicht gerade viel von ihrer eigenen tollen Erziehung halten, wenn sie mir jetzt nicht mal zutraut, auf mich selbst aufzupassen. Also wenn das der Preis dafür ist, eine gute Mutter gewesen zu sein, dann verzichte ich gern auf Kinder.»

– «Das ist eine unfaire Logik, findest du nicht?»

J.: «Fängst du jetzt auch an? Was soll denn da unfair sein? Wenn ich jemandem einen Gefallen tue und anschließend bloß rumjammere, was mich das alles gekostet hat, dann ist doch irgendwas faul; dann hätte ich den Gefallen doch lieber bleiben lassen. Außerdem: Hat mich vielleicht jemand gefragt, ob ich das Kind dieser Leute sein wollte?»

– «Hättest du lieber andere Eltern gehabt?»

J.: – Zögernd – «Nein, eigentlich nicht. Aber gefragt hat mich trotzdem niemand. Deshalb bin ich niemandem etwas schuldig. Wenn sie mich in Ruhe lassen würden, könnte ich mich vielleicht mal wieder für sie erwärmen, wer weiß.»

In einer anderen Gesprächsstunde antwortet J. auf die Frage nach ihren Zukunftsplänen u.a.:

J.: «Am schlimmsten ist die Vorstellung, daß ich selber erwachsen werde. Keine Ahnung, was ich später machen soll, am besten nichts Bestimmtes. Eine Weltreise vielleicht, in der Sonne liegen, Musik hören, weit weg sein. Man müßte einfach alles auf sich zukommen lassen und leben.»

Bei einem «Fragebogenspiel» schrieb sie unter der Rubrik: «Wie müßte eine Welt beschaffen sein, in der du glücklich sein könntest», es müsse dort gesunde Wälder geben, jeder müsse zu jedem zärtlich sein und keiner dürfe dazu fähig sein zu lügen. – Die Gespräche wurden von den Eltern unterbunden, weil sie sich dem vertrauensvollen Kontakt, der zwischen J. und dem Therapeuten entstand, als Ausgeschlossene gegenübergestellt fühlten.

Deutlich ist zu bemerken, daß J. von dem unklaren Gefühl getrieben ist, sich an der Mutter für den erlittenen Trennungsschmerz zu rächen. Sie leidet so tief unter ihren eigenen Verhaltensweisen und verdrängt dieses Leid andererseits so gründlich aus ihrem Tagesbewußtsein, daß allerlei körperliche Beschwerden auftreten. Ständig muß sie wegen Kopf- und Leibschmerzen mit Erbrechen und Appetitlosigkeit tagelang im Bett bleiben und sich der mütterlichen Pflege überantworten. Diese Krankheitstage sind die einzigen, an denen das Mutter-Tochter-Verhältnis entspannt ist.

Das leidvolle Erwachen an der Welt

Zum ersten Mal in seinem Leben gerät der jugendliche Mensch in eine Situation der Angst und Hilflosigkeit, mit der er allein fertigwerden muß. Aber er erlebt dabei auch «eine überwältigende Zeit der Entdeckungen», wie I. P. Jakobsen schreibt, «wo er nach und nach in Beängstigungen und in unsicherem Jubel mit ungläubigem Glücksgefühl sich selber entdeckt».[17] Was sich durchsetzt, Jubel oder Angst, hängt einerseits davon ab, wie die erwachsenen Mitmenschen auf das plötzlich so befremdliche, unberechenbare Verhalten des Jugendlichen reagieren, ob sie sich hinreißen lassen zur Teilnahme an dem Chaos aus Liebebedürftigkeit und schroffer Abwehr, Aggressivität und Hyperverletzlichkeit; oder ob sie Leitgedanken zum Verständnis des Geschehens in sich finden, die ihnen, bei aller illusionslosen Einschätzung der Gefahren, den nötigen Respekt vor diesem Geschehen abfordern.

Wenn wir bei Rudolf Steiner lesen, «Ehrfurcht vor dem geheimnisvollen Wesen des Kindes (müsse) der Anfang der Gesinnung sein, mit welcher der Erzieher an seine Aufgabe geht»,[18] so ist der Jugendliche, der um seine individuelle Lebensperspektive ringt, noch einmal in besonderem Maße darauf angewiesen, daß in seinem Umkreis diese Gesinnung walte – auch dann, wenn sich Anlässe zu tiefer Besorgnis einstellen. Gegenüber dem abirrenden Kinde, das den Eindruck erweckt, nichts und niemand mehr könne es daran hindern, sich den – heute wie nie – überall lauernden Seelengefährdungen und heimtückischen Verlockungen auszuliefern, kann und muß uns, um wiederum mit Steiner zu sprechen, eine Stimmung von «Tragik» erfüllen, aber wir dürfen nie «mit Antipathie ihm gegenübertreten», denn «auch das Schlimme als ein Göttliches noch (zu) begreifen», auch die Schicksalsverbundenheit mit dem problembeladenen, vielleicht all unsere geheimen Erwartungen durchkreuzenden Kind «in Dankbarkeit» als Aufgabe zu bejahen kann in uns erst «den Impuls zur Tat entwickeln».[19]

Das scheinen allzu große Worte zu sein, aber der Ruf nach praktischen Erziehungshilfen geht ins Leere, solange nicht über die Korrektur innerer Einstellungen gesprochen wird, die in oft mühseliger Seelenarbeit vollzogen werden muß, um dasjenige, was man mit Vorbehalt «soziale Technik» nennen kann – der Vorbehalt bezieht sich darauf, daß mit «Technik» hier nichts Äußerlich-Mechanisches gemeint ist –, überhaupt zur Wirksamkeit zu bringen.

In der Erziehungsberatung treten an diesem Punkt regelmäßig Schwierigkeiten auf. Die Eltern und Lehrer erwarten begreiflicherweise – ich formuliere es überspitzt – eine Art Blitzlehrgang zur Reparatur unerwünschten Verhaltens beim Jugendlichen oder eine entsprechende rasch wirksame heilpädagogische «Behandlung». Der Therapeut, dessen Pflicht es ist, über die Gegenwartsverstrickungen hinauszublicken, muß sich nicht selten gerade gegen dieses Ansinnen einer symptomverhafteten «Verhaltenszurechtbiegung» entschieden abgrenzen. Seine Frage lautet: Was kann in die jugendliche Seele hineingelegt werden, damit sie das, was ihr jetzt widerfährt, später als sinnvoll verfügbaren Baustoff für ihr biographisches Lebenswerk wiederfindet? Wie können in der Krise Selbstüberwindungskräfte freigesetzt werden, die vielleicht nur sehr langsam heranreifen, aber dann einen Zugewinn für das ganze weitere Leben bedeuten?

Wenn die Selbsterziehung des Erziehers ins Gespräch kommt, wird dies oft mit großer Empfindlichkeit als Schuldzuweisung mißverstanden, bisweilen auch als «Trick» des Beraters, der von seiner eigenen Hilflosigkeit ablenken wolle. Nun soll gar nicht behauptet werden, der «ratlose Berater» sei eine seltene Erscheinung. Aber es ist ein Kurzschluß, sie automatisch dort zu vermuten, wo das Augenmerk auf Grundsätzliches gelenkt wird – zum Beispiel auf die Frage: Welches Verhältnis liegt denn, von einer übergeordneten menschenkundlichen Plattform aus betrachtet, zwischen Mutter, Vater und Jugendlichem tatsächlich vor? Entspricht die innere Gestimmtheit, die den täglichen Umgangsformen ihr Gepräge gibt, dieser Realität?

Nehmen wir als Beispiel eine typische Situation: Ein Vater spürt, daß trotz allseitiger Verbitterung und ständigem Streit der mißratene Sohn immer wieder seine Nähe sucht. Er hat aber den Bedeutungswandel der Vaterfigur im Bewußtsein des Pubertierenden nicht begriffen. Deshalb geht er nach alter Gewohnheit davon aus, das Kind wende sich an ihn, um Rat und Belehrung zu erhalten. Sobald er nun zu einer kleinen, mahnenden Ansprache aus seiner reichen Lebenserfahrung ansetzt, wendet sich der Junge mit allen Anzeichen von Enttäuschung ab. Er ist offensichtlich mit einer anderen Erwartung gekommen, ohne selbst recht zu wissen, mit welcher. Der Vater ist empört über das widersinnige Verhalten des Sohnes, der offenbar nicht weiß, was er will.

In der Tat, er weiß es nicht. Wie aber, wenn nun der Vater eine Aufgabe darin sähe, statt Mitteilungen aus seiner reichen Lebenserfahrung zu machen, aus dieser heraus zu ergründen, was den Jungen, der keinen Rat annimmt, dennoch immer wieder die Begegnung suchen läßt; sich zu fragen: Was bedeutet im Weltverständnis des Sohnes jetzt der «Vater», was ist da anders geworden?

«Übt der Erwachsene nicht bis zum Extrem die Kunst des Sich-Zurücknehmens und Freilassens», schreibt Paul von der Heide, «ist jedes Gespräch sofort blockiert. – Besondere Empfindlichkeit besteht gegenüber dem häufig tatsächlich vorhandenen Bemühen des Erwachsenen, dem Jüngeren bestimmte Auffassungen nahezulegen. Schon die Vermutung, der Erwachsene könne eine bestimmte Handlungsart von ihm erwarten, führt dazu, daß das Gegenteil getan wird.» Der Vater ist als weltanschauliche und handlungsorientierende Autorität, die er im zweiten Lebensjahrsiebt dargestellt hat, ausgeschieden. Welche Rolle spielt er jetzt? Der Jugendliche, so drückt es von der Heide aus, sehnt sich in dem Maße, in dem er seine aufflammende Gefühls- und Begierdenwelt entschlossen gegen jeden bevormundenden Eingriff abschirmt, danach, «Ich-Taten beim Erwachsenen und zusammen mit dem Erwachsenen erleben zu dürfen».[20] Was das heißt, läßt sich in die Form einer fragenden Aufforderung kleiden: «Zeige mir, wo du, ohne äußere Veranlassung und konventionelle Nötigung, jenseits eingeübter Gewohnheiten, fernab von materiellem Erfolgsstreben oder karrieristischem Ehrgeiz, rein aus deinen individuellen Willensimpulsen heraus denkst, fühlst und handelst; zeige mir, wo du ungebrochen nur du selbst bist, denn dies bei Erwachsenen zu erleben, flößt mir Zuversicht ein.»

Die andere entscheidende Frage, von der die Bewältigung des, wie sogar gesagt wird, «typischen psychopathologischen Syndrom(s)» der Jugendjahre[21] abhängt, ist diejenige, ob und wie gut es gelungen ist, die von Steiner im einleitenden Zitat sogenannten «physischen und seelischen Hindernisse» in früherer Kindheit «wegzuräumen».

Im typischen Pubertäts- und Nachpubertätsgeschehen bereits eine Art krankhaften Prozeß zu sehen ist übrigens viel weniger riskant, als es zunächst den Anschein hat. Man muß nur den Krankheitsbegriff exakt genug fassen. Wenn wir Siechtum, Schwäche oder Pflegebedürftigkeit assoziieren, ist dies eine sehr eingeschränkte Sicht. Genaugenommen ist jede Disharmonie im Leib-Seele-Geist-Gefüge, die nicht spontan durch das Ich wieder ausgeglichen wird, ein pathologischer Zustand. Insofern ist die Krankheit eine ständig anwesende Erzieherin des Menschen. Sie fordert ihn dazu auf, aus seiner Mitte heraus ungewöhnliche Anstrengungen zu unternehmen, um sich selbst zu ordnen oder in der Ungeordnetheit bei sich zu bleiben.

Die Konflikte der Pubertät haben geradezu urbildhaft einen solchen Aufforderungscharakter. Sie bestätigen «als psychopathologisches Syndrom» eindrucksvoll den Satz Reinhold Schneiders: «Kranksein, das heißt im Advent leben.»[22] Was einerseits als Spaltung im Wesensgliedergefüge oder, wie Carl Gustav Jung geschrieben hat, «Entzweiung mit sich selbst»[23] heftige Verunsicherungen auslöst, ist andererseits ein gefäßbildender Vorgang für das herabkünftige Ich, das die Gegensätze verschwistern wird. (Von diesen Phänomenen handelt vor allem der Aufsatz «Die siebenfache Spaltung – Zur Dualität des Wesensgliedergefüges im dritten Lebensjahrsiebt».)

Welche Art von «Hindernissen» meint nun Rudolf Steiner, die beseitigt werden müssen, um dem Kind Voraussetzungen zu schaffen, «durch die sein Geist in voller Freiheit in das Leben eintreten kann»?

Um dies zu verstehen, sind einige grundsätzliche Worte zur anthroposophischen Pädagogik nötig. Es gibt ein bestimmtes, unsachgemäßes Argumentationsmuster zur Aburteilung dieser Pädagogik, das in der Behauptung gipfelt, sie zwinge den Kindern unter Nichtberücksichtigung der «individuellen, zum Teil auch soziokulturell bedingten Unterschiede der Entwicklungsverläufe»[24] ein ideologisch vorgefertigtes Phasenmodell auf (Lebensjahrsiebte, Ausreifung und Sonderung – «Geburt» – der Wesensglieder, Knotenpunkte der Individuation). Dies geschehe zunächst auf der begrifflichen Ebene durch eine mystische Verabsolutierung der Kindheit – und im weiteren des gesamten menschlichen Lebenslaufes – zum «Prozeß stufenweise sich vollendender Vergeistigung», sodann durch Umsetzung dieses «normativen Konzepts» in pädagogisches Handeln

(Lehrplan, altersspezifische Erziehungsgrundsätze). Man betrachte «die Individualentwicklung als ein vorprogrammiertes Reifungsgeschehen, das sich nach und nach entfaltet und als lebensalterbezogene Entwicklungsreihe zu beschreiben ist. – Es interessiert der durchschnittliche Entwicklungsverlauf bei allen Kindern, und er wird fixiert an Lebensalternormen.»[25]

Wenn dies zuträfe, würde sich die gesamte anthroposophische Menschenkunde durch die aus ihr entwickelten pädagogischen Ideen selbst ad absurdum führen – wenngleich eingeräumt werden muß, daß man bisweilen eifrigen Verfechtern der Waldorferziehung begegnet, die der Verfasser dieser Fehlurteile als lebendige Beweisstücke herumreichen könnte. Aber es trifft natürlich nicht zu. Über den Kernpunkt des Mißverständnisses habe ich mich schon an anderer Stelle geäußert.[26] Was hier als «Prozeß stufenweise sich vollendender Vergeistigung» bezeichnet wird, wobei die ironisierende Wortwahl den Sachverhalt in ein mystisches Schummerlicht rückt, ist in Wahrheit nichts anderes als die schlichte Feststellung, daß mit zunehmendem Alter die Chance wächst, als einsichts- und entscheidungsfähige, urteilsreife Persönlichkeit das eigene Leben selbstverantwortlich zu gestalten. Die populäre Psychoanalytikerin Alice Miller zum Beispiel zählt in einem ihrer Bücher «idealtypische ... Merkmale» der «Entwicklung ... von innerer Freiheit und Lebendigkeit» auf, die «in der Realität immer nur in Annäherungen anzutreffen sind».[27] Daran nimmt die akademische Kritik keinen Anstoß. Wenn aber ein entsprechender Versuch von anthroposophischer Seite unternommen wird, ist es gleich «stufenweise sich vollendende Vergeistigung».

Um die Entwicklung im Sinne einer «Erziehung zur Freiheit» fördernd zu begleiten, müssen – so sagt der anthroposophische Pädagoge – in Kindheit und Jugend gewisse Hindernisse weggeräumt werden. Die Beseitigung von Hemmnissen auf dem Weg der «Suche nach dem wahren Selbst»[28] ist eigentlich ein psychotherapeutisches Motiv. Pädagogisches Denken favorisiert gewöhnlich den Aspekt des von außen veranlaßten Zuwachses von Wissen, Erfahrungen, Fähigkeiten. Anthroposophische Pädagogik sieht ihre Zuständigkeit weniger in der initiativen, inhaltlichen Beeinflussung. Indem sie ihr Hauptaugenmerk vielmehr darauf richtet, daß das Kind «fortwährend ... vor dem Pathologischen geschützt werden muß» (Steiner[29]), um sich innerhalb dieser Schutzzone nach seinen eigenen Bedingungen zu entwickeln, hat sie von vornherein eine deutliche therapeutische Komponente, wobei der Denkansatz ein anderer ist als derjenige, dem es nur darum geht, schädigende elterliche Rollen-

übertragungen, narzistische Projektionen und anderes dieser Art aufzu-
spüren.[30] Ihr Begriff von Pathologie schließt alles «Kränkende» im weitesten Sinne ein, das heißt alles das, wodurch die individuelle Persönlichkeitsentwicklung Beeinträchtigungen erfährt.

Abgesehen von menschenkundlichen Auffassungsunterschieden zeigt
sich jedoch, daß überall, wo innerhalb der Pädagogik das Bemühen um
ernsthafte Seelenforschung waltet, in einem Punkt Einigkeit herrscht:
Kindliche Entwicklung vollzieht sich in der permanenten Auseinandersetzung mit entwicklungshemmenden Gegebenheiten und Einwirkungen als ein Prozeß nicht «stufenweise sich vollendender Vergeistigung»,
sondern stufenweise zu erringender seelisch-geistiger Autonomie. Was
Erziehung dabei zu leisten hat, drückt Rudolf Steiner einmal drastisch
so aus: «Das Kind hat seinen gescheiten Geist durch die Geburt in die
Welt gebracht. Das Kind ist gescheit. Der Geist ist nur noch nicht
erweckt. Wenn wir ihn nicht erwecken können, sind wir die Dummen,
nicht das Kind.»[31] Man beachte: Nichts soll dem Kinde zugefügt, sondern das schon in ihm Liegende wachgerufen werden. Die Hindernisse,
die es «wegzuräumen» gilt, sind offenbar solche, die sich im Vorgang des
Erwachens an der Welt ungünstig auswirken.

Die vorgefundenen Bedingungen – denen sich der Mensch als den
verschiedenen Schichten der «Es-Weltlichkeit», wie Martin Buber gesagt
hat,[32] am Beginn seines Lebensweges ausgesetzt findet – sind so geartet,
daß das «unerweckte», gleichwohl im Samenzustand, den Entwurf seiner
Zukunftsgestalt in sich bergend, vollgültig anwesende individuelle Geistwesen, wäre es ihnen schutzlos überantwortet, unerweckt bleiben müßte
und durch ihre Übermacht bei jedem Versuch des Erwachens in die
Bewußtlosigkeit zurückgestoßen würde. Wir haben diese Übermacht als
primäre und sekundäre Determination bezeichnet.

Was im psychologischen Sprachgebrauch Individuation genannt wird,
ist nichts anderes als die abgestufte Bewältigung des Determinierenden
durch das Ich. Daß dazu jeder Mensch die Hilfe anderer Menschen benötigt, wirft nicht nur ein Licht auf den tieferen Sinn von Erziehung,
sondern auf die Bedeutung des Sozialen überhaupt.

Es geht im Sinne anthroposophischer Pädagogik also nicht darum, das
Kind nach irgendwelchen Altersnormen zu manipulieren, sondern ihm
für die Auseinandersetzung mit dem Determinierenden, die es Schicht
für Schicht zu leisten hat, die rechten Kräfte zuzuführen. Objektiven
Gesetzen unterliegt das Zu-Überwindende. Mit diesen Gesetzen muß
Erziehung freilich rechnen – gerade um ihnen gegenüber den Durch-

setzungswillen des Kindes zu stärken. Kritiker wie der oben zitierte übersehen, daß aus geisteswissenschaftlicher Sicht «von gesetzmäßiger Entwicklung in Kindheit und Jugend nur insofern die Rede ist, als sich die Individualität in der schrittweisen Bewältigung gesetzmäßiger ... Faktoren zur Ich-Autonomie hindurcharbeitet, sich also mehr und mehr dasjenige, wovon sie zunächst bestimmt ist, unterwirft. – Es ist ein Weg durch bedingende Gesetzlichkeit hindurch über sie hinaus. Der Mensch entwickelt sich vom bedingten zum bedingungserkennenden und -umschaffenden Wesen.»[33] Herbert Witzenmann sagt komprimiert: «Es kann keine Individualität und demzufolge keine Freiheit ohne Bedingungen geben. In ihrem Eigenvollzug macht sich die Individualität jedoch von ihren Bedingungen frei.»[34]

Rudolf Steiner hat über diese Zusammenhänge unter anderem am 13. November 1916 in Dornach ausführlich gesprochen.[35] «Immer ist im Menschen vorhanden das, was ihn in einer bestimmten Situation erhalten will, und das, was ihn herausheben will aus der bestimmten Situation», heißt es dort. Steiner unterscheidet zwischen der determinierten «Lebenssituation» und den aus ihr heraus gestaltenden Kräften einerseits (Vererbung, Milieu) und der «Gegenkraft» des Ich andererseits, die «im Kampfe (steht) mit dem, was determiniert», und den aus ihr heraus wirksamen Umgestaltungskräften.

«Es sind also im Menschen zwei miteinander im Kampfe befindliche Kräfte. Die einen gestalten ihn ... Die anderen wirken diesen Kräften entgegen und paralysieren sie zum Teil, so daß der Mensch durch diese anderen ... Kräfte dazu getrieben wird, umzugestalten das, was ihm aufgedrängt (ist).» Das Ich, so Steiner sinngemäß, verhält sich, wenn es gesund eingreift, gegenüber den determinierenden Kräften so, als seien sie von außen ihm aufgenötigte. Zwar repräsentieren diese Einflüsse, geisteswissenschaftlich betrachtet, eine Schicksalssituation, die der Mensch in einem der Erinnerung entschwundenen präkonzeptionellen Entschlußakt bejaht hat, aber er hat dies nicht getan, um sich ihnen zu unterwerfen, sondern um, wie Steiner drastisch sagt, «auslöschend» auf sie zu wirken. Dieser bedingungsumschaffende Impuls ist Ich-Gegenwart schlechthin. Die sozialen Verhältnisse, Arbeitsverhältnisse, zwischenmenschlichen Umgangsformen und Bildungswege können so eingerichtet sein, daß sie diesen Impuls fördern und dadurch zugleich eindrucksfähig bleiben für das, was er durch einzelne Persönlichkeiten erneuernd zur Geltung bringen will; aber die Verhältnisse können diesen Impuls auch von seinem Lebensquell abschneiden durch eine immer stärker kulturprägende

Geringschätzung des Individuellen. Dadurch wird Destruktivität freigesetzt.

Wenn wir heute erleben, wieviel Jugendidealismus in zerstörerische Bahnen abirrt, müssen wir uns klar darüber sein, daß hier eine Zerrform, ein Surrogat dessen wirksam ist, was Rudolf Steiner in nämlichem Vortrag das vom Ich her eingreifende, «Lebenssituation umschaffend(e)» Prinzip nennt. Es hängt für die in der Jugendseele erwachende Individualität viel davon ab, ob sie (Selbst-)Gestaltungsräume sieht, Ansatzpunkte für den sozialkünstlerischen Impuls, den sie als authentisches Wesensmerkmal mitbringt. Findet sie keine Möglichkeiten, sich in diesem Sinne zu engagieren, greift ein anderes Prinzip ein, das jenem nur auf den ersten Blick ähnelt. Es hat Berühmtheit erlangt durch den Satz: «Macht kaputt, was euch kaputt macht.»

Fassen wir zusammen: Das kindliche Seelenwesen wäre unter dem Einfluß der objektiven Bedingungen, die es vorfindet, nicht zum Eigenvollzug fähig. Dennoch ist der entsprechende Impuls – den die Anthroposophie Inkarnationsimpuls nennt (um über den Begriff Individuation hinaus den Aspekt der Auseinandersetzung mit dem Leib einzubeziehen) – als eine Art seelischer Grundtrieb von vornherein wirksam.[36] Aufgabe der Erziehung ist es, diesen Impuls, «zu sich selbst (zu) kommen als Ausdruck des Ich-bin, Ich-lebe, Ich-bin-Ich» (D.W. Winnicott), aktiv gegen die Überlagerungen zu stärken, die Steiner «Hindernisse» nennt, ihnen also die determinierende Gewalt zu nehmen und dem Kind zugleich zu ermöglichen, sich entsprechend seinem jeweiligen Reifegrad an ihnen im Eigenvollzug zu üben.

Diese Sätze sollten festgehalten werden, da sie zum Verständnis dessen, was im weiteren zur Jugendproblematik vorgebracht wird, unentbehrlich sind. Sie zeigen zugleich, welches Ausmaß von Tatsachenverkennung vorliegt, wenn behauptet wird, anthroposophische Pädagogik wolle individuelle Unterschiede verwischen und die Kinder in ein normatives Entwicklungskonzept zwingen.

Ein einfachstes Beispiel einer Bedingungsschicht, gegen die sich das Ich behaupten lernen muß, ist das Spektrum körperlicher Mißempfindungen zwischen Unbehagen und Schmerz. Das Kind ist, je kleiner, desto mehr, seinem Unwohlsein hilflos ausgeliefert. Es kennt keine Mittel dagegen, also schreit es, weint, sucht Zuflucht. Man kann vor allem bei kleineren Kindern genau studieren, wie jede etwas stärkere Mißempfindung, vor allem jede Art von Schmerz, einen spontanen Rückfall auf eine Stufe der Unselbständigkeit bewirkt, die eigentlich längst überwunden ist. Allerlei Seltsames kann sich da ereignen: Das Kind näßt wieder ein, verlangt nach Windeln, läßt sich füttern, kehrt zur «Babysprache» ohne Ich zurück.

Erst nach und nach wird die Fähigkeit erworben, ruhig und überlegt zu reagieren, sich selbst zu trösten oder abzulenken, kurzum: das Bewußtsein aufrechtzuerhalten und Distanz zu wahren. Jetzt entsteht bisweilen sogar der Eindruck, das Kind richte sich innerlich auf im Schmerz, sein Blick werde fester und klarer. Es gibt nicht wenige Kinder, die ein gewisses Maß an Schmerz durchweg als positives Erlebnis werten, ja sogar diesbezügliche Wünsche äußern. Es wäre geradezu eine Albernheit, dies irgendwie mit «Masochismus» in Verbindung bringen zu wollen. Was die Kinder erleben, läßt sich am besten mit dem Wort «Stolz» umschreiben. Sie fühlen sich erhöht, weil sie «tapfer» standhalten können, und wollen natürlich in ihrer neu errungenen Souveränität wahrgenommen werden.

Diese Fähigkeit fällt freilich nicht vom Himmel. Sie bildet sich zu einem nicht geringen Teil am Verhalten der Eltern. Je gelassener die Mutter auf Schmerz und Krankheit ihres Kindes reagiert, desto schneller lernt es, selbst gelassen zu bleiben. Dadurch kann es bewußter beobachten, was die Mutter zur Linderung unternimmt, und wird die eine oder andere Maßnahme bald selbst ergreifen. Ein Dreijähriges, das nachts Bauchweh hat, bleibt liegen und schreit. Ein Neunjähriges kann schon, ohne jemanden zu wecken, aufstehen, sich einen Zwieback holen, eine Wärmflasche richten. Es hat sich, geführt durch das erzieherische Beispiel, ein Stück weit von der Bedingungsschicht einer schmerzanfälligen Leiblichkeit emanzipiert, indem es sich auch im Zustand des Schmerzes kontrollieren kann; es erübt an seinen Beschwerden die Übernahme von Selbstverantwortung. Hier leuchtet schon etwas auf von dem, was Goethe zu den Worten veranlaßt hat: «Die Schmerzen sind's, die ich zu Hilfe rufe; denn es sind Freunde, Gutes raten sie.»

In entsprechender Art begegnet dem Kind auf seinem Entwicklungsweg eine Vielfalt von körperlichen und seelischen Ereignissen, die es zunächst hemmen, befremden, bedrohen, zurückwerfen wollen, zuletzt aber – vorausgesetzt, die Erziehung rechnet mit diesen Vorgängen – sich als Hindernisse erweisen, an denen Kräfte entwickelt werden, die für das spätere Leben unentbehrlich sind. Es begegnet der Härte der Dinge, wenn es stürzt oder sich stößt, begegnet der Kälte, dem Feuer, den schmerzzufügenden Realitäten und damit den Beängstigungen, die das Dasein in einem verletzlichen Leib mit sich bringt. Es erlebt sich in seiner Schwäche gegenüber der Natur, die – aber davon weiß es lange noch nichts – den Menschen nur deshalb nicht vernichtet, weil er sie kraft seines Erfindungsreichtums und seiner gemeinschaftsbildenden Phantasie in ihre Schranken zu weisen vermag. Noch hat es nicht gelernt, daß diese feindlichen Gewalten auch der Rohstoff sind, aus dem große Werke des Menschengeistes geformt werden, aber aus seinem Traumbewußtsein wirkt eine Kraft der Vorbereitung: Es spielt.

Dem Durst und dem Hunger begegnet das Kind, der leiblichen Bedürftigkeit, dem Ausgeliefertsein an die Fürsorge anderer, deren unumschränkte Güte es wie ein Naturgesetz erwartet. Erst nach Jahren wird es erfahren, was Bedürfnisbefriedigung, Menschenarbeit und Brüderlichkeit miteinander zu tun haben. Der Angst im Dunkeln begegnet das Kind, dem Alleinsein, dem grausamen Spiel der Katze mit der Maus und dem Verdacht, der langsam Gewißheit wird, daß es so etwas auch unter Menschen gibt. Es begegnet dem Zurückgestoßenwerden von anderen, dem Verzicht, der Strafe, der Krankheit; es muß Forderungen des Zusammenlebens akzeptieren, Lebensregeln, Umgangsformen, muß Selbstkontrolle leisten, «Triebaufschub», wie die Psychoanalytiker sagen. Und es erfährt, daß Bosheit und Häßlichkeit in der Welt existieren, daß es die Lüge gibt, die Ungerechtigkeit, das plötzlich hereinbrechende Elend, den Tod.

Dies alles sind Leiderfahrungen, unsanfte Ernüchterungen für die noch arglos-traumumfangene Kinderseele, Erlebnisse des Aufpralls, weckend und enttäuschend zugleich. Eine recht verstandene Pädagogik muß ihre Hauptaufgabe darin sehen, die Wucht dieser Zusammenstöße vorsorglich abzumildern, indem sie das Kind behutsam mit den Realitäten vertraut macht, ehe sie über es hereinbrechen. Sie sollte ihm Bilder, später auch Begriffe vermitteln, die das Überwindungsmotiv in sich tragen, ihm helfen, Vertrauen in seine Hände zu gewinnen. Sie muß in den verschiedensten Formen, Rücksicht nehmend darauf, auf welche Art das Kind in welchem Alter «versteht», davon künden, daß der Mensch die Möglichkeit und den Auftrag hat, den Unvollkommenheiten der Schöpfung gegenüberzutreten wie der Bildhauer dem rohen Felsblock. Nicht aus kaltem Wissen und mechanischem Training von Fertigkeiten gewinnt der heranwachsende Mensch Lebenszuversicht, sondern indem er, angeregt zum gestalterischen Tun und erfüllt von seelenstärkenden Bildern, erfährt, daß es einen Weg «vom Geschöpf zum Schöpfer» gibt – die Möglich-

54

keit, sich über das bloße Erleiden der Welt und ihrer Gesetze zu erheben und beizutragen zu ihrer Verschönerung.

Das ist es, was nüchtern ausgedrückt heißt: «In ihrem Eigenvollzug macht sich die Individualität von ihren Bedingungen frei.» Man muß sich diesen Satz als pädagogisches Leitmotiv über jedem Schultor und vor allem diejenigen Lehrer davon durchdrungen wünschen, die Jugendliche auf das Leben vorzubereiten haben. Denn im Jugendalter kulminiert die Frage: Bin ich nur ein Rad im Getriebe der Welt, ohnmächtig und auswechselbar, oder braucht mich, ganz ausdrücklich mich, diese Welt? Dem Vierzehn-, Fünfzehnjährigen wird diese Frage bewußt. Sie durchzieht untergründig die ganze Kindheit; jetzt ist sie zur Sagbarkeit gereift.

Gesprächsauszug David B., 16 Jahre alt

David und seine Eltern sind bei mir in der Beratungssprechstunde vorstellig geworden, weil der Junge Mutter und Vater glaubwürdig vor die Alternative gestellt hat: Entweder ihr findet für mich irgendwo einen Ort, wo ich leben kann, oder ich haue ab – zu Hause zu bleiben sei ihm unmöglich; auch die jetzige Schule werde er nicht mehr betreten.

D.: «Es gibt so viel zu erzählen; ich weiß gar nicht, wo ich anfangen soll. Sie wollen bestimmt viel wissen, warum und wieso, aber das ist jetzt vielleicht gar nicht so wichtig, ich rede auch ungern darüber. Ich wollte Ihnen hauptsächlich sagen, daß ich weg muß, daß ich so nicht mehr weitermachen kann.»

– «Wenn ich aus unseren Gesprächen den Eindruck gewinne, daß du wirklich weg mußt, werde ich mich dafür einsetzen. Aber ich soll mir ja ein Urteil bilden.»

D.: «Ich verstehe Sie gut, Sie wollen erstmal herausfinden, was genau los ist, nur in einem Punkt ist das ganz egal, Sie können herausfinden, was Sie wollen, ich muß auf jeden Fall weg.»

– «Und wohin? Du kannst mich übrigens auch duzen, wenn du willst.» (Er will nicht.)

D.: «Irgendwohin. Ich mache alles mit, was einigermaßen erträglich ist. Eine Großstadt am besten, wo man was erleben kann und wo die Leute nicht so verbohrt sind wie bei uns auf dem Land. Vor sechs Jahren sind wir aus T. (einer süddeutschen Stadt) weggezogen, seitdem wohnen wir da hinter dem Mond, es ist nicht auszuhalten.»

– «Was würdest du davon halten, für ein halbes oder ganzes Jahr auf einen einsamen Bauernhof zu gehen? Ich kenne da jemanden ...»

D.: «Ja, das wäre auch was. Vielleicht um Abstand zu finden und wieder klarer zu sehen. Aber auf gar keinen Fall würde ich anschließend wieder nach Hause gehen.»

– «Und ein Internat?»

D.: «Warum nicht? Mir ist alles recht.»

– «Willst du mir nicht doch erklären, wie das alles gekommen ist?»

D.: «Natürlich, Sie müssen Fragen stellen, das kann ich gut verstehen. Aber ich weiß im Moment gar nicht, wie ich das ausdrücken soll, es ist einfach zu viel auf einmal, alles geht drunter und drüber.» (Er spricht erregt, verkrampft die Hände.) «Und außerdem wäre es mir wichtiger, daß wir zuerst mal klären ...»

– «Fühlst du dich von deinen Eltern schlecht behandelt?»

D.: «Nein, nein. Es gibt oft Streit, mit meinem Vater vor allem, aber meistens benehme ich mich so, daß ihm gar nichts anderes übrig bleibt, als nervös zu werden. Mit meiner Mutter kann ich immer noch ganz gut reden, das geht eigentlich ganz gut. Meine kleinen Geschwister machen mich wahnsinnig, das ewige Geschrei und Getrampel. Ich sag ja gar nichts gegen meine Eltern. Wären wir damals bloß nicht von T. weggezogen, seitdem ist alles zum Kotzen. Ich weiß nicht mehr, was ich mit meinen Eltern reden soll. Es gibt nichts mehr zu reden. Die Sache ist abgelaufen, ich weiß nicht, ob Sie das verstehen. Ich komme mir vor wie in einem Wartesaal.»

– «Hast du dich in letzter Zeit manchmal gefragt, ob du vielleicht in Wirklichkeit gar nicht lebst?»

D.: – Überrascht – «Nicht so richtig ernsthaft natürlich. Aber ich komme mir an manchen Tagen vor wie tot. Ich träume auch solches Zeug. Da bin ich tot, und gleichzeitig bin ich es auch, der den Toten findet. – Aber wir haben ja nicht ewig Zeit, deswegen denke ich, daß es vielleicht besser wäre, wenn wir jetzt erstmal ganz praktisch ...»

– «Hast du Freunde ?»

D.: «Nein, aber das liegt nicht an denen, die vielleicht in Frage kämen, sondern an mir. Was soll ich dort Freundschaften anfangen, wenn ich ja doch weggehe.»

– «Ein Mädchen?»

D.: – Barsch – «Ach Gott, ein Mädchen! Merken Sie nicht, daß ich andere Sorgen habe?»

– «Du willst mir ja nicht verraten, welche.»

D.: Er muß sich sichtlich bezähmen, um nicht zornig zu werden. «Das kann ich nicht. Ich weiß es selber nicht. Das heißt, doch, ich weiß es schon, aber es sind mehr – Stimmungen oder wie ich sagen soll. Auf dem einsamen Hof, von dem Sie geredet haben, könnte ich es vielleicht klarkriegen. Ich schreibe Ihnen dann.»

– «Ich muß ein Gutachten fürs Schulamt anfertigen, sonst geht gar nichts. Soll ich schreiben: Empfehle vorübergehende Befreiung vom Unterricht wegen unklarer Stimmungen?»

D.: «Verstehe ich Sie jetzt richtig? Sie wollen mir mit einem passenden Gutachten helfen?»

– «Das hängt vom Ergebnis unserer Gespräche ab.»

Im Verlauf mehrerer Gesprächsstunden, die immer wieder in Gefahr sind, an D.'s hartnäckigem Herumreiten auf der «praktischen Lösung» zu scheitern, wird er doch streckenweise offener. Ich komme, nachdem ich auch mit den Eltern lange gesprochen habe, zu der Überzeugung, daß tatsächlich keine eindeutigen äußeren und aktuellen Gründe für die Krise vorliegen. Es gab Schwierigkeiten, wie sie überall vorkommen. Die Eltern haben sich, das ist ihnen selbst klar, so ungeschickt wie möglich verhalten. Aber D.'s teilweise absurdes Benehmen – er steht beispielsweise nach der Rückkehr von der Schule unter einem Waschzwang und kommentiert dies mit den Worten: «Ich muß es wegwischen; ich muß überleben», wobei er ein recht guter Schüler ist – und seine Schwermut lassen sich daraus nicht ableiten. Der Junge erklärt unter anderem:

D.: «Interessen? Ich weiß nicht – was ich früher mal gut konnte und vielleicht heute immer noch ganz gut kann, ödet mich total an; nein, ich habe das Gefühl, ich könnte es inzwischen auch gar nicht mehr, also zum Beispiel Zeichnen – alle haben dauernd gesagt, das sei meine Stärke; oder Schreiben, Deutschaufsätze, da war ich bei den Klassenbesten, habe manchmal für mich in Richtung Zeitungsreportage was probiert, aber auch dazu habe ich nicht mehr die geringste Lust. Am ehesten würde mich noch das Handwerkliche interessieren, wenn ich nicht so ungeschickt wäre.»

– «Du wirst doch nicht behaupten wollen, du hättest zu nichts, gar nichts Lust ?»

Dazu fällt dem intelligenten, redegewandten und vielseitig begabten Jungen nichts anderes ein als: «Stadtbummel machen, in Läden rumstöbern, einkaufen, Kino, einfach was erleben.» Allerdings ist ihm das Problem seiner Ziel- und Interesselosigkeit klar. So war es nicht immer, früher steckte auch er voller Knabenträume und traute sich alles mögliche Gewaltige zu. Die neue Situation ängstigt ihn. Der Gedanke, vorübergehend auf einem abgelegenen Gehöft zu wohnen, wird ihm, der so gern ein Großstadtschmetterling wäre, immer sympathischer, weil «ich Zeit und Ruhe hätte, um rauszukriegen, was ich will». Er hält es für nötig, irgendwo, «aber bloß nicht zu Hause, bloß nicht dort an der Schule», sein Abitur zu machen, weil er sicher ist, daß er eines Tages Pläne haben wird, die er dann vielleicht nur mit Gymnasialabschluß verwirklichen kann. Die Frage nach Idealen, nach höheren Zielen, an deren Verwirklichung er sich gern beteiligen würde, wenn er könnte, findet er durchaus nicht abwegig. Aber er muß sichtlich «graben», um antworten zu können. Dann erinnert er sich, oft darüber nachgedacht zu haben, daß alle Menschen die gleichen Lebenschancen haben müßten. «Im Moment habe ich allerdings andere Sorgen, erstmal muß ich mit mir selber klarkommen.»

– «Nimm mir die Frage nicht übel: Könnte es nicht sein, daß ein äußerer Umgebungswechsel gar nichts ändert, weil das Problem in dir selbst liegt und weil du dich selbst überallhin mitnimmst?»

D.: «Das stimmt natürlich irgendwie, ich spüre es genau. Aber unter den jetzigen Umständen kann ich nichts bei mir verändern. Manchmal denke ich vor dem Einschlafen: Was ist hier eigentlich los, was soll das Theater, ab morgen fängst du neu an. – Dann stehe ich morgens auf, höre meine Geschwister lärmen, sehe meine Eltern, die Räume, unsere Möbel, draußen die Straße, die Häuser und Bäume – vielleicht verstehen Sie das: Alles um mich herum ist so, daß ich weiß: Solange das alles um mich herum ist, kann ich nicht neu anfangen.»

Bisweilen muß D. die Kleider wechseln, wenn er sich nachmittags kurz auf sein Bett legen will. Er hat das Gefühl, alles, was ihn krank macht, hängt in seinen Kleidern, und er will wenigstens sein Bett nicht damit beschmutzen.

Was ist mit David los? Es war meine Pflicht, im Gutachten vor der Gefahr einer zwangsneurotischen Entwicklung, vor Depressionen und möglichen Panikreaktionen zu warnen. Aber der Grundkonflikt wird nicht klarer, wenn man die psychopathologischen «Notbehelfs»-Symptome aufzeigt, die daraus entstehen können. Solche Symptome sind, wie K. Dörner und U. Plog schreiben, «grundsätzlich allgemein-menschliche Möglichkeiten, das heißt, sie sind für uns alle unter bestimmten Bedingungen Ausdrucksformen der Situation ‹so geht es nicht mehr weiter›».[37] Zunächst setzt der Zustand des Jungen eindrucksvoll die inneren Vorgänge ins Bild, die sich während einer ausgeprägten Adoleszenzkrise abspielen. Nicht umsonst wurde diese Krise als solche ein «psychopathologisches Syndrom» genannt.[38] Hierbei ist es keine Seltenheit, daß sich vorübergehend, und im ungünstigsten Fall dann auch bleibend, Erscheinungen zeigen, die aus der gängigen Neurosenlehre bekannt sind. Das darf nicht bagatellisiert werden, aber es wirft zunächst nur ein Licht auf die Außenseite der Probleme und sagt noch wenig darüber aus, ob sich tatsächlich eine längerwirkende seelische Erkrankung ankündigt.

Auch mit psychoanalytischer Detektivarbeit wollen wir uns hier nicht aufhalten. Es gibt zwar in D.'s Vorgeschichte und in der Familienanamnese einige Punkte, denen man traumatisierende Auswirkungen nachsagen und die man dafür verantwortlich erklären könnte, daß die Krise bei dem Jungen so überaus dramatisch verläuft, zum Beispiel ein Verbrennungsunfall mit anschließender zwangsweiser Trennung von Mutter und Kind, als D. zweieinhalb Jahre alt war, eine soziale Entwurzelung durch Umzug in seinem zehnten Lebensjahr, eine mit extremer Unbeherrschtheit verbundene berufliche Krise des Vaters, unter der die ganze Familie litt; aber solche Vorkommnisse lassen sich fast in jeder Kindheitsgeschichte ermitteln; die jetzige Verfassung des Jungen läßt sich nicht einfach kausal davon ableiten. Wir müssen uns auf die Feststellung beschränken, daß es für D. wie für die meisten anderen Kinder Erfahrungen von Leid, Verlassenheit und Hilflosigkeit gab, die sein Urvertrauen erschüttert haben.

Für den Punkt der Fragestellung, an dem wir uns jetzt befinden, ist vor allem bedeutsam, wie scharf konturiert bei D. dasjenige in Erscheinung tritt, was wir «Distanzierung und Disqualifikation von Heimat» oder auch, mit einem Wort, Heimatverleugnung genannt haben. Anders als bei Johanna S. steht hierbei nicht der diffamierende Aspekt im Vordergrund, sondern der disqualifizierende: David bleibt, von gelegentlichen Zornausbrüchen abgesehen, alles in allem höflich und gerecht, sagt nichts Beleidigendes über seine Eltern, zeigt sogar Verständnis («Meinem Vater haben sie damals wirklich übel mitgespielt, er war fix und fertig, und dann kam auch noch ich mit meinem durchgedrehten Kopf an»), aber er spricht der Heimat jeglichen Wert für seine zukünftige Entwicklung ab, enthebt sie des Rechtes auf Mitwirkung, «bricht mit ihr». Er will die Vergangenheit auslöschen, abwaschen, wobei er sogar die Fähigkeiten und Begabungen mit einschließt, die ihm als Kind nachgesagt wurden. In den Gesprächen mit mir entwindet er sich jeder Frage nach dem, was gewesen ist, denn er ist wild dazu entschlossen, daß eben das Gewesene keine Rolle mehr für ihn spielt. Das ist es, was er mir ständig vermitteln will: «Die Sache ist abgelaufen. – Ich komme mir vor wie in einem Wartesaal.»

Erhellend ist die zunächst ganz unscheinbar anmutende Gesprächspassage, wo er sagt, er wolle von irgendwelchen früheren Fähigkeiten nichts wissen, eher denke er an etwas Handwerkliches, aber dazu sei er zu ungeschickt. Offensichtlich bezieht er seine Fähigkeiten in die Vergangenheitsdisqualifikation mit ein, während das «Handwerkliche» in die Zukunft weist. Aber er ist so «ungeschickt»: Ist diese Zukunft zu bewältigen?

Erinnern wir uns an den «Lebenssituation umschaffenden» Impuls, von dem Rudolf Steiner sagt, er verhalte sich «paralysierend», ja «auslöschend» gegenüber dem, was der Mensch als ihm aufgedrängt, determinierend erlebt (vgl. Anmerkung 35). Dieser Impuls wirkt vom Ich aus im Zusammenhang mit dem Astralleib, durch den Zukunftssehnsucht herandringt als heftige Empfindung eines inhaltlich noch unbestimmten «Wünschens», Vergangenheit zurückweisend.[39] Als Sechzehnjähriger hat D. die «Geburt» dieses Zukunftswelt eröffnenden und aus der Zukunft Gestaltungsimpulse hereinrufenden Seelischen gerade erlebt. Es ist zugleich ein Vorgang der Gefäßbildung, und in das Gefäß strömt Ich-Wesenhaftes ein als Stimmung einer nie gekannten, die ganze Existenz einschließenden Frage. Ganz ausgefüllt von dieser Frage des «Wer-bin-Ich», die ihren Raum der Stille und Unbedrängtheit fordert, wird die Seele ergriffen von etwas wie einer kleinen Selbstmordabsicht: Alles, was mir widerfahren ist, soll ausgelöscht werden, denn es verzerrt meine Frage.

Wie Johanna hat auch David mit allerlei qualvollen psychosomatischen Körperbeschwerden zu kämpfen. Er spricht über seinen Körper, den unbestechlichsten Zeugen des Gewordenen, ihm Aufgedrängten, angewidert wie über ein lästiges Gepäckstück, das er nicht ablegen kann, obgleich es ihn stetig behindert. Im Traum tritt er an ein Bett und sieht dort seinen toten Körper liegen. Er wird die Botschaft dieses Traums verstehen lernen: Im Geiste hast du den Leib deiner Vergangenheit getötet. Aber er liegt in Wahrheit nur in einem todesähnlichen Schlaf. Du wirst so lange immer wieder zu ihm hingeführt werden, bis du verstanden hast, daß du ihn zu neuem Leben erwecken mußt, wenn es eine Zukunft für dich geben soll.

Wir haben alles Erforderliche in die Wege geleitet, um David zu ermöglichen, daß er für ein halbes oder ganzes Jahr «aussteigen» und in einer geschützten Umgebung, möglichst mit anderen Jugendlichen, leben, arbeiten, zu sich kommen kann. Anschließend, so sagt er, wird er nicht nach Hause zurückkehren, sondern in einem Internat seine Schulzeit beenden.

Diskussion: Zwei Träume

Die Psychoanalytikerin Alice Miller schildert in einem ihrer Bücher[40] zwei Träume von erwachsenen Analysanten, die unter starken Verlassenheitsgefühlen leiden. Ich zitiere die Traumschilderungen:

«Meine kleinen Geschwister stehen auf der Brücke und werfen eine Schachtel in den Fluß. Ich weiß, daß ich tot darin liege, und doch höre ich mein Herz klopfen und erwache jedesmal in dem Moment. –

Ich sehe eine grüne Wiese und darauf einen weißen Sarg stehen. Ich habe Angst, daß meine Mutter darin liegt, aber ich öffne den Deckel, und zum Glück ist es nicht meine Mutter, sondern ich.»

Alice Miller deutet die Bilder als Ausdruck von unbewältigten Neid- und Eifersuchtsgefühlen gegenüber den Geschwistern (erster Traum) und unterdrückten Gefühlen der Enttäuschung über die Mutter (zweiter Traum). In beiden Fällen sei ein Teil der Seele «getötet» worden, nämlich der Teil, in dem Neid, Eifersucht und Enttäuschung lebten. Die kleinen Geschwister werden ohne weiteres als die tatsächlichen kleinen Geschwister genommen; die Mutter ist einfach die leibliche Mutter.

Alice Miller verschwendet keinen Gedanken daran, daß sich Träume in derselben Bewußtseinsschicht abspielen, aus der auch die alten Märchen stammen, wo das Geschwistermotiv viel mehr ausdrückt als nur ein Verwandtschaftsverhältnis und der neidische Bruder gewiß keine literarische Verarbeitung des alltäglichen Neids unter Geschwistern ist. Es liegt ihr ganz fern, in ihre Überlegungen einzubeziehen, daß die Traumimagination einer Todesszene gar nicht in oberflächlicher Art von Todesängsten, Ängsten des Ausgelöschtwerdens durch Zurückweisung oder ähnlichem handeln muß, denn «Töten heißt (nur) im materialistischen Sinne: beenden. Im geistigen Sinne heißt Tod: Verwandlung».[41]

Der Sarg ist weiß, nicht schwarz, und er steht nicht in einer Gruft, sondern mitten im Grünen. Die Schachtel wird dem wäßrig-strömenden, lebenspendenden Element übergeben. Der Träumende weiß, er liegt darin, oder besser: etwas von ihm, das zuende gekommen ist. Während diesem Zuendegekommenen von den kleinen Geschwistern, den später geborenen Kräften der Seele, neues Leben zugeführt wird, hört er seinen Herzschlag, ergreift sich aus seiner Mitte und erwacht. Ort des Geschehens ist die Brücke, der Übergang zwischen zwei Welten.

Diese wenigen Sätze, weit entfernt vom Anspruch einer Traumanalyse, sollen nur andeuten, wieviel Wesentliches dem psychoanalytisch voreingenommenen Blick entgeht, der darauf abgerichtet ist, überall nur nach unterdrückten Affekten und Leidenschaften zu fahnden. Eine andere Möglichkeit zur Entschlüsselung der Träume hätte darin bestanden, zu prüfen, wie die von Einsamkeitsgefühlen geplagten Patienten jene Zeit im Niemandsland zwischen Heimatverleugnung und Zukunftsangst bewältigt haben, die im Jugendalter durchlitten werden muß und immer nur einen vorläufigen Abschluß findet. Wir werden an anderer Stelle davon hören, daß diese Krise der Kulminationspunkt aller Kindheitsnöte ist und den Erwachsenen in immer wieder neuen Versionen ereilt.[42] «Die Pubertät», schreibt G. Nissen, «ist … ein Indikator, ein Aussichtspunkt auf die Schwierigkeiten und Nöte, die jemand auch später, manchmal zeitlebens, mit sich haben wird.»[43]

Keine Kindheit ist frei von Enttäuschung, Schmerz und Verzicht. Wer danach sucht, muß nicht viel Mühe aufwenden, um fündig zu werden. Die Frage ist nur, ob der «Ur-Schmerz», der sich auf individuell sehr unterschiedliche Art an diesen oder jenen Erlebnissen befestigt und verschiedene Phasen durchläuft wie die Entwicklung selbst – wir sehen jetzt einmal ab von extremen kindlichen Leidenswegen –, primär als Ergebnis der Unterdrückung von Elementarbedürfnissen im sozialen Anpassungsprozeß zu verstehen ist, also als individuelle Wiederholung des im Rousseauschen Sinne aufgefaßten Kulturprozesses,[44] oder aber, die Herkunftsfrage mit einbeziehend, als Ausdruck der Dramatik des Inkarnationsgeschehens, des Erwachens im Erdenraum zwischen Verweigerung und Bejahung, Abschied nehmend vom «paradiesischen» Zustand eines rein geistigen Daseins und miterlebend den Verlust der Rückverbindung dorthin.

Die zitierten Traumbilder haben, anders als A. Miller glaubt, unübersehbar den Charakter der Hoffnung. Sie sind freilich durchmischt mit Furcht, aber voll von imaginativen Kundgebungen der Zuversicht. Das Motiv der Neugeburt, der «Häutung», dominiert auffallend. Die Todeszeichen, die der Analytikerin einzig auffallen, sind gegenüber der Fülle von Lebenszeichen geradezu bedeutungslos. Aber es scheint, als seien die Träumenden nicht imstande, die Botschaften ihres eigenen bildschaffenden Bewußtseins zu verstehen. Hat ihnen in den Jahren, um die unentwegt ihr Bangen und Sehnen kreist, niemand dabei geholfen, zu erkennen, woher der Drang kam, einen Teil des eigenen Wesens auszulöschen und die heimatlich-urvertraute Welt schroff zurückzuweisen, obwohl es so schmerzte? Haben die erwachsenen Mitmenschen wie die Psychoanalytikerin Miller nur Wut, Enttäuschung, Neid und Eifersucht im Verhalten der Jugendlichen entdecken können und entsprechend reagiert?

Eine andere, wesentlich umsichtiger als A. Miller argumentierende Analytikerin ist in diesem Zusammenhang auf etwas sehr Bedeutsames aufmerksam geworden: «(Ich) zeichne ... ein Bild der Adoleszenz», schreibt sie, «als eine Art Schlachtfeld der Gefühle, auf dem Vergangenheit und Zukunft um ihre jeweiligen Rechte ringen. Wer von der Kindheit Abschied nimmt, muß ... entscheiden, in welchem Maß und in welchen Aspekten er der Vergangenheit gestattet, in die Zukunft hereinzuwirken.»[45] Am Anfang dieses Entscheidungsprozesses wird die Vergangenheit «totgesagt», aber sie muß, wenn es Zukunft geben soll, wiedererweckt werden, um «das Wertvolle für immer zu bewahren». Davon handeln die zitierten Träume. Sie handeln von erwachsenen Menschen, denen es noch immer nicht gelungen ist, dieses Problem zu lösen.

Das Ich: «Fixe Idee»
oder Realität ?

«Ich bin durchaus mein eignes Geschöpf. Ich hätte blind
dem Zuge meiner geistigen Natur folgen können.
Ich wollte nicht Natur, sondern mein eignes Werk sein;
und ich bin es geworden dadurch, daß ich es wollte.»

J. G. Fichte

Heilende Pädagogik

Wie wir gesehen haben, beruht es auf einer Verwechslung, wenn behauptet
wird, anthroposophische Pädagogik folge einer schematisierenden Phasenlehre. Es gibt kein Hausrecht für eine solche Verwechslung; sie wird auch
nicht dadurch diskussionswürdiger, daß Waldorferzieher ihr bisweilen
unterliegen. Der Irrtum besteht einfach darin, daß die Nebensache für die
Hauptsache, die Außenseite für die Innenseite genommen wird. Die
Anerkennung gewisser Entwicklungsgesetzmäßigkeiten, die sich der unbefangenen Beobachtung unwiderlegbar darbieten, läßt durchaus nicht
die Folgerung zu, diese Gesetzmäßigkeiten seien die positiv bestimmenden
Kräfte des Persönlichkeitswachstums.

Eine recht verstandene, also nicht ideologisierende, sondern phänomen-
orientierte psychologische Phasenlehre meint, wenn sie von Gesetzmä-
ßigkeit spricht, die objektiven Begleiterscheinungen der Individuation,
nicht jedoch das im Individuationsgeschehen aktive Subjekt. Das Ich auf
der Suche nach der unter gegebenen Bedingungen bestmöglichen Aus-
drucksform seiner ureigenen Wesens- und Fähigkeitenart unterliegt für
sich genommen keinem anderen Gesetz als dem seiner Authentizität,
seines Selbstentwurfs. Aber es hat sich im Eigenvollzug auseinanderzusetzen mit, bewegen zu lernen in einer Vielzahl von gesetzmäßigen
Bestimmungen, die es als Rahmen und Boden seiner Existenz vorfindet.

Nun gehört schon eine außerordentliche Neigung zum Augenverschließen vor der Wirklichkeit dazu, um in Abrede zu stellen, daß sich
das Kind schrittweise durch die verschiedenen Schichten des objektiv
Gegebenen hindurcharbeitet und gewisse diesbezügliche Reifungsphasen
ungefähr nach Altersstufen unterscheidbar sind, in denen bestimmte

körperliche Vorgänge mit Veränderungen der seelischen Bedürfnislage und Ausdrucksfähigkeit und Erweiterungen des Auffassungshorizontes korrespondieren, die nicht einfach einen «quasi-biologischen Wachstums-prozeß» im Sinne eines automatisch ablaufenden psychophysischen Parallelismus beschreiben – diese Auffassung unterstellt H. Ullrich der Waldorfpädagogik[1] –, sondern von den jeweiligen soziokulturellen Gegebenheiten mitbestimmt und schon in sehr frühem Alter individuell nuanciert sind.

Würde man einem Arzt, der ein an Keuchhusten erkranktes Kind mit bewährten Mitteln behandelt, vorwerfen, ihn interessiere nicht das Kind, sondern nur die Tatsache, daß Keuchhusten eine typische Kinderkrank-heit ist; und statt bei der Behandlung «die interindividuellen (und) sozio-kulturell bedingten Unterschiede der Entwicklungsverläufe» zu beachten, verschreibe er schematisierenderweise ein Hustenmittel?[2] Es ist ohne wei-teres einzusehen, daß dies ein unsinniger Vorwurf wäre. Ist der Arzt allerdings mehr als ein wandelndes Arzneimittellexikon, wird er nicht nur das Hustenmittel verschreiben, sondern der Mutter Ratschläge geben, worauf sie beim Umgang mit diesem Kind in den Krankheitswochen besonders achten sollte. Er wird vielleicht sogar je nach Konstitutionstyp und Vorgeschichte des Kindes unter einigen Medikamenten das passen-de, aber gewiß nicht für jedes Kind wieder ein anderes wählen. – Der Vergleich ist deshalb geeignet, weil die klassischen Kinderkrankheiten phasenspezifische Vorgänge sind. Die ersten Lebensjahre sind ihr natur-gemäßer Ereigniszeitraum, und sie geben Anlaß zu besonders markanten individuellen Reife«sprüngen», wenn sie nicht brutal erstickt, sondern sorgsam begleitend behandelt werden. Sie führen uns die leibdurchdrin-gende Ich-Aktivität anschaulich vor. Das Kind zeigt eine «durchgreifende Wandlung seines ganzen Wesens und Verhaltens. Fortschritte auf den verschiedensten Gebieten, ja ganz neue Fähigkeiten können plötzlich zum Vorschein kommen. Die Gesichtsbildung ändert sich in feiner, aber doch deutlicher Weise.»[3] Wer einmal erlebt hat, wie gereift und aufge-räumt ein Kind aus einer solchen Krankheit mit ihrer Fieberglut her-vortritt – vorausgesetzt, es konnte die rechte seelisch umhüllende Atmo-sphäre hergestellt werden –, ahnt die Tragödie, die in der künstlichen Immunisierung durch Impfung liegt.

Ganz ähnliches gilt auch für die mehr im Seelischen sich abspielenden Entwicklungskrisen, die wir durchaus als eine Art «Kinderkrankheiten» betrachten dürfen. Ähnlich wie bei Keuchhusten oder Masern ist heute die Neigung groß, nach geeigneten vorbeugenden Mitteln zu ihrer

Verhinderung oder, mitten im Geschehen, zu ihrer schnellstmöglichen Beseitigung zu suchen. Man steht als Erziehungsberater immer wieder vor dem Problem, den Eltern, und auch Lehrern, zu vermitteln, daß es gar nicht darauf ankommen kann, durch irgendwelche Kunstgriffe zum Beispiel die Kinderkrankheit der Pubertät «wegzumachen», sobald sie sich krisenhaft, im übertragenen Sinne «fieberhaft» zuspitzt, sondern daß nach der rechten helfenden Begleitung durch das Geschehen hindurch, nach der angemessenen inneren Haltung gefragt werden muß. O. F. Bollnow, Pädagogikprofessor in Tübingen, schreibt: «Die Krise erscheint ... zunächst als ein zufälliges Ereignis, gewissermaßen als ein Betriebsunfall in der Entwicklung, den man bei größerer Vorsicht auch hätte vermeiden können. Die anthropologische Dimension erreicht die Fragestellung dagegen erst dann, wenn man erkannt hat, daß die Krise im Reifungsprozeß des menschlichen Lebens eine notwendige Funktion hat, so daß schon der bloße Wille, sie zu vermeiden, am Wesen der Krise vorbeiführt und im Ergebnis auf einen Substanzverlust des menschlichen Lebens hinausläuft.»[4]

Der Vergleich mit den Kinderkrankheiten führt uns zum Begriff der «heilenden Erziehung», dem eine zentrale Bedeutung innerhalb der anthroposophischen Pädagogik zukommt. Ihr methodisch-didaktisches Selbstverständnis ist in gewisser Hinsicht das einer «seelischen Heilmittelkunde», insofern sie auf willens- und gemütsbildende Heilwirkungen zur Linderung entwicklungsspezifischer Leiderfahrungen abzielt, die jedes Kind im individuellen Eigenvollzug positiv bewältigen muß. Was Ullrich (vgl. Anmerkung 1) als Vorwurf erhebt, nämlich «mehr auf eine Pädagogik des Wachsenlassens zu vertrauen, anstatt spezifische Lernarrangements zu entwerfen», betrachtet freilich jeder Waldorfpädagoge als eine seiner vornehmsten Verpflichtungen. Allerdings ist mit «Wachsenlassen» kein tatenloses Zuschauen gemeint, sondern das fortwährende sorgende Bemühen, wachstumshemmende Einflüsse zu neutralisieren. Darin besteht der erzieherische Heilprozeß im Sinne der anthroposophischen Menschenkunde. Bollnow (vgl. Anmerkung 4) hat recht, wenn er warnt: «Weil alle erzieherischen Vorgänge auch einen psychologischen Aspekt haben, entsteht die Gefahr, die Pädagogik auf eine angewandte Psychologie zu reduzieren und so das eigentliche pädagogische Problem zu verfehlen.»

Zweifellos besteht ein Unterschied zwischen Heilpädagogik und Allgemeinpädagogik, obwohl auch dieser eine psycho-therapeutische, «seelenpflegerische» Aufgabe zugesprochen werden muß. Während aber in der

Heilpädagogik, wie Rudolf Steiner sagt, «ein tiefes Eingreifen in die karmischen Tätigkeiten» stattfindet,[5] das heißt eine absichtsvolle Beeinflussung des Entwicklungsgeschehens im Einzelfall, wirft das «eigentliche pädagogische Problem» vor allem die Fragen der seelischen Milieubildung und des Begleitschutzes auf und erst danach die Frage des Lernens. Es ist beängstigend gründlich in Vergessenheit geraten, daß die Schule einen – neben dem Elternhaus – zweiten, zentralen Lebens- und Erlebnisraum für das Kind bilden soll, in dem es sich mit anderen unter ungefähr gleichen Voraussetzungen bewegt und verständigt. Die im Lehrplan festgehaltene Methodik sollte gleichsam die architektonische Skizze zur Gestaltung dieses Erlebnisraumes in sozialer, kultureller und natürlich auch informativer Hinsicht sein. Sie leistet Verständigungshilfe und trägt Sorge dafür, welche Türen zur Welt in welchem Alter geöffnet werden und welches Rüstzeug die Kinder benötigen, um sich in den immer neuen, immer wieder befremdlichen Erfahrungsbereichen, die ihnen zugänglich werden, nicht zu verirren.

Man mag es normativ, schematisch oder sonstwie nennen: Tatsache bleibt, daß jedes siebenjährige Kind, und sei es scheinbar noch so «abgebrüht», es als eine unfaßbare Bedrohung erlebt, wenn es beispielsweise in intellektueller Form über den Krieg oder über Sexualverbrechen «aufgeklärt» wird; und Bruno Bettelheim behält natürlich gegen alle anderslautenden Theoriemodelle recht, wenn er den gefährlichen pädagogischen Unfug brandmarkt, der darin besteht, einem kleinen Kind physikalische Begriffe über das Gravitationsverhältnis zwischen Sonne und Erde bis zur Abrufbarkeit einzupauken, «ohne daß es in der Lage wäre, das … mit seinen kognitiven Verstehensmöglichkeiten, aber auch mit seinen Formen der Identitätsvergewisserung in Verbindung bringen zu können».[6]

Allgemeine Erziehung soll und kann dadurch heilsam wirken, daß sie ein abschirmendes und in bezug auf das Heranlassen von Realität sowohl selektives als auch vorbereitendes Wächteramt wahrnimmt. Insofern belügt sie sich selbst, wenn sie ihren autoritativen Charakter leugnet. Und dennoch kann von Seiten der Waldorfpädagogik den Verfechtern einer «Antipädagogik» darin rechtgegeben werden, daß die beste Erziehung die Selbsterziehung ist, auch bei Kindern – ja mehr noch: daß es letztlich gar keine andere Form der Erziehung gibt. Denn die einzige wirklichkeitsgemäße pädagogische Intention ist Hilfe zum individuellen Eigenvollzug. Verhaltenskonditionierung, wozu die Wissensverabreichung nach «spezifischen Lernarrangements» mit Lernzielkontrolle und so weiter gehört, hat mit Erziehung ebenso wenig zu tun wie die Dressur eines Esels zum Äpfelzählen.

Von einem pädagogischen Verhältnis kann erst die Rede sein, wenn zwischen Kind und Erzieher jenes stillschweigende Einverständnis herrscht, das Erich E. Geißler mit den Worten charakterisiert: «Autorität hat, wer sein Lehramt (oder seinen Elternauftrag, H. K.) so verwaltet, daß die Kinder ihm von sich aus gehorchen wollen.»[7] Rudolf Steiner betont, es sei entscheidend, «daß das Kind Sympathie bekommt mit dem, was es tun soll». Es dürfe «nicht dogmatisch und nicht gebotsmäßig» vorgegangen werden, sondern man solle das Kind «vorbereiten für dasjenige, was dann später im selbstgebildeten Urteil auftreten kann».[8]

Ein reifer Pädagoge findet durchaus Gefallen an der Vorstellung, daß die Kinder ihn gewissermaßen für ihre Selbsterziehungsabsichten instrumentalisieren. «Wo einer aufwächst, der sich in der vorgefundenen Kultur nicht allein zurechtfinden kann, da müssen welche sein, die ihm sozusagen die soziale und kulturelle Geburtshilfe leisten», schreibt H. Rauschenberger.[9]

Im Mittelpunkt eines so verstandenen pädagogischen Auftrags steht, lange bevor es um abstrakte Lerninhalte geht, die Vermittlung seelenstärkender – wir sagten: willens- und gemütsbildender – Eindrücke, Bilder, Gleichnisse, Ausdrucksformen,[10] die sich zunächst an die jeweilige Altersgruppe richten. Es ist eigenartig, daß letzteres ausgerechnet von Anhängern eines lerntheoretischen Ansatzes so hart kritisiert wird, die doch weit davon entfernt sind, in der Schule die Klassen aufzulösen und alle Altersgruppen durcheinanderwerfen zu wollen. Daß ein energisches Bemühen nötig ist, der individuellen Besonderheit jedes einzelnen Kindes entgegenzukommen, müssen sich die Waldorfschulen gewiß nicht von seiten der Verhaltenspädagogik nahelegen lassen. Da wird der anthroposophischen Erziehungsidee als Mangel angedichtet, was geradezu ihr Leitmotiv ist. Ein Grundsatz der ihr zugrundeliegenden Entwicklungspsychologie lautet: Je älter die Kinder werden, desto mehr setzt sich die Eigenart gegenüber dem altersentsprechend Typischen durch – sofern die Umstände es zulassen.

Dafür zu sorgen, daß die Umstände es zulassen, ist Aufgabe der Erziehung. Sie sieht sich hierbei keinem gleichmäßig-kontinuierlichen Vorgang gegenüber, sondern einem Geschehen mit verschiedenen krisenhaften Kulminationspunkten (vgl. Bollnow, Anmerkung 4), die wir charakterisiert haben als Zuspitzungen des Selbstbehauptungskampfes der Individualität gegen die primäre und sekundäre Determination. Wir erinnern uns, daß dazu die Nötigungen der umgebenden natürlichen und sozialen Realität gehören, aber auch diejenigen des eigenen Leibes und der naturereignishaften Anteile des Seelenlebens (Hunger, Schmerz, Unbehagen, Angst), die das Kind als ebenso objektiv, ohne sein eigenes Dazutun gegeben vorfindet wie Stein, Pflanze, Hitze, Kälte, Donner und Blitz.

Jedes Kind ist seinem Schmerz, seinem Hunger, seiner Angst zunächst körperlich-seelisch ausgeliefert, und je kleiner die Kinder sind, desto gleichartiger sind ihre Reaktionen darauf. Natürlich weiß jede liebend-aufmerksame Mutter von individuellen Eigentümlichkeiten zu berichten, die sie schon in den ersten Lebensmonaten an ihrem Kinde entdeckt hat und die vielleicht sogar einer besonderen Seelenstimmung während der Schwangerschaft entsprechen. Darin liegt kein Widerspruch zu dem vorher Gesagten, im Gegenteil: Wir können daraus gerade ersehen, wie es der erhöhten mütterlichen Sensibilität gelingt, durch die allgemeinmenschlichen Lebens- und Bedürfnisäußerungen hindurch schon das Ich zu erspüren, das sich freiringen will. Mit einem Anflug von Hellsichtigkeit erfaßt sie, daß das menschheitlich Vererbte, wodurch ein Säugling allen anderen Säuglingen gleicht, das familiär Vererbte, wodurch er einem Eltern- oder Großelternteil ähnelt, Teile der von Ich-fremden Mächten beherrschten «Landschaft» bilden, die der Neuankömmling vorfindet und in der er sich sein eigenes Reich schaffen wird.

Ein anderer Teil dieser «Landschaft» besteht aus den Einwirkungen der natürlichen und von Menschen geschaffenen Umwelt, mit der sich das heranwachsende Kind auseinanderzusetzen hat. Anfänglich, wenn Mutter oder Vater jenes «Dritte» einfühlsam wahrnehmen als etwas atmosphärisch das Kind Umgebendes, das aber auch schon in Nuancen der Physiognomie, des Ausdrucks sich abzeichnet, vollzieht sich diese Auseinandersetzung gleichwohl gesetzmäßig; man weiß: Ein gesundes Kleinkind folgt überwiegend typisch kleinkindhaften Reaktionsmustern. Erst nach und nach kommen deutliche Unterschiede zum Vorschein, zunächst eher nach Konstitutionstyp und Temperamentslage, dann zunehmend individuell getönt und später unverwechselbar.

«Es ist ein innerer Kampf, der sich da im kindlichen Menscheninnern abspielt», sagte Rudolf Steiner, «ein Kampf zwischen den vererbten Eigenschaften des Menschen und ... seiner Anpassung an die Welt, die ihn umgibt. – Die Vererbung ist in der allerersten Lebenszeit das Wichtigste; aber immer mehr und mehr tritt die Anpassung des Menschen an die Welt auf. Es werden die vererbten Eigenschaften allmählich so umgestaltet, daß der Mensch … offen ist durch alle seine Sinne, durch seine Seele, durch seinen ganzen Geist, für die Welt seiner Umgebung.» Dieser Prozeß der Öffnung müsse erzieherisch energisch gefördert werden, fährt Steiner fort, weil sonst der Mensch «in einem weltfremden Wesen erstarrt (und) nur das will, was im Sinne seiner vererbten Eigenschaften liegt».[11]

Nur durch die sinnlich-seelische, später auch gedankliche Auseinandersetzung mit der Umwelt ist das Kind fähig, sich aus der erblichen Vorbedingtheit zu lösen, wobei «Lösung» nicht Trennung, sondern Verwandlung bedeutet. Der Leib wird in beharrlich-geduldiger Arbeit zur Ruhe gebracht und umgearbeitet zum Organismus der Weltwahrnehmung. Das Kind setzt sich urteilend mit den Erscheinungen in Verbindung und schafft sich sein individuelles Weltbild. An diesem entzünden sich seine Gestaltungsimpulse.

«Ich gebe mir Form und Gestalt»

Wer oder was aber «kämpft», verwandelt, öffnet sich? Man bekommt über diese Vorgänge, heißt es bei Steiner, «nur ein richtiges Urteil … durch die Erkenntnis der spirituellen Seite der Welt und des Menschen». Und weiter: «Es gibt etwas im Menschen, was man als Erzieher oder Lehrer überhaupt nicht erfassen kann. Das ist etwas, dem man mit scheuer Ehrfurcht gegenüberstehen soll.»[12]

Die Psychotherapeutin Irene Kummer, eine Vertreterin der humanistischen Psychologie, beschreibt Tätigkeit und Absicht dieses «Etwas» mit knappen, präzisen Worten: «Während des ganzen Lebens gibt sich der Mensch immer wieder neu Form und Gestalt, und zwar als körperlich-seelisch-geistige Ganzheit. Ich gebe mir Gestalt in der Weise, wie ich mich aufrichte, in der Welt stehe, mich der Welt zuwende, mich öffne und zurücknehme. Individualität und Verbundenheit, sich auftun und sich zurücknehmen sind Pole der menschlichen Gestaltung und Umgestaltung. Die Weise, wie der Mensch mit seiner Gestalt in der Welt ist und sich Form gibt, ist sein ‹Lebensstil›. Der Lebensstil ist Ausdruck der Individualität, der persönlichen Gestalt.»[13]

Diese Sätze werfen die Frage auf: Entspricht der im Entwicklungsverlauf immer deutlicher hervortretende «Stil» als Ausdruck der sich selbst gestaltenden Persönlichkeit tatsächlich einem schrittweise durchgeführten individuellen Konzept; oder läuft eine genauere Prüfung der Angelegenheit doch wieder darauf hinaus, daß sich erbliche Faktoren mit Erziehungs- und Milieueinflüssen beim Einzelmenschen zu einem hochkomplizierten Gemisch verbinden, das nie zweimal in demselben Verhältnis auftritt, weil niemals zwei Menschen genau dasselbe mitbringen und erleben? In diesem Fall wäre der «individuelle Stil» eine Zufallskombination aus nicht-individuellen Einflüssen, mithin das Ergebnis einer mehrdimensionalen Programmierung, und es könnte keine Rede davon sein, daß der Mensch sich «immer wieder neu Form und Gestalt» gibt. Zwar würde dies notdürftig erklären, warum sich alle Menschen, die in mein Wahrnehmungsfeld treten, voneinander unterscheiden, aber ich hätte immer noch keinen Anhaltspunkt zur Deutung des Phänomens der aktiven, gestaltprägenden Auseinandersetzung mit mir selbst, von dem I. Kummer spricht. Wie ist es möglich, daß ich mich selbstbewußt, als Individualität, wahrnehme und aus dieser Wahrnehmung heraus mich denkend, fühlend, handelnd auf Ziele hinordnen, verändern, entscheiden, irren und korrigieren kann?

Es bleibt also offen, ob und – wenn ja – wie, ab wann und wodurch veranlaßt der Mensch sich entwickelt. Der Determinismus – auch nicht der gemilderte, der sagt: Genaugenommen gibt es zwar keine Individualität, aber um dem Menschen gerecht zu werden, müssen wir uns so verhalten, als gäbe es sie doch – wird darüber nie eine befriedigende Auskunft geben können. Psychologien, die dem Determinismus nicht prinzipiell widersprechen, aber doch mit individualistischen Begriffen operieren, stellen sich eigentlich auf den absurden Standpunkt, man müsse dem menschlichen Seelenleben, um es zu verstehen, Eigenschaften unterstellen, die es gar nicht hat.

Es ist nur auf den ersten Blick fernliegend, wenn ich hier die von Erich Fromm aufgeworfene Frage zitiere, wie es möglich gewesen sei, daß sich die Sklaven nach Freiheit zu sehnen begannen. «Solange sie Sklaven sind, kennen sie doch die Freiheit nicht», schreibt Fromm, also habe «der versklavte Mensch keine Vorstellung von Freiheit – und doch kann er ohne diese Vorstellung von Freiheit nicht frei werden.» Dies sei ein «logisches Paradoxon», das genaugenommen für alle historischen Revolten und Veränderungen zutreffe. Fromm behilft sich mit der These, in Wahrheit hätten die Sklaven zunächst nicht nach Freiheit begehrt, sondern gegen die Verursacher ihrer Leiden aufbegehrt. Die Freiheitsidee wäre demnach eine sekundäre Erscheinung, sozusagen eine Stilisierung des Widerstandsreflexes.[14]

Ganz unberücksichtigt bleibt die Möglichkeit, daß der im Menschen auftretende Freiheitsimpuls gar keiner äußeren Veranlassung oder konkreten Bildvorstellung bedürfe. Es wäre für Fromm sicher gewinnbringend gewesen, eine Zeitlang probehalber mit der Hypothese zu arbeiten, daß für die Angehörigen unterdrückter Bevölkerungsschichten ein zunehmend unerträglicher Widerspruch aufgetreten sei zwischen dem Drang des einzelnen nach Verwirklichung individueller Lebensziele und seiner rechtlichen Situation, durch die er zurückgehalten war in einem fremdbestimmten und gleichgeschalteten Kollektivwesen; und daß sich dieser Konflikt, lange bevor er dem denkenden Bewußtsein zugänglich war, als untergründige Revolte geltend gemacht und nach außen entladen habe. Fromm hat einen wichtigen Umstand unerwähnt gelassen: Stets waren auch solche Sklaven, die in wirtschaftlich gesicherten Verhältnissen lebten und anständig behandelt wurden, dazu fähig, ihren «Besitzern» das Haus anzuzünden. Es ist auch ohne äußeren Leidensdruck ein zutiefst kränkender Zustand, das eigene Leben nicht selbst gestalten und verantworten zu können.

Die Schwäche der Frommschen Argumentation liegt darin, daß der Freiheit, die gerühmt werden soll, letztendlich kein Wirklichkeitswert zukommt. Sie wird nicht als geistige Grundtatsache, sondern als psychologisches Epiphänomen beschrieben. Hier ist die materialistische Doktrin, das sich selbst im Denken erfassende individuelle Seelenleben sei eine Art Nebelabsonderung der biologischen Organisation, nicht im Kern überwunden – obwohl Fromm unermüdlich bestrebt war, sie zu überwinden –, sondern nur dahingehend modifiziert, daß dem Nebel höchster Respekt bezeugt wird.[15]

Der Zusammenhang mit unserem Thema wird deutlich, wenn wir uns erinnern, daß das Kind in gewisser Hinsicht der «Sklaverei» einer vielfältig determinierten Lebenssituation unterliegt und eine Reihe von Entwicklungskrisen durchmacht, die mit dem Begriff Revolte zutreffend beschrieben sind. Ist aber nun die Revolte ein Ergebnis des Freiheitsimpulses, der sich, wie es bei Steiner heißt, «in unserer Wesenheit als reales Element an die Oberfläche arbeitet»,[16] oder ist «Freiheit» nur eine gedankliche Abspiegelung des Instinktes, der zum Beispiel ein in die Enge getriebenes Tier veranlaßt, zum Angriff überzugehen? Ist es nur ein gradueller oder ein prinzipieller Unterschied, ob ich in Bedrängnis blind zuschlage oder die Verhältnisse, durch die ich mich eingeengt fühle, umarbeite, geleitet von einer Vision der Neugestaltung?

Es liegt an der Unentschiedenheit in diesen Fragen, daß die Seelenwissenschaft gegenüber der Naturwissenschaft kein eigenes Profil entwickelt. Die Ansicht, zur Erforschung seelischer und geistiger Phänomene müßten grundlegend neue Methoden, Begriffe und Kriterien der Beweisführung – Beispiel: die Rehabilitation der Selbstbeobachtung als Forschungsinstrument – entwickelt werden, findet heute wenig Beifall. Man kann gegenüber den Imponderabilien, denen der Seelenforscher begegnet, entweder, wie es die rein empirische Parapsychologie tut, mit dem bequemen Verweis auf unerforschte Eigenschaften der Materie kapitulieren – demnach wäre «Geist» immer ein Hilfsbegriff für Naturvorgänge, die wir noch nicht durchschauen – oder sich um einen souveränen psychologischen Erkenntnisansatz bemühen, der, ohne in New- Age-Allgemeinheiten zu verschwimmen, spirituelle Dimensionen mit einschließt. Hier hat die Anthroposophie überzeugende Möglichkeiten anzubieten, die der modernen, Folgerichtigkeit und Beobachtungstreue fordernden Wissenschaftsgesinnung durchaus keinen Selbstverrat abverlangen.

Auch ein lebenserfahrener Naturforscher wie Konrad Lorenz fordert, die «Wirklichkeit des ‹nur› Subjektiven» wieder stärker zu berücksichtigen, phänomenologische Verfahren wie die intuitive Gestaltwahrnehmung zu legitimieren oder wieder aus der «Kunst als Wissensquelle» zu schöpfen. Er erinnert an die «Unbezweifelbarkeit des Erlebens» und stellt fest: «Das Argument, daß alles, was ausschließlich durch den Blick nach innen, durch Selbstbeobachtung in Erfahrung gebracht werden kann, ‹nur subjektiv› sei, das heißt keine objektive Realität besitze, ist inkonsequent.»[17] Jean Paul Sartre, nicht zu vergessen, der unerbittliche Atheist, hat am Ende seines Lebens resümiert, er sei «auf der metaphysischen Ebene gescheitert», weil sein Weltverständnis die Herkunft der Hoffnung und der Moral nicht erklären könne.[18] Mit anderen Worten: Er fand keinen Erkenntniszugang zu den Grundkräften des Jugendidealismus, die das ganze weitere Leben eines Menschen durchstrahlen können, wenn sie im Augenblick ihres Hervorbrechens auf ein geistiges Leben stoßen, in dem sie sich wiedererkennen. Nicht unerwähnt darf es bleiben, daß Sartres rigorose Parteinahme für die Schwachen und Unterdrückten der Jugend mehr vermitteln konnte und kann als die bürgerlich-frömmelnde Heuchelei, gegen die er zeitlebens stritt.[19]

Es wäre zu wünschen, daß die Verfechter einer originär humanistischen Seelenwissenschaft zu ebenso energischen weltanschaulichen Grundsätzen vordrängen, wie sie von Materialisten der harten Schule vorgebracht werden. Solange jene aber diesen im Streit um den Primat der Materie oder des Geistes, des Seins oder des Bewußtseins im Ernstfall doch immer wieder zustimmen, ist klar, wer das Zepter in der Hand behält. Hinzu kommt unter dem Gesichtspunkt kultureller und sozialer Wertebildung, daß der Ruf nach Freiheit und Individualität umso weniger Wirkung hat, je mehr der Rufer im Grunde selbst von der Unhaltbarkeit seiner Ideen überzeugt sein muß.

Es gibt hierfür ein berühmtes Beispiel: Warum hat sich Mitte des 19. Jahrhunderts Karl Marx gegen seinen großen, charismatischen Gegenspieler, den Anarchisten Michail Bakunin, Idol der europäischen Arbeiterschaft, durchsetzen können? Marx und Engels hatten ihr sozial-ökonomisches Ideengebäude auf dem weit ausgreifenden weltanschaulichen Fundament des historischen Materialismus errichtet, dem sich Bakunin anschloß. Von diesem Fundament aus betrachtet, waren jedoch Marx' Folgerungen richtig und diejenigen des Anarchisten inkonsequent. Deshalb schlossen sich nach und nach alle wissenschaftlich gesonnenen Köpfe der sozialistischen Bewegung Marx' an. Nicht die bessere, sondern die in sich schlüssigere Idee gewann.

«Die Beziehung zu sich selbst kristallisiert sich in der Suche nach der eigenen Gestalt der Identität», schreibt Irene Kummer (vgl. Anmerkung 13). Solche Äußerungen und daraus abgeleitete Ideen über den Werdegang des Menschen bleiben unverbindlich, solange die Frage, wie das Bewußtsein des «Ich bin auf der Suche nach mir» entsteht, an die Naturwissenschaft weitergereicht wird – wie auch Bakunin die Frage nach Ontogenese und Phylogenese der Freiheit Friedrich Engels zur Beantwortung überließ, dessen Vorstellungen über die «Menschwerdung des Affen» mehr als anfechtbar gewesen wären.[20]

Die Auskunft des Naturwissenschaftlers, der das Gebiet der Psychologie seiner mechanistisch-biologistischen Weltsicht unterwerfen will, wird immer ungefähr lauten: Im Zusammenhang mit bestimmten biochemischen oder kybernetischen Vorgängen entsteht im Bewußtsein ein Ich-Erlebnis, das den Menschen zu der Annahme führt, seine bedingten Reflexe seien freie Willensentschlüsse und die Prägungen, denen er unterliegt, selbstverursachte Entwicklungsschritte. – Hier werden nicht einmal falsche Tatsachenbehauptungen aufgestellt, sondern Tatsachen in ideologisch voreingenommener Art aufeinander bezogen und Ausschnitte der Wirklichkeit unzulässig verallgemeinert.[21]

Welche grotesken Formen der Beschreibung seelischer Prozesse dabei herauskommen können, zeigen die folgenden Sätze eines sogenannten Systemtheoretikers, der seine beschreibende Methode auf psychologische

Probleme anwendet. Gegenstand der Betrachtung ist der Zusammenhang zwischen Denken und Wollen, erläutert am Beispiel eines Menschen, der Hunger verspürt und sich zu Tisch begibt. Unter «Triebstärkenindikator» wird die Wahrnehmung des Intensitätsgrades eines Bedürfnisses verstanden: «Im Gedächtnis (sind) Aktionsschemata gespeichert. – Sie bestehen aus einem ‹Eingangsschema›, einem ‹motorischen Schema› und einem ‹Erwartungsschema›. Bei diesen Schemata handelt es sich um Gedächtnisstrukturen, die entweder schematische Abbilder sensorisch erfahrbarer … Sachverhalte sind, oder aber motorische Programme, das heißt zeitlichräumliche Koordinationen für Muskelbewegungen. – Aktionsschemata bilden Ketten und ganze Verhaltensprogramme dadurch, daß die Erwartungsschemata wiederum Eingangsschemata für andere Aktionsschemata sein können. – Der mit dem Regelkreis für den Blutzucker verbundene Triebstärkenindikator (TSI) ist … gekoppelt mit sensorischen Schemata für Mohnkuchen, Bratwürstchen und Wurstplatten. Ist ein TSI aktiv, so aktiviert er diejenigen Aktionsschemata, die mit den Schemata für triebbefriedigende Situationen zusammenhängen, also zu ihnen führen können (das heißt zum Verspeisen von Mohnkuchen, Bratwürstchen und Wurstplatten, H. K.).»[22]

Der Autor fügt hinzu, die bei alledem stattfindende «Selbstreflexion» (die zunächst nicht ganz in das Bild automatenhafter Abläufe zu passen scheint) sei durchaus «nichts Geheimnisvolles», sondern einfach dadurch erklärlich, «daß sich das Denken den ‹Protokollen› seiner eigenen Tätigkeit zuwendet».

Nein, «geheimnisvoll» im Sinne von mysteriös ist das sich selbst beobachtende Denken wirklich nicht. Aber wir erhaschen, wenn wir diesem Phänomen nachspüren, einen Zipfel des «offenbaren» Geheimnisses menschlicher Freiheit. Denn hier entstehen die Handlungsimpulse, die uns befähigen, aus Einsicht gegen unsere unmittelbaren Bedürfnisse zu entscheiden. Die These von der nur abbildenden Selbstreflexion übersieht den einfachen, aber folgenreichen Tatbestand, daß das begriffliche Denken im Unterschied zum situationsverhafteten Vorstellen ein handlungsbestimmendes Dialoggeschehen ist, das heißt eine Instanz des Abwägens, Urteilens und Entschließens.

Ich habe hier natürlich eine Extremposition zitiert. Sie verrät das Bedürfnis nach Einfachheit und Übersichtlichkeit in einer Welt, die der Mensch durch sein kompliziertes Seelenleben fortwährend durcheinanderbringt. In psychologischer Hinsicht führt dies freilich keinen Schritt weiter. Für die Seelenwissenschaft ist ein beschreibendes Verfahren, das auf der ganzen Linie dem subjektiven Selbsterleben widerspricht, ähnlich irrelevant wie für die Naturwissenschaft eine Theorie, die auf mangelhafter Kenntnis physikalischer Gesetze beruht. Meine Erfahrung zeigt, daß sich der oben beschriebene Vorgang auf verschiedenen Bewußtseinsebenen abspielt. Nur auf einer dieser Ebenen ähnelt das Geschehen entfernt der systemtheoretischen Einschätzung. Wo es psychologisch spannend wird, ist der Kybernetiker am Ende seines Lateins, nämlich dort, wo ich die Nötigung zur Kenntnis nehme und mein Verhältnis zu ihr bestimme.[23]

Ein junges, erlebnishungriges Mädchen, das zärtliche Abenteuer sucht und romantischen Träumereien nachhängt, muß auch in unserer angeblich so aufgeklärten Zeit damit rechnen, daß ihm offen oder insgeheim unterstellt wird, es sei «nur auf Sex aus», «vom Hafer gestochen» und so weiter. Wo vornehmere Sprachregelungen herrschen, heißt es dann, das Kind sei auf dem besten Wege, sich seinen niedrigsten Trieben auszuliefern. Da in aller Regel grob unterschätzt wird, wie stark die Fünfzehn- bis Sechzehnjährigen in bezug auf ihre Selbsteinschätzung noch dem ausgeliefert sind, was man über sie denkt, fühlt sich der Erwachsene, der es «ja schon immer gewußt hat», durchaus nicht mitverantwortlich, wenn das Kind durch sein Verhalten die vorverurteilenden Erwartungen mehr und mehr bestätigt. Das Problem liegt zu einem großen Teil darin, daß man über die Vorgänge in der Pubertät fast ausschließlich unter dem Gesichtspunkt des Erwachens der sexuellen Triebkräfte urteilt. Sie werden zumindest als das Eigentliche neben mancherlei Sekundärphänomenen angesehen. Das hängt damit zusammen, daß man (in vieler Hinsicht ein nachweislicher Irrtum) das Augenfälligste immer zugleich für das Wesentliche nimmt.

Der Systemtheoretiker würde nun höchstens als Vater in seinen vier Wänden sagen: «Du willst ja bloß mit Kerlen ins Bett.» Anschließend am Schreibtisch, beim Abfassen einer wissenschaftlichen Arbeit, könnte er sich ungefähr so ausdrücken: Der mit dem Regelkreis für Paarungstrieb verbundene TSI ist gekoppelt an sensorische Schemata wie Schummerlicht, Bett, Knabenkörper und aktiviert das Aktionsschema «Flirt» mit Zielrichtung auf die triebbefriedigende Situation.

H. Tellenbach, ein Psychiater der existenzialistischen Schule, schreibt demgegenüber: Die im Jugendalter erwachende Kraft des Eros ist «die seelische Form der Liebe, die sich am schönen menschlichen Gegenüber entzündet und sich ihm geistig zu verbinden sucht, (die) Lust an der geistigen Zeugung im Schönen», die den anderen Menschen «über sich selbst hinaus (erhöht) in die reine Idealität.»[24]

Man stelle sich nur einmal die beiden Sprachkulturen nebeneinander vor die Seele und lasse sie auf sich wirken. Welcher von beiden Verstehensansätzen ist der wirklichkeitsnähere, das heißt sensiblere für die Erlebnisrealität der Jugendseele und damit auch der wissenschaftlichere? Welcher trägt mehr zu einer pädagogisch-therapeutischen Haltung bei, die der jugendliche Mensch in seinen Nöten als Beistand empfinden kann?

Es ist ein verheerender sozialer Irrtum, zu meinen, das Verhalten eines Menschen habe nichts mit der Beurteilung seines Verhaltens durch die Umwelt zu tun. Ob man einem introvertierten, wortkargen Menschen zugute hält, er sei durch sein besonders reiches Innenleben dauernd im Übermaß beansprucht, oder ihm Gleichgültigkeit, Egozentrik etc. vorwirft, hat entscheidenden Einfluß darauf, wie er mit seiner charakterlichen Einseitigkeit fertig wird. Hält jeder ihn für gleichgültig und arrogant, wird das Vorurteil mehr und mehr sein Verhalten diktieren. Für Kinder und Jugendliche gilt dies in besonderem Maße. Es ist unerhört wichtig, sich dessen jederzeit bewußt zu sein.

Die folgenden Briefauszüge dokumentieren die Situation eines Mädchens, bei dem, systemtheoretisch ausgedrückt, infolge heftiger Hormonausschüttungen sämtliche Triebstärkenindikatoren wild ausschlagen; man könnte auch sagen: Sie ist erfüllt von einer großen, aber noch nicht zielgerichteten Sehnsucht und wandert suchend umher. Ich glaube, nicht zu weit zu gehen, wenn ich behaupte: Wäre dieses Kind in der Situation, die der Brief beschreibt, ständig nur dem Vorurteil begegnet, es sei von sexueller Begierde beherrscht bzw. einer berechenbaren Triebmechanik unterworfen, hätte es sich das Leben genommen oder wäre in einer geschlossenen psychiatrischen Abteilung gelandet.

Briefauszug Michaela R., 16 Jahre alt

Michaela folgte meiner Bitte, unserem Kennenlernen einen Brief vorauszuschicken, und schrieb unter anderem:

«Meine Mutter hat gesagt, ich soll zu Ihnen kommen, weil Sie uns helfen könnten. Ich will auch, daß es besser wird, aber ich kann mir ehrlich gesagt nicht so richtig vorstellen, was Sie machen wollen. – Ich weiß, ich hab viel Mist gemacht. Aber das Gefühl ist so stark, ich müßte alles Mögliche ausprobieren. Sowas wie Angst kenne ich eigentlich gar nicht mehr, ich weiß mir schon zu helfen und spüre irgendwie, daß mir nichts passieren wird. Aber meine Eltern sterben fast vor Angst. Dauernd warnen sie mich und wollen mich vor tausend Sachen bewahren, die Verwandtschaft fängt auch schon an, alle sind in Aufruhr. Die denken, ich lasse mich in jede Schweinerei reinziehen. Sieh zu, daß du sauber bleibst, hat mein Vater gesagt. Was soll das heißen? Bin ich unsauber, weil ich neulich betrunken nach Hause kam wegen so einer blöden Wette, wo ich verloren hab und eine halbe Flasche Asbach austrinken mußte? Weil ich aus dem Internat rausgeflogen bin wegen Jungsgeschichten? Jeder hat natürlich gleich gedacht, ich stelle sonstwas mit denen im Bett an und werde vielleicht schwanger, dabei war alles ziemlich harmlos. Seit kurzem bin ich mit einem Perser zusammen, der im Asylantenheim wohnt. Mit ihm ist es nicht mehr ganz so harmlos. Wir gehen nach Kanada, sobald er genügend Geld zusammen hat, er will Kinder mit mir haben, und ich will auch. Er ist der süßeste Junge, den ich je getroffen habe, aber meine Eltern sagen, weil er ständig den Koran liest, für ihn seien Frauen sowas wie Leibeigene, und wenn er mich erstmal in der Hand hätte, würde ich das schon merken. Sie kennen ihn eben nicht, das ist alles. –

Neulich bin ich nach Frankfurt zu meiner Freundin abgehauen, sie ist schon ein bißchen älter und kann machen, was sie will. Nach ein paar Tagen hab ich zu Hause angerufen, weil ich dachte, die werden sonst vor Angst verrückt. Mein Vater kam mich gleich abholen. Er sagte kein Wort, sondern guckte nur todtraurig. Ich fand das fies. Hätte er lieber geschrien und getobt, dann hätte ich einen Grund gehabt, auch mal rauszuschreien, wie es mir geht.

Sicher, die Schule ist wichtig, dies ist wichtig, das ist wichtig, nur ich selber bin nicht wichtig. Das hab ich ja längst kapiert. Aber es ändert nichts. Ich will mich spüren, starke Sachen erleben, meinetwegen auch Sachen, die mal wehtun, und andere, die so schön sind, daß es auch fast wieder wehtut. Wenn meine Eltern so geworden sind, wie sie sind, weil sie sich an alles Mögliche nicht rangetraut haben wegen dem Sauberbleiben, dann will ich lieber mal sehen, ob nicht dort das richtige Leben ist, wo die schon Angst haben hinzugucken. – Mir tut es furchtbar leid, wie alles gekommen ist, das ist ganz ehrlich gemeint. Aber ich muß jetzt selber rauskriegen, was gut für mich ist und was ich will, ich bin doch ich und nicht meine Eltern oder sonstjemand. – Wenn ich merke, daß Sie bloß meinen Eltern helfen wollen, eine folgsame Tochter aus mir zu machen, dann komme ich einmal und nie wieder.»

Es ist typisch, daß eine Schilderung von solcher Ausdruckskraft aus der Feder eines Mädchens stammt. Die Knaben können seltener so gut ausdrücken, was in ihnen vorgeht. Ich konnte Michaela, die an einem Wochenende zu mehreren Gesprächsstunden angereist kam, bei aller Mühe, die ich mir gab, nicht ganz davon überzeugen, kein Handlanger ihrer Eltern zu sein. Sie suchte ihrerseits einen parteiischen Verbündeten und fühlte sich durch mein Bemühen um Neutralität zurückgewiesen. Wie angekündigt, meldete sie sich seither nicht wieder.

Diskussion: Zwei Fallschilderungen

Der Psychoanalytiker Horst Eberhard Richter bespricht in einem seiner Bücher[25] zwei Fälle, auf die ich im Zusammenhang mit Michaelas Worten «Ich muß jetzt selber rauskriegen, was gut für mich ist und was ich will, ich bin doch ich und nicht meine Eltern oder sonstjemand» eingehen will. Es handelt sich um die Pathographien der 14-jährigen Leslie B. (nach L. Kanner) und eines pubertierenden Knaben (nach F. Schottländer), die beide mit der Belastung aufwuchsen, daß ihre Eltern sie für ganz außerordentliche, weit überdurchschnittlich begabte Kinder hielten und ehrgeizig bemüht waren, ihnen eine entsprechende Erziehung angedeihen zu lassen. Leslie wurde in der Schule zu Höchstleistungen angespornt und in bezug auf ihr Äußeres in Erscheinung und Benehmen einer zwar nicht brutalen, aber subtil-lückenlosen Kontrolle unterworfen. Der Junge war von früh an mit der Erwartung konfrontiert, er müsse hoch hinaus streben. Noch bevor er in die Schule kam, erteilte ihm die Mutter Fremdsprachenunterricht, um ihn auf eine spätere Stellung im diplomatischen Dienst vorzubereiten.

An der Schwelle zum Jugendalter werden beide Kinder von Depressionen heimgesucht und unternehmen Selbstmordversuche, Leslie mit Schlaftabletten, der Junge durch einen Fenstersturz, an dem er im letzten Augenblick gehindert werden kann. Richters Erklärungsmodell ist die These vom «Kind als Substitut des idealen Selbst» der Eltern, mit anderen Worten: Die Eltern glauben, zum Wohle ihres Kindes zu handeln, weisen ihm aber unbewußt die Rolle zu, dort für Ersatz und Wiedergutmachung zu sorgen, wo sie sich selbst als gescheitert erleben. Dies wird als narzistische Projektion bezeichnet und bezugnehmend auf Freud mit

80

dem Satz umrissen: «Man sucht im Kind, was man sein möchte.» Wir erfahren, die Kinder hätten ihrem Leben ein Ende setzen wollen, weil sie sich selbst haßten wegen ihres Unvermögens, den Erwartungen der Eltern zu genügen.

Ich halte die Diagnose (narzistische Projektion der Eltern als Ursache der Depressionen im Jugendalter) für richtig, wenn auch nicht erschöpfend, die Schlußfolgerung (kindlicher Selbsthaß unter dem Eindruck, die Eltern enttäuscht zu haben) für zumindest oberflächlich. Es steht nicht zur Debatte, daß in der Tat die uns allen mehr oder weniger tief eingewurzelte Neigung, unsere Kinder zu Objekten selbstverliebten Wunschdenkens zu machen, eines der größten Erziehungsprobleme überhaupt darstellt. Das ist nicht erst seit Freud bekannt. Schon Goethe schrieb in seinem *Wilhelm Meister*: «Jeder Mensch ist beschränkt genug, um den anderen zu seinem Ebenbild erziehen zu wollen.» Die Elternliebe, in die sich nicht der Wunsch mischt, eines Tages stolz auf ein «gelungenes Werk» zurückblicken zu können, ist wohl einer noch recht fernen Zukunft vorbehalten, und bisweilen nimmt dieser Zug zur Verdinglichung des Kindes wahrhaft makabre Formen an.

Wo sich die narzistische Übertragung nicht ins Wahnhafte steigert wie bei den Eltern von Leslie und dem «kleinen Diplomaten», sondern im Rahmen des Menschlich-Allzumenschlichen bleibt, entledigt sich das Kind in der Pubertäts- und Nachpubertätszeit des elterlichen Erwartungsdrucks – und vielen Jugendlichen bleibt nichts anderes übrig, als dies mit einiger Rücksichtslosigkeit zu tun. Was wir als Distanzierung und Disqualifikation von Heimat bezeichnet haben,[26] hängt hiermit eng zusammen. Wir haben gesehen, daß sich dieser Vorgang, je nach Vorgeschichte, Familienkonstellation, Milieu und Wesensart des Kindes, steigern kann bis zur offenen Diffamierung. Auch dann muß eingeräumt werden, daß der Jugendliche unter Umständen für einen gewissen Zeitraum gar keine andere Wahl hat.

Gegenstand der Mißbilligung, die manchmal einem «Todesurteil» gleicht, ist, wir erinnern uns, die Vergangenheitswelt schlechthin, nicht identisch mit den Eltern, aber repräsentiert vor allem durch sie, so daß ihre Idealvorstellungen in bezug auf die Zukunft des Kindes mit besonderer Härte zurückgewiesen werden. Es geht ja gerade darum, das Vergangenheitsgepäck abzuschütteln, um frei in die Zukunft zu schreiten gleich dem Auswanderer, der alle Brücken zur Heimat abbricht, Hab und Gut verkauft, um in einem fernen, verheißungsvollen Land neu zu beginnen. Eines Tages wird ihn das Heimweh zurücktreiben – vielleicht

81

als Gescheiterten, vielleicht als einen, der sein Glück gemacht hat. Aber davon weiß er am Tag des Aufbruchs nichts, und niemand, der ihn vor der Möglichkeit des Scheiterns warnt, wird ihn zurückhalten können. «Alles, was Kinder brauchen, wenn sie die Eltern nicht mehr brauchen», schreibt Angela Waiblinger, «ist Vertrauen in ihre eigenen Kräfte, ein freundliches Öffnen der Hände, die sie bis dahin gehalten und geführt haben, und ein liebevolles ‹Adieu mein Kind›.»[27]

Elterliche Wunschvorstellungen, durch die das Kind in einem Ich-fremden Selbstbildnis festgehalten wird, gehören zentral zu der von Rudolf Steiner sogenannten «determinierten Lebenssituation». Sie sind, anthroposophisch gesprochen, als Teil des von der Umgebung zurückge-spiegelten Karmas in den Äther- oder Bildekräfteleib eingewoben, und das zukunftsgerichtete Ich wendet sich gegen sie, um sie unschädlich zu machen, zu «paralysieren», wie sich Steiner ausdrückt.

So geht aus Michaelas Brief zwar deutlich hervor, daß sie sich in einer gefahrvollen Lage befindet, aber ein anderer, positiver Aspekt verdient ebenso viel Beachtung: Sie wendet sich erkennend und offensiv gegen die «narzistische Projektion» der Eltern, das heißt gegen das, was die Eltern von ihr erhoffen, um sich den Abschied zu erleichtern durch die Selbst-gewißheit, ein «wohlgeratenes Kind» großgezogen zu haben. Damit soll die aufrichtige Sorge liebender Mütter und Väter nicht im geringsten herabgewürdigt, sondern nur – der Autor bezieht sich als Vater zweier Töchter selbstkritisch mit ein – sorgsam abgegrenzt werden gegen das, was sich als Verdinglichung des Kindes zum «Werk» in diese Liebe ein-schleicht. Von den Jugendlichen kann diesbezüglich noch keine Ge-rechtigkeit erwartet werden. Sie sind mißtrauisch, über alle Maßen auf ihre Souveränität bedacht und schwer dazu in der Lage, zu unterscheiden, ob im Einzelfall aus gekränkter elterlicher Eitelkeit oder aus selbstlosem Freundesdienst in diese Souveränität eingegriffen werden soll. Dieses mangelnde Unterscheidungsvermögen entspricht ihrer Unsicherheit in bezug auf die eigene Biographie, den «Erinnerungsleib» (wodurch ein Aspekt des Ätherleibs gekennzeichnet ist), dessen letzte Individuali-sierung noch aussteht. Eigenes und Fremdverursachtes wirbeln im Rück-blick auf die Lebensgeschichte der Kindheit, die sich erst jetzt schemenhaft zu einer sinnvollen Handlung verdichtet, schwindel-erregend durcheinander. Das Bedürfnis, in diesem Chaos Ruhe und Übersichtlichkeit herzustellen, ist gewaltig und sieht sich zugleich einer solchen Mühsal gegenüber, daß aus unklar empfundener Versagensangst der wütende Entschluß reift, sich mit dem Ordnungschaffen nicht lange aufzuhalten, sondern das ganze Wirrwarr kurzerhand auszulöschen, das heißt die Vergangenheit auszulöschen.

Ich habe an anderer Stelle die Pubertätsmagersucht als eine krankhaft gesteigerte, den eigenen Leib als Repräsentanten des Vergangenen in die Vernichtungsabsicht einschließende Form dieses Geschehens beschrieben.[28] Die pauschale Zurückweisung elterlicher Fürsorge muß verstanden werden als Ausdruck dieser Phase des – zum Scheitern verurteilten – Versuchs, die Vergangenheit abzuspalten. Was die nächsten Bezugspersonen durch ihre Wünsche und Erwartungen, Vorlieben und Abneigungen, ihre Signale von lobender Anerkennung und Gekränktsein, der kindlichen Bildekräfteorganisation eingeprägt haben, ist von diesem Versuch mitbetroffen, aber in Einzelheiten für den Jugendlichen nicht identifizierbar. So kommt es einerseits zur Diskriminierung der im Ätherleib beheimateten Erinnerungswelt, andererseits dazu, daß die aktuelle Eltern-Kind-Beziehung von den eigentlich vergangenheitsgerichteten Vorgängen «stellvertretend» erschüttert wird. Der Jugendliche behandelt im Umgang mit seinen Eltern die Gegenwart wie die Vergangenheit. Wenn es Streit gibt, tauchen die entsprechenden Argumente auf: «Ewig dieselbe Leier», «Ihr habt ja schon immer...», «Hättet ihr damals...» und so weiter.

Bei Irene Kummer[29] findet sich ein traumartiges Selbstportrait einer Jugendlichen, die aufgefordert wurde, ihre Lebenssituation in poetischer Form zu beschreiben. Das Mädchen sieht sich einsam durch dunkle Gänge wandern. Irgendwann taucht ein alter Mann auf. «Er trägt nur graue Kleider, grau und farblos und leer. Er scheint nicht da zu sein, aber er ist da. – Er ist krank, sehr krank, aber nach außen hin sieht man nichts. Schnell gehe ich an ihm vorbei, denn ich mag Kranke nicht. Der graue, kranke Mann sieht mir nach, bis ich im Dunkeln verschwunden bin. Er würde es wohl gern sehen, wenn ich nochmals zu ihm zurückkäme, aber ich will nicht mehr zurückgehen, ich mag Kranke nicht. – Bevor ich weiter durch die dunklen Gänge wandere, baue ich hinter mir eine Mauer aus roten Backsteinen. Die Mauer reicht von der einen Wand zur anderen Wand. Kein Windhauch soll mehr von der anderen Seite herüberwehen. Die andere Seite soll dieser Seite fremd werden. Es ist nämlich einfacher, den Weg fortzusetzen, wenn man nicht mehr zurückgehen kann.»

Leslie B. und ihr Leidensgefährte, der «kleine Diplomat», kamen nicht dazu, sich den Rückweg durch eine selbstgebaute Mauer zu versperren, denn sie fanden die Mauer vor sich, errichtet aus den Steinen des Ehrgeizes und der Eitelkeit ihrer Eltern. H. E. Richter sieht darin mit Recht die auslösende Situation für die Selbstmordversuche. Anders als bei Michaela R. sind die Individualkräfte der beiden Kinder durch ununterbrochene Verhaltensdressur so zugeschüttet, daß es nicht zum reinigenden «Vulkanausbruch» einer echten Pubertätskrise kommt. Stattdessen stellt sich Lebensüberdruß ein, das entsetzliche Gefühl der Wertlosigkeit und des Versagens. Wir erleben das «Drama des folgsamen Kindes» in einer seiner erschütterndsten Versionen. Wer diese Zusammenhänge zu durchschauen gelernt hat, beobachtet mit Schaudern jene wohlanständigen, fleißig Geige übenden, jederzeit hilfsbereiten und verständnisvollen Musterschüler mit vernünftigen Ansichten und perfekten Umgangsformen, die auch heute noch als Produkte einer hervorragenden Erziehung vorgezeigt und vor allem von solchen Eltern neidisch beäugt werden, die sich zu Hause mit einem unverbesserlichen Huckleberry Finn oder einer herumabenteuernden «roten Zora» plagen müssen. Doch letztere seien beruhigt: Die Prognose für ihre Kinder ist die bessere – vorausgesetzt, man legt auch weiterhin nicht das (bisweilen mörderische) Ideal eines formvollendet angepaßten, sondern dasjenige eines glücklichen und selbstbewußten Lebens zugrunde.

Wer sein Kind in den Jugendjahren heftig revoltierend im Versuch einer «Umwertung aller Werte» erlebt, kann sich bei aller berechtigten Sorge doch auch sagen: «Wir haben den für heutige Bewußtseinsverhältnisse wohl noch unvermeidlichen Fehler gemacht, uns oftmals nicht dem Kind, sondern unseren Lieblingsvorstellungen über das Kind zuzuwenden. Davon reißt es sich jetzt los, und dieser Prozeß ist schmerzlich. Aber es konnte offenbar doch unter unserer Obhut einen so kräftigen Eigenwillen sich bewahren, daß es sich nun anschickt, ein lebensfähiges, individuelles Seelenkind zur Welt zu bringen und energisch das Tor zur Zukunft aufzustoßen.»

Ein solcher Gedanke kann sich, wenn er nicht nur in einer gutgelaunten Stunde flüchtig berührt, sondern innerlich konsequent gepflegt wird, verändernd auf die erzieherische Grundhaltung auswirken: Man wird davon abkommen, die Krise «beseitigen» zu wollen, sondern wird dem Jugendlichen helfen, besser zu verstehen, was ihn so aufwühlt.[30]

H. E. Richters Beantwortung der Frage, warum eigentlich ein Kind dadurch bis zum Selbstmord getrieben werden kann, daß es sich an der Schwelle zum Jugendalter ausweglos eingemauert findet in elterliche Erwartungen und Wünsche – die ja in der Regel Ausdruck konventioneller, durch elterliches Geltungsbedürfnis noch verstärkter Wertnormen und Rollenklischees sind –, bleibt unbefriedigend. Unter welchen Voraussetzungen kann man überhaupt sagen, die Eltern von Leslie B. hätten sich falsch verhalten, als sie nach bestem Wissen und Gewissen versuchten, ihre Erziehung nach allgemein anerkannten Maßstäben für eine erfolgreiche bürgerliche Existenz auszurichten und die entsprechende Verhaltensdressur respektive Überfremdung des kindlichen Welt- und Selbstbildes zu praktizieren? Genügt es da, mit Richter festzustellen, es habe eine wachsende Diskrepanz bestanden «zwischen den elterlichen Ideal-Forderungen und den kindlichen Leistungsmöglichkeiten», so daß «die Erfahrung, den hohen … Erwartungen keineswegs entsprechen zu können … die Selbstwahrnehmung (provoziert habe): ‹Ich bin schlecht›»? Ist tatsächlich der kindliche Selbsthaß unter dem Eindruck, die Eltern enttäuscht zu haben, der zentrale Punkt? Das würde ja bedeuten, daß andere Kinder, denen es durchaus gelingt, die elterliche Eitelkeit zu befriedigen, aus einer solchen Dressur stolz und glücklich hervorkämen.

Ich habe derartige Fälle einer Symmetrie zwischen Leistungsforderung und Leistungsbereitschaft, Leistungsvermögen kennengelernt, und die Kinder hatten alles andere als die Selbstwahrnehmung «Ich bin gut». Erst in jüngster Zeit wurden mir zwei Mädchen, die eine zwölf, die andere dreizehn Jahre alt, zur heilpädagogischen Begutachtung und Förderung überwiesen, die beide unter alarmierenden angstneurotischen Erscheinungen und Kontaktstörungen litten. In beiden Fällen konnte von jenem Mißverhältnis zwischen (Fremd-)Anspruch und Leistungsvermögen nicht im entferntesten die Rede sein. Die Eltern hatten allen Grund, auf ihre Mädchen stolz, und die Mädchen (falls es ihnen vor allem auf die Erfüllung elterlicher Wünsche angekommen wäre), mit sich selbst zufrieden zu sein. Übrigens wurden beide Kinder in keiner Weise brutal, ja nicht einmal sonderlich streng erzogen.

Die Dreizehnjährige, körperlich heftig pubertierend, mit gewählter, reifer Ausdrucksweise, aber seelisch in krasser Unselbständigkeit verblieben, gehörte in der Schule zu den Klassenbesten, spielte in einem Orchester mit und tat sich im Kinderballett hervor. Sie glänzte, wohin sie auch kam, ohne dabei irgendwie aufdringlich oder hochnäsig zu wirken, alles fiel ihr scheinbar mühelos zu; die Nachmittage der Woche waren komplett verplant für anspruchsvolle Aktivitäten, in denen sie durchweg Spitzenleistungen erbrachte. Lob und Anerkennung gab es allseits und vor allem durch die zufriedenen Eltern in Fülle. Aber eines Tages bekam dieses Kind, das, schön gewachsen und schön von Angesicht, bereits wie eine junge Frau aussah, Wein- und Schreikrämpfe, wenn die Mutter das Haus verließ, ging nirgends mehr hin ohne Begleitung und zwang die Begleitperson, während der Musik- und Tanzstunden an Ort und Stelle zu warten. Vormittags durfte die Mutter die Wohnung nicht mehr verlassen: In jeder Pause rief die Tochter von der Schule aus an, um sich zu vergewissern. Sie drohte: Wenn ich einmal niemanden erreiche, gehe ich nicht mehr zur Schule. Bald brach sie alle Freundschaftskontakte ab und vereinsamte zunehmend in all ihrer Schönheit und vielseitigen Begabtheit. Zu einem Leistungsabfall kam es weder in der Schule noch anderswo.

Bei der Zwölfjährigen lag der Fall etwas anders. Auch sie hatte nie Probleme gehabt, den an sie gestellten hohen Erwartungen zu genügen, es bedurfte dazu weder eines nennenswerten Kraftaufwandes noch sonderlichen elterlichen Nachdrucks. Aber eines Tages freundete sie sich mit einem gleichaltrigen Mädchen an, das ziemlich viel Freiheit genoß und mit Billigung der Eltern schulisch nur mäßige Leistungen zeigte – ein jungenhafter Typ, viel im Wald unterwegs, Abenteuerbücher verschlingend, voller Geheimbund- und Blutsbrüderschaftsromantik, gelegentlich Schule schwänzend, frech und sehr selbständig. Diese neue, nach Auskunft der Eltern zwar «schädliche», aber «zugegebenermaßen sehr warmherzige» Freundschaft löste bei dem «Musterkind» eine Reihe von Komplikationen aus. Sie weigerte sich, mehr als unbedingt nötig zu lernen, wurde zu Hause aufsässig, begann zu lügen, um Konflikten aus dem Weg zu gehen, und entwickelte plötzlich, vor allem im Zusammenhang mit der Schule, starke Ängste, die sich unter anderem in psychosomatischen Körperbeschwerden niederschlugen (Leibschmerzen, Übelkeit, Appetitlosigkeit, Fieberattacken). Im Umgang mit anderen Menschen wurde sie linkisch und abweisend, litt unter Sprechhemmungen und Gesichtsverkrampfungen.

Begonnen wurde mit Förderstunden und Elternberatungsgesprächen. Die Eltern sagten bezeichnenderweise ständig (womit sie recht haben): «Wenn sie nicht könnte, würden wir ja gar nichts sagen. Aber sie kann, sie will nur nicht mehr.» Es war nicht leicht, ihnen zu vermitteln, daß sie froh sein sollten über die «Eskapaden» ihrer Tochter, die sich gerade noch zur rechten Zeit die Freiheit nahm, ein Kind zu sein – kaum nötig, hinzuzufügen: Sie war nie trotzig und ungehorsam –, und damit wahrscheinlich eine schon vorgezeichnete Pubertätsdepression oder krankhafte Eßstörung im letzten Moment abwendete. Die Eltern mußten akzeptieren, daß das Mädchen ihre Unterstützung in diesem Ablösungsprozeß braucht, durch den es über die Maßen gefordert ist, weil es nicht gelernt hatte, sich selbst in Abgrenzung gegen die Umgebung mit genügender Deutlichkeit wahrzunehmen.[31]

Dieses plötzliche Aufmerksamwerden auf die eigene Seelengestalt mit eigenen «geheimen» Träumen, Sehnsüchten und nicht opportunen Bedürfnissen ist ein stark von Schamgefühlen durchsetztes Ereignis. Das ist bei allen Kindern in diesem Alter zu beobachten, bei Knaben in der Regel etwas später als bei Mädchen. Aber in unserem Fall hat die kindheitslang währende, gerade durch ihre subtile Art besonders eingreifende und in der Tat narzistisch motivierte elterliche Bevormundung verhindert, daß sich das Mädchen übend vorbereiten konnte auf den biographischen Augenblick der Umwendung des Seelenblickes nach innen, zum eigenen Herzen, zur eigenen Traurigkeit, Einsamkeit, Abgründigkeit und Todesfurcht. Es fühlt sich im Gewahrwerden seines «nackten», unverhüllten Seelenleibes allen Blicken preisgegeben, das Gesicht verkrampft sich, der Atem stockt. Diese Stunde der Entdeckung und Befragung des «Spiegels» schlägt jedem Kind, das nicht durch eine Behinderung vom Schicksal auf ganz andere Wege geführt wird. Es ist die Stunde des Rückzugs in die eigene Seelenkammer, die Tür wird verriegelt, der Spiegel hervorgeholt. Das Kind sieht sich, und wer behauptet, dies sei ein erhebender Anblick, dem ist nur die Erinnerung daran verblaßt, wie das damals war. Von nun an lebt im Herzen des Kindes die argwöhnische Furcht: Was ich gesehen habe, sieht jeder andere, der mich anblickt. Es beginnt sich zu verhüllen, zu verstellen, die Verlockung der Lüge tritt in sein Leben. Dies alles ist die «normale» Pein des ersten Aktes des langen Abschieds von der Kindheit. Aber wie, wenn der Blick in den Spiegel ein fremdes Gesicht zeigt? Oder kein Gesicht, nur schattenhafte Konturen?

Im Fall des zuerst beschriebenen, dreizehnjährigen Mädchens waren keine allzu großen Anstrengungen erforderlich, um dem «Spuk» ein Ende zu bereiten. Für die Eltern bedeutete die Krise ein heilsames Erschrecken; sie verstanden unmittelbar, worum es ging und was sie dabei zu tun bzw. zu unterlassen hatten. Eine stark künstlerisch orientierte Therapie (Malen, Plastizieren, Steinbearbeitung) mit intensiven Gesprächen, die sich zu Hause fortsetzten, einmündend in den gelungenen Versuch, sie zum Erzählen «ihres» selbsterfundenen Märchens anzuregen, wirkte sich rasch positiv aus. Sie staunte über die Bilder, die da zum Vorschein kamen, und verstand. Wir verzichteten auf alle Deuterei – sie führte ein Gespräch mit sich selbst, und ich war der Moderator.

Inzwischen sind die Ängste verschwunden. Das Mädchen hat sich in der Schule unter dem Beifall der Eltern überall um etwa eine Note abrutschen lassen. Sie kritisiert Lehrer, Mutter und Vater mit wunderbar eifernder Ungerechtigkeit und ordnet ihre Welt nach einschränkungslos entzückenden und einschränkungslos ekelhaften Dingen, Personen, Ereignissen, nach entschiedener Lust und entschiedener Unlust – womit sie verspätet nachholt, was zwischen dem achten und zehnten Lebensjahr an der Reihe gewesen wäre, wenn sie sich nicht gar so mustergültig hätte benehmen müssen.

Wenn Richters These vom Selbsthaß aufgrund der Diskrepanz zwischen Anspruch und Leistungsvermögen zuträfe, hätten diese beiden Mädchen, wie gesagt, sich selbst außerordentlich gut fühlen müssen, denn es bestand keine solche Diskrepanz. Offenbar sind jedoch die neurotisierenden Auswirkungen der sogenannten narzistischen Projektion ganz unabhängig davon, ob das Kind der ihm zugewiesenen Rolle gewachsen ist oder nicht. Bleiben wir bei solchen Kindern, die alle Erwartungen geradezu spielend erfüllen und der elterlichen Eitelkeit kaum irgendwelche Druckmittel abverlangen, weil sie mit ihrem Part ganz einverstanden zu sein scheinen. Woraus soll hier der «Selbsthaß» resultieren? Sind die Kinder nicht äußerst erfolgsgewohnt, müßten sie, ständig gelobt, nicht vor Selbstbewußtsein strotzen? In der Tat, sie müßten – wenn Richters Erklärungsmodell zuträfe.

Denn selbst die von Richter hervorgehobenen Fälle einer «Internalisierung» bzw. «Introjektion» der Rolle, die also vom Kind «trotz ihrer Unerfüllbarkeit als eigenes Ideal» übernommen wird, hinterlassen die Frage, warum sich auch dann Depressionen, Ängste und anderes einstellen, wenn der Passus «trotz ihrer Unerfüllbarkeit» entfällt. Richter: «Nach dem vollzogenen Internalisierungsprozeß erlebt das Kind nun aber, daß es die Idealqualitäten, die das Wesen der Rolle bilden, nicht realisieren kann. Die Schuldgefühle provozieren Aggressionen, die gegen das eigene Ich gerichtet werden. Und am Ende wird die Spannung so unerträglich, daß sich der Selbsthaß sogar in suizidalen Handlungen entladen kann.»

Dieser Erklärungsversuch ist nicht indiskutabel und erfaßt in vielen Fällen sicherlich einen Teil des Problems – wobei die Annahme, der Mensch könne gegen sein eigenes Ich aggressiv werden, zeigt, daß sich der Ich-Begriff der Psychoanalyse gründlich vom dem der Anthroposophie unterscheidet[32] –, aber er hat die Schwäche, daß er in bezug auf die Folgen der sogenannten narzistischen Elternbeziehung mit Allgemeingültigkeitsanspruch auftritt, während er zugleich Voraussetzungen macht, die lange nicht für alle Betroffenen gültig sind. Es wird also offenbar eine Nebensache zur Hauptsache umgewertet.

Um zur Hauptsache zu kommen, müssen wir zunächst die Frage wieder aufgreifen, unter welchen Voraussetzungen die subtile erzieherische Verhaltensdressur – über offen brutale Methoden brauchen wir nicht zu sprechen – nach Maßgabe herrschender Wertnormen überhaupt als Fehler bezeichnet werden kann. Wir stehen mit dieser Frage sogleich mitten in der fundamentalen menschenkundlichen Auseinandersetzung, die uns bislang, hinblickend auf die Jugend, beschäftigt hat und weiter beschäftigen wird. Ich möchte mit einem negativen Bedingungssatz antworten: Wenn es wahr ist, daß der Mensch in bezug auf seine Ich-Identität, und das heißt: in bezug auf seine Zukunft, als «unbeschriebenes Blatt» sein Leben beginnt, ausgerüstet nur mit einer gewissen erblichen Disposition, dem Rohmaterial natürlicher Instinkte und Triebe sowie einem hochstrukturierten Gehirnapparat mit geheimnisvoller, mehrstufiger Selbstreflexionsautomatik, ist überhaupt nicht einzusehen, warum Erziehung eine andere Aufgabe haben sollte als diejenige, sich mit kunsthandwerklichem Elan an die Herstellung eines möglichst prachtvollen Gattungsexemplars zu machen. Denn ein zwar leidensfähiges, schmerzempfindendes und sich selbst in Schmerz und Leid kontinuierlich wahrnehmendes Wesen, das jedoch «an sich» nichts bzw. nichts anderes als alle anderen ist, sondern sein Eigensein allein aus dem bezieht, was ihm zugefügt wird, braucht zu seinem Glück vor allem die optimale Übereinstimmung zwischen natürlichem Verlangen und Sozialstatus, braucht also Einfluß, Ansehen, Geld, Wissen, Schönheit, Redegewandtheit und vieles mehr – das heißt alles, wodurch die Möglichkeit rascher und verschwenderischer Lustbefriedigung in allen Lebenslagen gewährleistet ist und das Selbstwertgefühl, das unter diesen Voraussetzungen ja nur als von außen bezogen gedacht werden kann, erhöht wird. Dies wäre die anzustrebende Situation größtmöglicher Schmerzvermeidung, wenn wir uns die Vorstellung zu eigen machen wollen, daß das ursprüngliche Sein zunächst Verlangen ist und Schmerz bzw. Leid im Widerspruch zwischen Verlangen und begrenzender Realität entsteht.

Was kann von diesem Standpunkt aus gegen eine Erziehungsmethode vorgebracht werden, die das Kind mit den entsprechenden Fähigkeiten zur Lebensbewältigung in größtmöglicher Fülle ausstatten will und dabei, wie in den beiden aus eigener Praxis beschriebenen Fällen, sogar freundlich und fürsorglich zu Werke geht, mit Zärtlichkeit, Lob und

Belohnung nicht sparend? Zurückdrängung des kindlichen libidinösen Verlangens durch verfrühten Sozialisierungsdruck? Abgesehen davon, ob die vielbeschworene Sexualität des Kleinkindes überhaupt in der Wirklichkeit auffindbar ist,[33] besteht durchaus kein grundsätzlicher Widerspruch zwischen der sogenannten narzistischen Projektion und einer verwöhnenden, körperbetont-fürsorglichen Eltern-Kind-Beziehung. Die Erfahrung zeigt oft genug das Gegenteil. Aber dennoch ist die erzieherische Überfrachtung des Kindes mit elterlichen Wunschvorstellungen dazu geeignet, schweren Schaden anzurichten. Warum? Welche bessere Übereinstimmung von Verlangen und Realität könnte es geben als eine Situation, die geprägt ist von dem immerfort gleichen Ereignisablauf: Elternerwartung, mühelose Erfüllung der Elternerwartung, Erhöhung des Selbstwertgefühls auf beiden Seiten, Lob, Belohnung, Verwöhnung, das heißt Befriedigung des kindlichen Verlangens?

Da dieses Schema der Eltern-Kind-Beziehung in seinen Auswirkungen auf die Kinder erfahrungsgemäß nicht weniger ängstigend und deprimierend ist als die von Richter beschriebene Diskrepanz zwischen Anspruch und Vermögen, muß die Frage neu und in gewisser Hinsicht viel einfacher gestellt werden: Warum leiden Kinder derartig unter einer Erziehung, die final auf einen Zukunftsentwurf der Eltern hingeordnet ist, daß es sogar zu suizidalen Handlungen kommen kann?

Es muß offenbar am Anfang des Lebensweges mehr und anderes vorhanden sein als nur das – in psychoanalytischer Lesart: libidinöse, narzistische, bisweilen auch «genitale» – Verlangen. Die Internalisierung eines fremden Seinsentwurfs wäre nur unter bestimmten Voraussetzungen, nicht jedoch prinzipiell ein Problem, wenn er nicht in Konflikt geriete mit dem authentischen Entwurf, dem in der kindlichen Seele schlummernden, eigenen Werdeziel oder Idealbild. Jedes Kind trägt seine «konkrete Utopie» über die Schwelle der Geburt, aber sie versinkt ins Reich des Vergessens und entfaltet ihr Wirken aus der Verborgenheit. Im Wärmestrom des Ich, das sein irdisches Spiegelbild noch nicht kennt, gestaltet sich der «Gedächtnisleib», durch den Wiedererinnern möglich wird. Jenes Verborgene prägt sich ihm ein, wie der Künstler dem Werk seinen «Stil» gibt, ohne im Schaffensprozeß davon zu wissen. Zu gegebener Zeit wird das Kind aus der Gestalt, die es sich gegeben hat, gleichsam seine Zukunft lesen – nicht im Sinne einer Vorherbestimmung, sondern im Sinne künstlerischer Ziele.

Wenn aber zu viel Fremdes mitgearbeitet hat in den ersten, wehrlosen Jahren, in denen jede, auch unausgesprochene, Begehrlichkeit, die aus dem Seelenleben nahestehender Mitmenschen dem Kinde zuströmt und das Kind meint, unauslöschlichen Eindruck auf sein Bildekräftegefüge macht, dann wird es in der Stunde des Wiedererinnerns vor unentzifferbaren Schriftzeichen stehen, und es wird die Angst in ihm aufsteigen, für alle Zeit verloren, sich selbst entglitten zu sein.[34] Nicht «Haß auf das eigene Ich», wie Richter und andere, Ähnlichdenkende, meinen, sondern diese Angst, das eigene Ich sei unauffindbar verschüttet, kann sich bis zur Selbstmordabsicht steigern. Wir haben es dann nicht mit der suizidalen Verfassung eines Erwachsenen zu tun, der sich selbst auslöschen will, weil er die Welt, die ihn quält, nicht auslöschen kann. Der Jugendliche, der Hand an sich legt, hat noch ahnenden Erlebniszugang zu der Tatsache, daß das Ich im Erdendasein umkleidet ist von Hüllen aus fremder Substanz, von Zufügungen der Natur, des Erbes, der mitmenschlichen Umwelt. Seine Selbstmordabsicht ist eine «Häutungsabsicht»: Ein zum Scheitern verurteilter Versuch, sich zu enthüllen.

Auch in der «gewöhnlichen» Adoleszenzkrise ist dies das entscheidende Motiv. Anders als Leslie B. hat Michaela R. gute Erfolgsaussichten, die zornig-entschlossen feststellt: «Ich bin doch ich, und nicht meine Eltern oder sonstjemand.» Man kann sagen: Die Eltern waren in ihrer erzieherischen Haltung immerhin reif, das heißt selbstlos genug, um einer heftigen, nicht ungefährlichen, aber im Ganzen konstruktiven Ablösungskrise Vorschub zu leisten. Michaela erkennt «ihre Melodie» inmitten des Chaos aus fremden Geräuschen und Klängen in ihrem Inneren, in ihrer Vergangenheit. Nun ist sie erfüllt von dem Drang, die Geräuschkulisse zum Verstummen zu bringen, um ganz deutlich, ganz unbezweifelbar sich zu hören. Und sie sucht, ziellos umherirrend noch, Orte, Situationen, Menschen, von denen sie sich verspricht, daß durch sie etwas in ihr zum Erklingen gebracht werde, was ihr ur-vertraut ist, vertrauter noch als die Heimat, von der sie Abschied nimmt: die Musik, von der sie umgeben war, als sie beschloß, dieses Leben zu leben.

Eine Erziehungshaltung zu kritisieren, durch die das Kind zum «Substitut des idealen Selbst» der Eltern (Richter) oder zum «Werk» nach dem Bauplan gesellschaftlicher Wertschablonen wird, ist inkonsequent, wenn dem Kind nicht zugleich eine eigene biographische Motivation a priori zugebilligt wird. Nur so erschließt sich, warum Kinder darunter leiden, wenn ihr Leben von anderen entworfen wird. Wenn es denn ein Urverlangen gibt, so ist es das Verlangen, die eigenen Lebensleitmotive wiederzufinden und ihnen zu folgen. Erinnern wir uns noch einmal kurz an die sogenannte systemtheoretische Beschreibung seelischer Vorgänge, an die

Triebstärkenindikatoren, Aktionsschemata, sensorischen Schemata etc. Nichts ist darin auffindbar, wovon man sagen könnte: Hier spricht, handelt, leidet, beschließt der Mensch selbst. Er beobachtet sich nur als Zaungast bei dem, was ihm widerfährt. In der Tat beschreibt dieses Modell ein Stück Wirklichkeit: Es klärt uns darüber auf, wie sich Leslie B. beim Blick in ihr Inneres selbst gesehen und gefühlt hat, kurz bevor sie Schlaftabletten nahm.

Der Streit um die Freiheit

Der Verhaltensphysiologe W. Wickler schreibt unter der Überschrift «Was ist ‹Ich›?» über «das Verhalten aller biologisch höheren Individuen», der Mensch werde «aus den genetischen Programmen zweier Eltern zusammengesetzt, die (er) sich nicht aussuchen kann. Hinzu kommen Traditionskomponenten, zwischen denen sich das Individuum so wenig entscheiden kann wie das Kleinkind zwischen verschiedenen Muttersprachen. Angereichert wird das Verhalten mit hoher Wahrscheinlichkeit durch Reaktionen, die parasitische oder symbiotische Mitbewohner des Körpers in Gang setzen» – gemeint sind zum Beispiel hormonelle Vorgänge, die dem zunächst «natürlichen» biologischen Programm widerstreben; der Mensch habe dabei das irrige Erlebnis, sich «im Zweifel» zu befinden und «entscheiden» zu müssen, H. K. –. «Und selbstverständlich wird das Verhalten des Individuums massiv beeinflußt von unterschiedlichen Sozialpartnern. – Was wir als Verhalten des Individuums sehen, ist ein komplexer gemeinsamer Phänotyp von verschiedenen Genen, Viren, Parasiten und Memen, die untereinander verschiedene Oppositionen und Koalitionen haben. Danach erschiene das ‹Ich› von Handlung zu Handlung verschieden zusammengesetzt, (und) es erschiene sogar unredlich, alle … Entscheidungen auf ein Ich zu beziehen, da man dann die Inhaber der verschiedenen zusammenwirkenden Programme (manipulierende Artgenossen, Parasiten, Symbionten, normgebende Instanzen) als Verkörperungen dieses ‹Ichs› auffassen müßte.»

Welcher parasitische Mitbewohner im *Körper* des Verhaltensphysiologen veranlaßt denselben zu solchen Gedankengängen? Wickler führt aus, daß sich «Ideen wie Viren» benehmen, nämlich «von Hirn zu Hirn durch Ansteckung» ausbreiten, und das führt ihn zu der Frage, ob unsere

«Sucht nach monokausalen Letztursachen» ein nur «erdachtes Ich» als «fixe Idee» hervorbringe – und diese fixe Idee sich dann eben durch Ansteckung epidemisch ausbreite. Als ob es den geringsten vernünftigen Anhaltspunkt dafür gäbe, daß jemals ein zwei- oder dreijähriges Kind sich sein Ich «ausgedacht» hätte oder von der «Idee», es existiere ein Ich, per Gedankenübertragung infiziert worden sei. Der Unsinn ist allzu offenkundig, aber wissenschaftlich salonfähig.

Wir müssen uns dennoch damit beschäftigen, weil uns interessiert, in welche Richtung sich das Denken des Menschen über den Menschen bewegt, dem der Jugendliche begegnet, wenn die Frage nach dem Ich in ihm aufflammt. Was soll er damit anfangen, daß er ein «Phänotyp von verschiedenen Genen, Viren, Parasiten und Memen» sei? Was soll er mit Menschen anfangen, die so oder so ähnlich denken, von denen er also annehmen muß, daß sie seine tiefsten inneren Anliegen für Hirngespinste halten? Vielleicht hat sich W. Wickler bei der Niederschrift seiner Ansichten für einen Augenblick daran erinnert, daß auch er einmal ein jugendlicher «Gralssucher» war, denn es klingt wie eine Rechtfertigung, wenn er abschließend einräumt: Sollte «dennoch das Ich keine Fiktion (sein), wird es sich am ehesten selbst verstehen, je weniger es sich für selbstverständlich hält.»[35]

Es ist erstaunlich, wie weit ein mißverstandenes Bemühen um Exaktheit und Objektivität von der unbefangenen Beobachtung der Lebenswirklichkeit, namentlich der Selbstbeobachtung, wegführen kann. Zuletzt geht die «Zweifelsucht» (R. Steiner) so weit, daß die Existenz dessen in Frage gestellt wird, was uns überhaupt ermöglicht, zu fragen. Es wäre für heutige Verhältnisse durchaus nicht verwunderlich, wenn einer mit der Behauptung hervorträte, er habe durch jahrelanges scharfes Nachdenken herausgefunden, daß der Mensch in Wahrheit weder denken, noch irgendetwas herausfinden könne.

Im Kern sind die deterministischen Auffassungen, die heute von Leuten wie Wickler oder unserem zuvor zitierten Systemtheoretiker vorgetragen werden, freilich nicht neu. Es werden nur aktuelle Untersuchungsergebnisse einem weltanschaulichen Standpunkt zugeordnet, der, um in Wicklers Terminologie zu bleiben, seit Beginn der Neuzeit «virulent» ist. So finden wir schon bei Spinoza (1632-1677) die Feststellung: «Menschliche Freiheit besteht lediglich darin, daß sich die Menschen ihres Wollens bewußt und der Ursachen, von denen sie bestimmt werden, unbewußt sind», ein in mehrfacher Hinsicht ungenauer Satz.[36]

Rund hundertfünfzig Jahre später wettert Schopenhauer: «Die Frage nach der Willensfreiheit ist wirklich ein Probierstein, an welchem man die tief denkenden Geister von den oberflächlichen unterscheiden kann, oder ein Grenzstein, wo beide auseinandergehen, indem die ersteren sämtlich das notwendige Erfolgen der Handlung, bei gegebenem Charakter und Motiv, behaupten, die letzteren hingegen ... der Willensfreiheit anhängen.» Wenn die Bildung dieser Ansicht im Kopf des Philosophen ein Akt notwendigen Erfolgens bei gegebenem Charakter und Motiv war, steht sie wertneutral neben jeder anderen notwendig erfolgten Ansicht anders motivierter Charaktere. Wer recht hat, spielt keine Rolle, ja es wäre geradezu absurd, darüber zu streiten (was Schopenhauer aber tut). Beim einen erfolgt eben zwangsläufig diese, beim anderen jene Weltanschauung, so wie der eine dick ist und der andere dünn. Selbst einem Denker vom Rang Schopenhauers ist nicht aufgefallen, daß der Determinismus geradewegs in den Relativismus führt und damit sich selbst wieder aufhebt.

Der 1961 gestorbene französische Schriftsteller Emile Henriot schrieb: «Freiheit existiert nicht; sie ist nur ein Wunsch der Seele.» Er hätte ebenso gut sagen können: «Kummer existiert nicht; er ist nur ein Schmerz der Seele», oder: «Empörung existiert nicht; sie ist nur eine Aufwallung der Seele», und zuguterletzt: «Die Seele existiert nicht; es kommt ihr nur so vor.» Wie kann ich mir etwas wünschen, was es nicht gibt? Ich kann Unerreichbares begehren oder in die Irre gehen, weil ich ein Ideal, das ich in meinem Seeleninneren entwickeln müßte, draußen in der materiellen Welt suche; aber es ist unmöglich, daß ich mir etwas wünsche, was noch nie in irgendeiner Form in meinen Erfahrungshorizont eingetreten ist. Wenn Freiheit ein Wunsch der Seele ist, existiert sie als Erfahrung der Seele – deutlich genug, um Begehren zu wecken, flüchtig genug, um ein Gefühl des Mangels zu hinterlassen, aus dem sich der Wunsch erhebt. Warum soll diese Erfahrung eine Illusion sein? Dann wären auch Hunger und Durst Illusionen, die sich unabhängig davon einstellen, ob gerade genügend Eß- und Trinkbares zur Verfügung steht, und immer nur vorübergehend, nie endgültig gestillt werden können. Ähnlich ergeht es uns mit der Freiheit: Wir können eine gewisse «Sättigung» erzielen, aber der Wunsch erlischt nicht, er ist nur vorübergehend beschwichtigt.

Alles, was als Wunsch, Begierde etc. in Menschenseelen auftritt, richtet sich im Grunde auf einen rein geistigen Seinszustand der Einigkeit mit sich selbst, an den im physischen Dasein zwischen Geburt und Tod nur Annäherungen möglich sind. Der Zustand des letztgültig gestillten Hungers ist ein leibfreier Zustand. Ebenso derjenige des Entbundenseins von allen Begrenzungen und Nötigungen, durch die wir verhindert sind, unverfälscht zur Tat zu bringen, was uns aus rein ideellen Beweggründen gut dünkt. Wir bewegen uns, wenn wir von Freiheit reden, eben nur auf einer Ebene der Bedürftigkeit, wo es nicht um Dinge, organisches Verlangen oder sinnlichen Genuß geht, sondern um Seinsqualitäten. Auf dieser Ebene ist der Weg das Ziel. Friede wird wirksam im Bemühen um Frieden, das ist seine irdische Realität. Er ist nicht irgendwo «fertig auffindbar».

Nicht anders verhält es sich mit der Freiheit. Sie ist in der Tat ein Wunsch der menschlichen Seele, und ihre objektive Wirksamkeit hängt davon ab, in welchem Maß Menschen ihr Leben diesem Wunsche widmen. Deshalb ist sie «ein Gut, das durch Gebrauch wächst, durch Nichtgebrauch dahinschwindet» (C. F. von Weizsäcker); kein «Ort» oder Besitztum, sondern eine erübbare Lebenshaltung, eine Gesinnungsrichtung, «ein Ideal, werden viele sagen. Ohne Zweifel, aber ein solches, das sich in unserer Wesenheit als reales Element an die Oberfläche arbeitet. Es ist kein erdachtes oder erträumtes Ideal, sondern ein solches, das Leben hat und das sich auch in der unvollkommensten Form seines Daseins deutlich ankündigt» (Rudolf Steiner).[37]

Von der Anerkennung der Realität der Freiheit in diesem Sinne hängt es ab, ob der «sich selbst Form und Gestalt gebende Mensch» der humanistischen Psychologie mehr ist als eine fromme Redensart. «Biographische Selbstgestaltung» gibt keinen Sinn, wenn das selbstgestaltend tätige Subjekt ein bloßes Produkt fremder Einwirkungen ist, das sich auf geheimnisvolle Weise irgendwann in eine Illusion von Autonomie versteigt. «Die Natur macht aus dem Menschen bloß ein Naturwesen», schrieb Rudolf Steiner, «die Gesellschaft ein gesetzmäßig handelndes; ein freies Wesen kann er nur aus sich selbst machen. Die Natur läßt den Menschen in einem gewissen Stadium seiner Entwickelung aus ihren Fesseln los; die Gesellschaft führt diese Entwickelung bis zu einem weiteren Punkte; den letzten Schliff kann nur der Mensch sich selbst geben.»[38] Daß die Natur nichts aus ihren Fesseln loslassen kann, was restlos aus ihr gebildet ist, versteht sich von selbst.

Statt den müßigen Streit über Existenz oder Nichtexistenz der Freiheit fortzusetzen, sollte man sich besser fragen: Welche Konsequenzen ergeben sich aus der Tatsache der Freiheit als eines Wunsches der menschlichen Seele? Wohin führt uns die Suche nach den Ursprüngen dieses Wunsches im menschlichen Lebenslauf? Wir werden in einem späteren Teil dieser Schrift davon hören, wie Rudolf Steiner von der Seite einer anthroposophischen Entwicklungspsychologie darauf antwortet. Festgehalten werden muß, daß es unsinnig ist, zwischen dem «Wunsch nach Freiheit» und der Freiheit selbst zu unterscheiden. Das wäre etwa so, als wollte man einem Menschen in einer hoffnungsfrohen Stunde zu bedenken geben: In Wirklichkeit hoffst du nicht; du fühlst dich nur so, als tätest du es.[39]

Erinnern wir uns: Was Irene Kummer[40] als den «Kristallisationspunkt der Beziehung zu sich selbst» bezeichnet oder Hans Tellenbach, bezugnehmend auf K. Löwith, als den «Bios der Biographie … der individuellen Lebensgeschichte» im Unterschied zum «Bios der Biologie (der) rein biologischen Prozesse des bloßen Am-Leben-Seins im Unterschied zur unbelebten oder toten Natur»,[41] kann, so Rudolf Steiner, «nur … durch die Erkenntnis der spirituellen Seite der Welt und des Menschen» erfaßt werden. Hans Müller-Wiedemann macht darauf aufmerksam, daß das drangvolle Bedürfnis der Jugendseele, zu ergründen, «was ich bin und was ich sein kann», den Übergang «von einer Erfahrung imperativer Moral zu einer positiven Moral» kennzeichnet. Aber um diesen Schritt, der sich schon um das zehnte, zwölfte Lebensjahr ankündigt, zu bewältigen, bedarf es noch einer anderen Erfahrung. «Es drückt sich darin ein Ur-Phänomen sozialer Gemeinschaft aus: daß der andere Mensch mich als Ich wahrnehmen kann, wo ich mir selbst noch verschlossen bin.»[42] Darauf ist der Jugendliche in besonderem Maße angewiesen.

Wir verfügen über diese Fähigkeit, den Nebenmenschen als Ich wahrzunehmen und ihn dadurch gleichsam auf sich selbst aufmerksam zu machen, bis zu einem gewissen Grad unabhängig davon, ob wir das, was wir da erleben, für-wahr-nehmen oder nicht. Aber es kann nicht ohne Auswirkungen auf meine soziale – in diesem Fall: erzieherische – Grundhaltung bleiben, wenn ich die Mitteilungen eines solchen «höheren Sinnes» unbeachtet lasse, weil ich sie in meinem Welt- und Menschenbild nicht unterbringen kann. Der junge Mensch «darf vom anderen in der Begegnung die Wahrnehmung seines ewigen personalen Ich über die Zeitlichkeit seiner sozialen Rollen hinaus erwarten und erhoffen, ohne sie fordern zu können».[43]

Die heutige Kulturmenschheit leidet «flächendeckend» unter einer diesbezüglichen Schwach-Sinnigkeit. Wer käme auch auf die Idee, eine Wahrnehmungsqualität übend zu steigern, die sich auf etwas richtet, das es nach herrschender Auffassung gar nicht gibt? «Es ist das Tragische unserer materialistisch orientierten Zeit, daß sie äußerlich angesehen viele … Tatsachen entdeckt, aber deren Zusammenhang nicht hat, der im Geistigen liegt.»[44]

Die Psychologie als Seelenwissenschaft wird dieser Tragik erst entkommen, wenn sie die sehr einfache, aber folgenreiche Tatsache anerkennt, daß unter den «Hüllen», den Ausdrucks- und Eindrucksgewändern, von denen der Mensch umkleidet ist, er selbst als der Umhüllte steckt und sich offenbaren will.

Briefauszug Katja H., 20 Jahre alt

Ich betreute Katja H. als Heilpädagoge während eines mehrmonatigen Klinikaufenthaltes. Sie war damals 17 Jahre alt und litt unter einer schweren Magersucht. Inzwischen hat sie diese Krankheit überwunden und erfolgreich eine Ausbildung in einem sozialen Beruf abgeschlossen. Katja ist mit einer besonderen Danksagung im Vorwort zu meinem Buch «Die stille Sehnsucht nach Heimkehr» erwähnt.

«Immer wieder habe ich große Stimmungsschwankungen. Manchmal ist eine große Traurigkeit in mir, die ich vielleicht einfach zulassen sollte, aber ich versuche sie zu bekämpfen, ich bin nicht einverstanden damit. Nur weiß ich eben nicht, woher sie kommt. In solchen Stunden möchte ich am liebsten fliehen vor dem ganzen scheußlichen Leben.

Es hilft mir schon, mit jemandem zu reden, dann geht es mir etwas besser, aber lange hält das nicht an. Irgendwie fühle ich mich festgebunden, Äußerlichkeiten sind mir so wichtig, daß ich denke, in meinem Inneren stimmt etwas nicht. Ich glaube, nur Gott könnte mir helfen. Er weiß, wer ich bin und was ich soll. Aber es fällt schwer, mit ihm zu sprechen. Er ist so weit weg, ich bekomme nie eine Antwort. Am liebsten hätte ich jemanden, der bei mir ist und mich mag, wie ich bin. (Sie ist ein Mensch, der spontan von vielen gemocht wird. H. K.) Ich denke manchmal daran, wie wir damals auf den Aussichtsturm gegangen sind. Sie haben gesagt, ich solle hinunterschauen und es wie ein Bild nehmen: Hier oben bin ich, dort unten ist das Getriebe der Welt. Ich sollte mir vorstellen, wie ich immer wieder da hinunter und mich in das Treiben hineinstürzen muß, aber einen Teil von mir zurücklasse auf dem Turm. Kehre immer wieder zurück zu der Katja auf dem Turm und berate dich mit ihr, sagten Sie so ungefähr. Ich kann es nicht. Ich finde den Weg nicht zu meinem ‹Aussichtsturm›. Jemand müßte mich hinführen.»

Spurensuche

Wir haben uns bei diesen grundsätzlichen Erwägungen nicht nur deshalb so lange aufgehalten, weil sie zum Verständnis des Denkansatzes anthroposophischer Entwicklungspsychologie vorausgesetzt werden müssen. Noch etwas anderes kommt in Betracht: Im Jugendalter, um das es uns hier geht, werden die Keime gelegt für das, was der Mensch später als mehr oder weniger ausgereifte Weltauffassung in sich trägt und wonach er Wert und Bedeutung seiner Existenz bemißt. Ich bin so weit wie nur möglich davon entfernt, dafür zu plädieren, man solle die Jugendlichen an die anthroposophische oder irgendeine andere Weltanschauung heranführen. Nur muß man eben sehen, daß dasjenige, was heute in Schule und Universität, Ausbildung und Lehre als ideologiefreies, nüchternes «Wissen» verkauft wird, pure weltanschauliche Voreingenommenheit ist. Daß der Materialismus sagt, was sowieso jeder denkt, ändert nichts an seiner Einseitigkeit und seinem doktrinären Charakter. Rudolf Steiner hat darauf hingewiesen, daß das Grundmotiv der Jugendjahre die Wahrheitssuche ist.[45] Diese Wahrheitssuche wird durch das heutige herrschende Denken in die Irre geführt, eingeengt, ihres idealistischen Feuers beraubt, enttäuscht.

Aber es kann nicht darum gehen, die Jugendseele zum Schlachtfeld eines Weltanschauungskrieges zu machen. Auf das Offenhalten des geistigen Lebens käme es an, auf die Vermeidung von Festlegungen, vor allem aber auf strenge Enthaltsamkeit in bezug auf die Mitteilung sogenannter «aufgeklärter», pragmatischer Weltformeln. Man überlasse dem Jugendlichen ohne wenn und aber selbst, ob er die Erdentwicklung mit einem «Ur-Knall» oder einem göttlichen Schöpfungsakt beginnen lassen, die darwinistische Evolutionstheorie akzeptieren, sich als herkommend aus einer geistigen Welt oder abstammend vom Affen verstehen will. Insbesondere verschone man ihn mit allem Gerede davon, der Mensch sei ein «Produkt seines Milieus und der Gesellschaft». Es ist nicht nur ein Schwindel, den jungen Leuten zu sagen, diese Ansicht sei die «wissenschaftliche» schlechthin – sie ist nur eine Hypothese, und nicht einmal eine besonders stichhaltige –, sondern man richtet durch diesen Schwindel obendrein seelischen Schaden an, der vielleicht nicht mehr reversibel ist. Denn der Jugendliche trägt der Erwachsenenwelt eine Frage entgegen, von deren Beantwortung sehr viel für das gesamte weitere Leben abhängt. Die «richtige» Antwort ist gerade keine inhaltlich festlegende Auskunft, sondern eine Art «ermutigende Auskunftsverweigerung»: Du bist auf dem richtigen Weg; nur die Antworten, die du selbst findest, sind für dich von Wert.

Ich will versuchen, diese Frage in Form eines fiktiven Monologs zu umreißen. Er ist nicht aus der Luft gegriffen, sondern zusammengesetzt aus vielen Gesprächen, die ich geführt, Briefen, die ich erhalten, und spontanen Niederschriften, zu denen ich die jungen Leute ermuntert habe.[46]

«Ich sehe jetzt, daß hinter mir eine Vergangenheit ist und vor mir eine Zukunft. Ich blicke zurück auf eine Geschichte, die meine Geschichte ist, und vor mir öffnen sich Wege, von denen ich nicht weiß, wohin sie führen. Nur das eine scheint klar zu sein: Ich werde gehen, und jeder Schritt schreibt meine Geschichte ein Stück fort. Ich fürchte mich vor dieser Ungewißheit. Dann wieder erfüllt es mich mit Zuversicht zu denken: Es ist mein Leben, meine Zukunft, die ich selbst gestalten werde. Aber wohin führt das alles zuletzt? Wo und wie fängt es an, warum überhaupt fängt es an?

Wenn ich rückwärts blicke, komme ich an einen Punkt, wo die Erinnerung erlischt. Davor ist Dunkelheit, Nichts. Oder? Man sagt mir: Du bist jetzt alt genug, um zu erfahren, daß es in ferner Zukunft auch einen solchen Punkt gibt, wo alles abreißt und dunkel wird, damit muß der Mensch leben. Und? War es das schon? Am Anfang nichts, am Ende nichts, und dazwischen irgendwelche Geschichten, die Sinn ergeben sollen?

Was gehen mich eure Moralbegriffe an, eure Ermunterungen, mich tatkräftig ins Leben zu stellen, Verantwortung für mich selbst und andere zu übernehmen; eure Ermahnungen, ich solle lernen, streben, mich nützlich machen – wenn das alles ist, was Ihr zu sagen habt?

Kommt mir nicht mit eurer bequemen Frömmigkeit. Der alte Mann mit dem Bart hat sich erübrigt, und erst recht kann ich nichts damit anfangen, daß angeblich der Mensch, wenn er sein Leben gelebt hat, zurückkehrt in einen großen, allumfassenden Frieden, wo niemand mehr sich selbst etwas bedeutet – wie auch, wenn niemand mehr da ist? Diese

Art von Paradies ist nicht weniger beängstigend als das große, schwarze Nichts. Auch blumig umschriebene Hohlheiten sind Hohlheiten. Wenn ihr resigniert habt vor den großen Fragen, gebt es besser zu, statt geheimnisvollen Nebel zu verbreiten, und bedenkt: Ich könnte mich in dem Nebel, mit dem ihr eure Angst verbergen wollt, verirren …

Ich suche die Wahrhaftigkeit. Ich will wissen, ob ich von lauter müden, leeren Seelen umgeben bin, die sich abgefunden haben mit dem Nichts auf der einen und dem Nichts auf der anderen Seite und die Strecke dazwischen ratlos zurücklegen, weil sie keine andere Wahl haben, ob also dies die einzige, unausweichliche Konsequenz dessen ist, was ihr ‹vernünftig werden› nennt; oder ob es unter euch auch solche gibt, die nicht aufgehört haben zu suchen, sich nicht zufrieden geben können mit dem billigen ‹Los des Menschen› oder dem noch billigeren unnahbaren Gott, der alles und nichts bedeuten kann.

Solche will ich unter euch finden, denen ich mich anschließen, anvertrauen kann mit meinen Fragen nach dem Sinn, nach dem Woher und Wohin, ohne befürchten zu müssen, daß sie gerührt bei sich denken: ‹Ach, die glückselige Torheit der Jugend›, oder mit schneidender Stimme antworten: ‹Vergiß die Träumereien, man wird nur krank davon; lerne, arbeite, mache was aus dir, und genieße den verdienten Lohn.›

Ich will wissen, was die Sehnsucht, die in mir aufgebrochen ist, die in meinem Leib brennt und meine Seele aufwühlt, zu bedeuten hat; ob sie ein Ziel finden oder nur so lange umherirren wird, da und dort an einer bald verwelkenden Blüte sich sättigend, bis sie wieder erlischt, als sei nichts gewesen. Meine Liebe will durch meinen Leib sprechen. Hell und gut fühlt sich dieses *Begehren* an und schmeckt zugleich nach Verbotenem, nach Gefahr und Verwundung, als gelte es, etwas unendlich Kostbares aus den Klauen eines Ungeheuers zu befreien. Ich frage euch: Fühle ich richtig? Oder hat mich nur die Naturgewalt ergriffen, die läufige Hunde zueinandertreibt?

Nein, ich erwarte keine Antworten. Ich will nur wissen: Ist jemand da, der die Fragen kennt, die mich im Innersten bewegen, weil es auch seine Fragen sind; der es gewagt hat, älter zu werden und doch jung zu bleiben; der mir so zuhört, daß ich in seiner Gegenwart die rechten Worte finde und nicht dazu gezwungen bin, unter dem Eindruck der Unaussprechlichkeit immerfort Signale auszusenden, die bizarr, befremdlich, linkisch und anmaßend wirken, weil niemand sie entschlüsseln kann?

Ich will meinem Stern folgen. Ich suche Menschen, die mich so anblicken, daß ihre Augen mir sagen: Ja, du hast recht; es gibt ihn, deinen

Stern, er wandert dir voraus, verliere ihn nicht aus den Augen; auch ich folge dem Stern meines Lebens, es ist keine Torheit. Laß dich nicht beirren, wie ich mich nicht beirren ließ. Es wird vielleicht ein schwerer Weg, aber es lohnt sich, ihn zu gehen.

Und sollte ich einen solchen Menschen finden, so wird er bereit sein müssen, mir zu verzeihen, daß ich mich, nach außen hin, so wenig entgegenkommend zeige, so wenig dankbar für das, was er mir schenkt. Ich werde, während ich mich innerlich voll Vertrauen und Erleichterung zu ihm hinwende, manches reden, was so klingen mag, als wolle ich ihn zurückweisen, aber ich hoffe, er wird verstehen, daß es Scham ist, die mich dazu zwingt, Scham vor meinen eigenen starken Gefühlen und Scham davor, so sehr darauf angewiesen zu sein, daß jemand wie er für mich da ist ...»

In den mündlichen oder schriftlichen Selbstdarstellungen junger Leute, die ihre Gefühle einigermaßen formulieren können (wozu nicht alle imstande sind), kehren Gedanken dieser Art regelmäßig wieder. Sie können ein Licht darauf werfen, was Rudolf Steiner damit meinte, daß die eigentliche Sehnsucht der Jugendseele diejenige sei, bestätigt zu finden: «Die Welt ist wahr» (vgl. Anmerkung 45). Was besagt denn diese Hoffnung, die Steiner auch als «unbewußte Annahme» oder «unbewußte Voraussetzung» charakterisiert – auch wenn in den mittlerweile vergangenen fast siebzig Jahren die «normale» Adoleszenz einen Erscheinungswandel erlebt hat, der uns zwingt, hinter das «unbewußt» ein Fragezeichen zu setzen?

Sie bringt etwas zum Ausdruck, worauf der junge Mensch einen Anspruch geltend machen muß, um im Leben überhaupt bestehen zu können. In der Phase der Heimatverleugnung, wo der bisherige sichernde, schützende Hintergrund des einfach Vorgefundenen und lange fraglos Hingenommenen keine Zuverlässigkeit mehr bietet, steht als seelisch lebensentscheidende Frage auf der Tagesordnung: «Bin ich, indem nun von mir gefordert wird, mich den harten Realitäten zu stellen, zugleich im Begriff, als denkend-fühlender Mensch zu veröden? Gibt es Zukunftsgewißheit?»

Materielle Zukunftssicherung ist in Wahrheit ein Anachronismus. Indem wir sie anstreben, machen wir die Zukunft zur Vergangenheit. Der Jugendliche spürt das. Ihm ist eine Art «Hellfühligkeit» dafür eigen, daß Zukunftsgewißheit nur im Reich des Ideellen errungen werden kann, in der Hinordnung der Willenskräfte auf leuchtende Ziele und im

Vertrauen auf Menschenbegegnungen, die zur gemeinsamen schöpferischen Tat führen:

> Ich bin da.
> Ich lebe.
> Ich gehe Schritte vorwärts,
> und es sind meine Schritte.
>
> Ich sehe die Blumen an,
> und sie kennen mich.
> Und meine Hände formen Dinge
> von mir.
>
> Wir sind da.
> Wir leben.
> Wir gehen Schritte vorwärts,
> und es sind unsere Schritte.
>
> Wir sehen die Blumen an,
> und sie kennen uns.
> Unsere Hände formen Dinge
> von uns.
> Das können wir auch.[47]

Sinnverneinung und Fernweh

Die Wahrheitssuche des Jugendlichen richtet sich nicht auf das Fertige, sondern auf das Mögliche, nicht auf das Unumstößliche, sondern auf das Noch-zu-Errichtende. Die lernende Aneignung von sogenanntem Allgemeinwissen ist ihm nur Vorübung auf Wesentlicheres. Wird ihm in Schule, Ausbildung oder Studium der Eindruck vermittelt, die Lösungen für alle Erkenntnisrätsel und Erklärungen für alle Wunder dieser Welt lägen in beschrifteten Schubfächern bereit, ist seine Enttäuschung gewaltig, ob er es zeigt oder nicht.

Worauf es ihm ankommt, haben Th. Ziehe und H. Stubenrauch in ihrem «Plädoyer für ungewöhnliches Lernen» so ausgedrückt: «Die Bewegung des Suchens selbst, des Nicht-Abgeschlossenen, Unfertigen, die Haltung des Experimentes, des eher Prozeßhaften denn Produktorientierten, das Denken und Sprechen in … Bildern statt in digitalen Abfolgen, das Betonen einer emphatischen und dialogischen Kommunikation statt einer monologischen: … Fließen statt Erstarren; Verlebendigen; Gefrorenes zum Tauen bringen, Festes in Bewegung setzen.»[48]

Es geht um das Staunenkönnen über die grenzenlosen Möglichkeiten der schöpferischen Phantasie und des erkennenden Denkens, aber gerade nicht um feststehende Wahrheiten oder vorformulierte Glaubenssätze. Die Spiritualität der Jugendseele ist, wenn es auch paradox klingen mag, in gesunder Verfassung eine ausgesprochen sinnlich-diesseitige, die aber in sich grenzüberwindende Kräfte verspürt. Das Übersinnliche will im Sinnlichen, das Geistige im Materiellen «mitschwingend» erlauscht werden. Zugleich wagt sich das Denken spielerisch vor ins Absurde, kühn Assoziierende, in eine manchmal provokante Anti-Logik. Alles ist auf Frag-Würdigkeit angelegt, in der doppelten Bedeutung des Wortes: Skepsis gegenüber dem Allzugewissen, Offenheit noch für den abenteuerlichsten Konjunktiv. «Die eigentliche Phantasie, eine Seelenfähigkeit, die unabhängig von Raum und Zeit in wundersamer Weise Vergangenheit, Gegenwart und Zukunft durcheinanderwebt, wird nun geboren.»[49]

«Unumstößliche Tatsachen» lassen der Phantasie keinen Spielraum, es sei denn, sie dienten ihr, vielseitig verwendbar und verläßlich, als Bauelemente. Dies gilt für die geistigen Realitäten genauso wie für die physischen. Den Jugendlichen, der sich nicht in die Ödnis einer ihm eigentlich ganz fremden Abgeklärtheit verirrt hat, interessieren Wissensinhalte nur insofern, als sie ihm Anregungen zum Träumen, Fabulieren, Entdecken und Erfinden geben können. Damit ist gar nicht gesagt, er sei dem abgeneigt, was reife Erfahrungsgewißheit und strenge Erkenntnisarbeit mitzuteilen haben; nein, nicht die Realitäten beargwöhnt er, sondern die Kapitulation vor ihnen, das pragmatische Sich-Abfinden mit ihnen. Wo die künstlerische Gesinnung verloren geht, die immer eine offenhaltende, weiterfragende ist und neue Realitäten schaffen will, da zieht der Geist einer bevormundenden, immerfort Endgültiges feststellenden Selbstzufriedenheit ein, die der Jugendseele nicht etwa Sicherheit gibt, sondern ihr den Atem abschnürt. In dieser Atmosphäre hinterläßt die Begegnung mit der «harten Realität» ein Gefühl lastender Schwere, und alles, was darüber hinausgeht, ist dürres Gedankengezweig.

«Kann wohl etwas verkehrter sein», hat Immanuel Kant gefragt, «als (denen), die kaum in diese Welt treten, gleich von der anderen etwas

103

vorzureden?» Er hätte recht gehabt, wenn da weiter stünde: «... oder diejenigen, die kaum die ‹andere› Welt verlassen haben, gleich rücksichtslos in ‹diese› hineinzustoßen?»

Es macht keinen grundsätzlichen Unterschied, ob der Jugendenthusiasmus des spielerisch-phantasievollen Hineinfragens in die «andere Welt» durch vorgefertigte Gedankeninhalte ertötet wird oder durch die deprimierende Auskunft, sie sei, wenn sie denn überhaupt existiere, verschlossen. Für den Jugendlichen ist der Weg zu Gott die liebend-aufmerksame, sinnesoffene Anteilnahme an der Schöpfung; er hat einen unmittelbaren Erlebniszugang zur Geistdurchdrungenheit der Erscheinungen. Über das «Unsichtbare» muß gar nicht viel geredet werden. Wenn das Weltinteresse erwacht ist, tut die Jugendseele ihr Übriges. Sie sucht in den Dingen und Wesen, in Natur und Mensch weder esoterische noch atomistische «Hintergrundinformationen», sondern will erlauschen, was die Phänomene selbst ihr mitteilen. Die Betrachtung der «Sache» unabhängig vom inneren Erleben ist ihr ebenso fremd wie die Betrachtung eines «Seelisch-Geistigen» unabhängig vom sinnlichen Erleben.

Deshalb hat der Jugendliche vor dem achtzehnten, neunzehnten Lebensjahr (frühestens !) durchaus keinen Gewinn davon, daß wir versuchen, seiner Unsicherheit und seinem Weltschmerz durch erbauliche Hinweise auf «Höheres» entgegenzuwirken. Je belehrender wir uns diesbezüglich aufführen, desto größere Ratlosigkeit hinterlassen wir. Wenn wir Menschen sind, die im Aufschauen zur geistigen Welt Kräfte der Ehrfurcht und Andacht in sich finden, wird dies dem Jugendlichen nicht entgehen – falls wir, statt große Worte zu machen, durch unsere Lebenshaltung, unseren Alltagseinsatz und unsere zwischenmenschlichen Umgangsformen Zeugnis davon ablegen.

Es soll hier übrigens nicht prinzipiell gegen religiöse Jugenderziehung in Elternhaus und Schule zu Felde gezogen werden. Aber es müssen bei der Art, wie sich diese Erziehung gestaltet, eben die Tatsachen berücksichtigt werden, von denen hier die Rede ist.[50]

Zu diesen Tatsachen gehört, daß wir mit einer gewissermaßen naturwüchsigen Neigung der jungen Leute rechnen müssen, gerade das schroff zurückzuweisen, was wir als Grundannahme und eigentliche, geheime Hoffnung dieses Alters kennengelernt haben («Die Welt ist wahr.»), wenn es ihnen «vorgesetzt» wird. Mit einem Anflug von Märtyrerpose wird die zornig-wehmütige Haltung des heimat- und bindungslos, auch geistig bindungslos umherstreifenden «Ausgestoßenen» hervorge-

104

kehrt. Damit ist überhaupt nichts Abfälliges gemeint. Ein berechtigter Stolz liegt ja in diesem Gestus – «Seht her, mir macht niemand mehr etwas vor» –, und man darf vor allem nicht vergessen, daß er die Kehrseite einer Art von «Fernweh» ist, aus dem die idealischen Zukunftsbilder geformt werden. Man kann von der «Steppenwolf»-, bei Mädchen eher von der «Rapunzel»-Phase sprechen[51] und liegt ganz falsch, wenn man meint, nun wende sich das Kind von allem ab, was edel und heilig ist.

Wenn in dieser Phase eine starke Affinität zu ungestümen – und auch unausgegorenen – Formen des Existentialismus, Atheismus, Individual-anarchismus, sozialethischen Materialismus und so weiter zum Vorschein kommt, so liegt darin der positive Sinn, daß auf diese Weise der Idealismus «geerdet» und aus der Not des Weltschmerzes die Tugend einer melancholischen Philosophie gemacht wird, die vielleicht, insofern sie das Tun und Lassen des Jugendlichen beeinflußt, zu allerlei Verwicklungen und Aufregungen führt, uns aber doch dankbar stimmen sollte. Der Sechzehnjährige, der aus einer «kafkaesken Verträumtheit» heraus in schummrigen Weinstuben Gedichte schreibt, ein paarmal sein Bündel schnürt und ohne Ziel auf Trampfahrt geht und ansonsten jeder Ermahnung, an seine Zukunft zu denken, mit Erörterungen über die Sinnlosigkeit des Daseins begegnet, ist allemal in einer hoffnungsvolleren Verfassung als der randalierende, saufende Fußballfan oder das weibliche Mode- und Disco-Püppchen, die beide weit davon entfernt sind, Anklage gegen die Welt zu erheben, vielleicht sogar im großen und ganzen tun, was man von ihnen verlangt, aber nicht wissen, was Ideale sind. Es wird viel zu wenig darüber gesprochen, welche Tragödie in der – durch vielfältige äußere Einflüsse bewirkten – seelischen Abstumpfung Jugendlicher liegt. Hier stehen wir vor einem sozial-pädagogischen Problem von höchster Dringlichkeit, das gegenüber der Frage «Wie zähmt man den sensiblen Rebellen» kontinuierlich vernachlässigt wird.

Der «sensible Rebell» ist eine ebensolche Entwicklungs-Selbstverständlichkeit wie das trotzig-bockige dreijährige Kind. Wo er in Erscheinung tritt, wissen wir zunächst: Die Geburt der Jugendseele ist geglückt; sie steht vor uns mit all ihren bangen Fragen, in ihrer ganzen Schutzlosigkeit, Bedürftigkeit, Schamhaftigkeit und Wildnis. Sie ist hochintelligent, diese Jugendseele, aber ständig mit sich selbst überfordert. Sie braucht Zeit, sich in Worte zu fassen und zu begreifen, wohin die sehnsuchtsvolle Unruhe drängt, von der sie ganz erfüllt ist. Unser Gefühl trügt uns nicht, wenn wir den Eindruck haben, sie dürste nach Wahrheit, nach höheren Zielen und sinnstiftenden Bildern. Aber wir müssen wissen, daß wir diesen Durst am wenigsten durch belehrende Aufdringlichkeit stillen können. Denn es gehört zum Wesen der in sich selbst erwachenden individuellen Seele, daß sie ihren eigenen Brunnen finden will, um aus ihm zu schöpfen.

Wenn allerdings erwachsene Menschen, die ihr Heil in der Auffassung suchen, die Welt sei eine Maschine und der Mensch ein Defekt im Rechenzentrum, dem jugendlichen «Atheisten» gönnerhaft auf die Schulter klopfen und ihn für seine «Illusionslosigkeit» beglückwünschen, wird der schlimmste Schaden angerichtet. Denn statt auf die große innere Frage einzugehen, die den Jugendlichen umtreibt, ohne Verständnis für das Jugendparadoxon der sinnverneinenden Sinn-Süchtigkeit, finden so die trotzig-abschlägigen Gebärden, durch die er sich selbst, sein Sehnen und seinen himmelstürmenden Tatendrang in Schach hält, eine fatale Bestätigung.

Man muß berücksichtigen, daß der Jugendliche fortwährend dieses innere Streitgespräch mit sich selbst führt. Falsch ist alles, was von außen festlegend eingreift; richtig alles, was dazu geeignet ist, den innerseelischen Dialog als solchen zu beleben, zu bekräftigen, offenzuhalten.

In einer anthroposophischen Veröffentlichung zur Jugendproblematik wird empfohlen, man solle den «jungen Menschen ... von neuen Impulsen ... etwas aus einer erneuerten Waldorfpädagogik heraus» berichten oder ihnen erzählen über «beseeltere Wege in die Kunst, vertiefte Geistigkeit in einer Wissenschaft, die auch Spirituelles objektiv mit erforscht; neue Impulse in Politik, Wirtschaft, Kultur (Rudolf Steiners Dreigliederung des sozialen Organismus) und eine echte Brüderlichkeit und Nächstenliebe der Tat in einer kultisch erneuerten christlichen Religion».[52]

Hier ist nach meiner durchgängigen Erfahrung Vorsicht geboten. Vorausgesetzt, die Autorin stand zur Zeit der Niederschrift dieser Sätze in der praktischen Jugendarbeit (was ich natürlich unterstelle), kann sie eigentlich nur eine Altersgruppe gemeint haben, die nicht mehr in der Kernproblematik des dritten Lebensjahrsiebts stand. Denn die Jugendlichen zwischen, sagen wir, vierzehn und neunzehn Jahren brauchen, um ihren Kampf zu bestehen, diese Art von Hinweisen, die ja alle auf eine Art Bekehrung zur anthroposophischen Weltanschauung hinauslaufen, nicht. Wir helfen ihnen nicht durch Referate über soziale Dreigliederung und den Kultus der Christengemeinschaft. Ich erlebe als Unterrichtender an einer Fachhochschule, wie selbst noch 22-, 23jährige mit solchen Hinweisen recht wenig, aber umso mehr mit autobiographisch gefärbten

Schilderungen eigenen Erkenntnisringens mitsamt Rückschlägen, Irrtümern und Selbstzweifeln anfangen können und dann erst anthroposophischen Gedankengängen interessiert folgen. Wirkliche Hilfe ist es, wenn wir zum Beispiel ohne allzu große Worte zeigen, daß wir mitempfinden können, wie die Frage, ob das Universum endlich oder unendlich ist, sie förmlich auseinanderreißt, weil beides undenkbar ist, aber eines von beidem zutreffen muß, wenn überhaupt noch irgendetwas zutreffen soll; daß uns selbst, heute noch, solche Fragen zur Verzweiflung bringen können, wenn wir uns wieder auf sie einlassen.

Als ein wirklicher «Verbündeter in der Ratlosigkeit» kann ich dem Jugendlichen schließlich auch einmal sagen, daß man auf diese Frage am ehesten einen Schimmer von Antwort erhält, wenn man sie auf sich beruhen läßt und stattdessen die ganz naheliegenden Dinge und Wesen schauend, lauschend über die Welträtsel befragt. Dies wird der Jugendliche besser verstehen als mancher Erwachsene, denn dies ist ihm nah.

Nicht die Wissenschaft, die auch Spirituelles objektiv mit erforscht, ist für den Jugendlichen von vitalem Interesse, sondern zum Beispiel die Frage nach dem Zusammenhang von Sexualität, Liebe und Treue – und das ist, nebenbei bemerkt, eine eminent spirituelle Frage. Wirklichkeitsnah, erlebnisgesättigt will er über solche Probleme diskutieren, und der Reifere, Ältere ist als Gesprächspartner umso willkommener, je deutlicher er zu verstehen gibt: Auch ich bin nur Suchender.

Der Übungsweg des Erwachsenen, der mit Jugendlichen zu tun hat, besteht zu einem großen Teil darin, daß er sich selbst wieder in die existentielle Unsicherheit des Fragens vor aller Gewißheit hineinversetzen lernt und die Ökonomie vergessen kann, zu der er sich als denkender Mensch in nüchterner Einschätzung seiner Erkenntnismöglichkeiten hingebändigt haben mag nach dem Motto: «Es hat keinen Zweck, meine Kraft an Probleme zu vergeuden, die weit außerhalb meines Urteilsvermögens liegen.»

Dabei kommt es überhaupt nicht darauf an, daß er versucht, in seiner Redeweise und seinem Gebaren «den Jugendlichen zu spielen». Er hat ja (hoffentlich) einen Erfahrungsvorsprung, die Fähigkeit reiferen Denkens und Beobachtens, die bessere Menschenkenntnis und das feinere Unterscheidungsvermögen – das muß er weder herunterspielen noch hervorkehren; der Jugendliche spürt es, falls es wirklich so ist, genau und mit Erleichterung. Weder an den wohlgesetzt formulierten «Geistesfrüchten» eines Erwachsenenlebens ist er vorzüglich interessiert noch daran, zu erfahren, welche Ernüchterung und Resignation das Älterwerden unvermeidlich mit sich bringe. Er will vielmehr, wie R. Süßmuth schreibt, «wissen, wie die Älteren ihr Leben gelebt haben, was es an Erfolg, an Krisen, an Scheitern gab und wie sie damit umgegangen sind».[53]

Ob die Welt auf tragfähigen geistigen Fundamenten ruht, aus denen Zukunftsmut geschöpft werden kann, oder ob diese «Grundannahme» an der Schwelle zur Erdenreife schon enttäuscht wird, ist also zunächst gar keine Frage dieses oder jenes weltanschaulichen Inhaltes. Entscheidend ist, daß der jugendliche Mensch erwachsene Weggefährten braucht, die ein offenes, selbstkritisches und vor allem eigenständiges geistiges Leben führen. Hineinzuwachsen in eine Welt, in der alles erforscht, längst entschieden, schon einmal dagewesen ist, erzeugt Langeweile.

Was das bedeuten kann, beschreibt Konrad Lorenz anhand drastischer Beispiele: «Es ist eine ... wohlbekannte Tatsache, daß Langeweile allein als Selbstmordmotiv ausreicht. In manchen Fällen führt eine schwere Dauerbeschädigung durch einen Suizidversuch paradoxerweise zu einer Revitalisierung des Gefühlslebens. Ein erfahrener Blindenlehrer aus Wien erzählte mir, daß er mehrere junge Menschen kenne, die sich in selbstmörderischer Absicht in die Schläfe geschossen hatten und durch die Verletzung der Sehnervenkreuzung blind geworden waren. Keiner von ihnen unternahm einen zweiten Selbstmordversuch. Sie lebten nicht nur weiter, sondern wurden erstaunlicherweise zu ausgeglichenen, ja glücklichen Menschen. Ähnliche Entwicklungen kennt man von Menschen, die einen Selbstmordversuch als Querschnittsgelähmte überlebten. Schwer überwindbare Hindernisse sind offenbar nötig, um diesen aus Langeweile verzweifelnden jungen Menschen das Leben wieder sinnvoll erscheinen zu lassen.»[54]

Wenn mit Walter Johannes Stein als Erziehungsziel formuliert werden kann, «dem heranreifenden, werdenden jungen Menschen den Weg zu einer eigenen Weltanschauung freizumachen»,[55] so müssen wir davon Abstand nehmen, dem Jüngeren unsere Auffassungen als die auch für ihn empfehlenswerten, wenn nicht schicksalsentscheidenden anzudienen. Selbst wenn wir dies in bester Absicht tun, um das Kind vor Leid zu bewahren, können wir nichts Heilsames damit bewirken. «Der Herzenskummer der Jugendjahre ist schwer zu ertragen», schreibt L. J. Kaplan,[56] aber er muß wohl, wie Lorenz' Beispiele zeigen, eine Zeitlang auf die eine oder andere Art ertragen werden.

Was versuchen wir denn, wenn wir den Jugendlichen alles, was sie unserer Meinung nach zu ihrem Glück brauchen, fertig zubereitet vorsetzen wollen? Wir wollen ihnen die Krise ersparen, deren geistig-seelischer Aspekt darin besteht, daß sie erstmals «ganz auf sich selbst gestellt» ihr Verhältnis zur Welt klären müssen. Wir bieten dem jungen Menschen unser, wie wir finden, seetüchtiges Weltanschauungsboot zur Überfahrt an und vergessen, daß er sich jetzt freischwimmen muß – selbst auf die Gefahr hin, in den Fluten unterzugehen. Nun treten «unendliche Hemmungen seinen mächtig erwachenden Wünschen entgegen. Daraus erhebt sich jener ungeheure Tumult, der ihn ... durchbraust. Man darf nicht glauben, daß er niedergehalten werden kann. Der Erzieher, der dies erzwingen will, wird nur des jungen Menschen größter Feind» (Albert Steffen).[57] Beistand können wir nur leisten, indem wir mitschwimmen, und das heißt, uns selbst diesen Gefahren wieder aussetzen. «Im Gange der Entwicklung», lesen wir bei Karl Jaspers, «heißt Krisis der Augenblick, in dem das Ganze einem Umschlag unterliegt, aus dem der Mensch als ein verwandelter hervorgeht. Die Krisis hat ihre Zeit. Man kann sie nicht vorwegnehmen und nicht überspringen.»[58]

Zwei Jugendliche, ein sechzehnjähriges Mädchen und ein knapp achtzehnjähriger Junge, haben die folgenden Szenen gemalt und beschrieben. Die Aufgabe lautete: Fasse in ein Bild, wie du dich zur Zeit fühlst. Beide kämpften mit einer (inzwischen überwundenen) Eßstörung.

«Ich gehe durch eine Wüste. Weit und breit nur Sand und Steine. Ich bin durstig. Die Sonne brennt auf mich nieder. Mein Wille, zum Ziel zu kommen, war sehr stark. Ich fühlte mich jeder Strapaze gewachsen. Das ist lange her. Nun bin ich erschöpft, leer und ausgebrannt. Ich habe vergessen, wohin ich wollte. Warum habe ich das alles auf mich genommen? Dunkel erinnere ich mich: Wo ich herkomme, ist bewohntes, fruchtbares Land. Ich hatte alles, was ich brauchte, aber aus irgendeinem Grund mußte ich fort. Jenseits der Wüste ist wieder bewohntes, fruchtbares Land, so viel ich weiß. Dort habe ich etwas zu tun. Ich habe vergessen, was. Jetzt will ich nur noch aus dieser Wüste herausfinden, ganz gleich, wo ich lande. Ich will trinken, egal wer mir etwas gibt. Ob ich umkehren soll? Nein, das wäre zu weit. Mitten in der Wüste steht ein Schild: *Wasser 1000 Kilometer*. Ich lese die Aufschrift und habe das Gefühl: Jetzt ist es aus. Das schaffe ich nie. Trotzdem schleppe ich mich weiter. Als ich mich nach einer Weile noch einmal umdrehe, um nachzusehen, ob das Schild wirklich da ist, steht da plötzlich ein Mann. Er schüttelt ärgerlich den Kopf, dreht das Schild in eine andere Richtung und rubbelt mit einem Tuch daran herum. Ich gehe zurück und frage:

109

‹Was machen Sie da?› – ‹Ich komme hier öfters vorbei›, sagt er, ‹jemand hat das Schild in die falsche Richtung gedreht und hinter die 1 drei Nullen gemalt.› Auf dem Schild steht jetzt: *Wasser 1 Kilometer*. Ich schaue in die Richtung, in die es jetzt deutet, und sehe in einiger Entfernung Bäume. ‹Eine Oase›, erklärt der Mann, ‹da kannst du dich stärken und deine Feldflasche auffüllen. Den Rest des Weges schaffst du gut. Es ist nicht mehr weit.› Ich weiß nicht, ob ich ihm glauben soll.»

«Ich wandere auf einem schmalen Weg hoch oben an einem Berghang. Ich bin heraufgestiegen aus dem Tal. Es gibt nur einen steilen Wildpfad. Er führt bis zu diesem Weg hier. Ich muß auf die andere Seite des Berges. Aber der Weg endet nach beiden Richtungen vor einer senkrechten Felswand. Er verläuft waagrecht am Hang. Links geht es tief hinunter, rechts überhängende Felsen. Ich weiß nicht, wie oft ich schon hin- und hergegangen bin. Jedesmal, wenn ich an der Stelle vorbeikomme, wo der Wildpfad ins Tal führt, frage ich mich, ob ich umkehren soll. Aber bei dem Gedanken beschleicht mich ein grausiges Gefühl. Wie komme ich nur auf die andere Seite? Die Leute im Tal haben mich gewarnt. Ich will nicht in ihre hohnlachenden Gesichter blicken. Irgendwann wird mir klar, daß ich klettern muß. Ich muß eine Stelle finden, wo es nicht ganz aussichtslos ist. Meine Angst ist groß. Aber alles ist besser, als hier weiterhin ziellos hin- und herzulaufen. Als ich mich entschlossen habe, es zu wagen, höre ich über mir Flügelschlag. Ich schaue auf und sehe einen gewaltig großen Vogel mit Menschengesicht und Menschenhänden statt Klauen. Er hat ein freundliches Gesicht. Ich rufe: ‹Trag mich hinüber, Vogel.› Er schweigt und bleibt in der Nähe. Da begreife ich, daß er mir nur helfen wird, wenn ich selbst klettere, daß er versuchen wird, mich vor dem Abstürzen zu retten. – Der Entschluß ist gefaßt. Aber mein Körper gehorcht dem Entschluß noch nicht. Über mir kreist der Menschenvogel und wartet.»

«Was soll ich hier, was wollte ich?»

Der im Kapitel «Spurensuche» formulierte fiktive Monolog eines Jugendlichen faßt den Konflikt, wie er sich auf dem Schauplatz des erwachenden skeptischen Denkens abzeichnet, in Worte, die den Betroffenen natürlich nicht immer so klar zur Verfügung stehen. Viel mehr von unserem mitfühlenden und ernstnehmenden Verstehen als von unseren Belehrungen hängt es ab, ob der junge Mensch an diesen Fragen wächst oder scheitert. Ohne in ein theoretisierendes Ausdeuten der oben zitierten Wachtraum-Bilder zu verfallen, scheint doch im «Menschenvogel» und in dem Mann, der das Schild dreht, jeweils die positive Erwachsenenfigur aufzutreten: Gerade die Bescheidenheit ihrer Einflußnahme, ihre Rolle als «Randfigur», die im rechten Moment erscheint, macht ihre Bedeutung aus. So wünscht sich die Jugendseele den helfenden Älteren, so erlebt sie den Berater, Lehrer, Elternteil, von dem sie sich verstanden, aber nicht in ihrem Selbständigkeitsdrang behindert fühlt. Daß sich in den beiden Gestalten auch etwas vom Seeleninneren der Erzählerin und des Erzählers ausdrückt, steht dazu gar nicht im Widerspruch. Man kann und muß solche Bilder immer von verschiedenen Seiten beleuchten.

Nicht auf die großen, klugen Worte kommt es also an, nicht auf die Verhaltensmaßregeln und «Unterweisungen», nicht auf das Bekenntnis zu dieser oder jener Weltanschauung. Eine ganz andere Sache ist die, daß das Menschenbild, aus dem hilfreiche pädagogische und therapeutische Grundhaltungen gegenüber Jugendlichen gewonnen werden sollen, in sich schon einen positiv-offenhaltenden Zugang zu den Problemen bergen muß, um die es tatsächlich geht.

Unbestreitbar dürfte sein, daß pädagogische und psychologische Lehrmeinungen, die unter dem Strich auf der Überzeugung beruhen, gegenüber der zwingenden Gewalt biologischer Tatsachen sei alles Nachsinnen über das Woher, Warum und Wohin menschlicher Existenz reine Zeitverschwendung, als Bildungshintergrund für Jugenderzieher und -therapeuten katastrophal untauglich sind. Denn die Jugendlichen ringen nun einmal, wenn man ihnen die Voraussetzungen dafür nicht schon in früheren Jahren ausgetrieben hat, mit diesen Fragen, ganz unabhängig übrigens von der sogenannten Bildungsschicht, aus der sie stammen.[59] Sie tun es nicht auf abgeklärte Weise, nicht mit asketischem Abstand von Genuß, Fleischeslust und billiger Zerstreuung – und wenn doch, so ist dies höchst alarmierend –, sondern «das Blut gärt und wallt», wie es J. J. Rousseau ausgedrückt hat; die Sinnsuche hat grüblerische Züge, aber auch solche einer dionysischen Feierstimmung; sie schillert zwischen erotischem Abenteurertum und nächtelangem Abfassen lyrischer Texte, zwischen Cowboygehabe auf knatternden Mopeds und dem würgenden Gefühl in der Kehle bei einem traurigen Lied; zwischen eitler Selbstdarstellung in der Diskothek und einsamen Wanderungen bei

Sonnenuntergang; zwischen grobschlächtigem Materialismus und der wilden Hoffnung, an der Sache mit dem Bermuda-Dreieck möge etwas dran sein. Der jugendliche Gralsucher ist alles andere als eine hehre Lichtgestalt, was für den Ur-Gralsucher der Literatur bekanntlich auch gilt. Aber er sucht! Alles, was er tut, dokumentiert die Höhen und Tiefen eines mühsamen Erinnerungsvorgangs, der nie vollständig gelingt – wie wenn einem der Name eines alten Freundes «auf der Zunge liegt», man kann ihn förmlich schmecken, aber man bringt ihn nicht heraus und sagt sich: Hör auf nachzudenken, zerstreue dich, tu etwas anderes, dann fällt's dir schon ein. «Wer bin ich?» «Was soll ich hier?» «Was wollte ich?» Die Antwort ist ganz nah, er kann sie förmlich schmecken, aber sie will nicht ganz heraufkommen. Da versucht er, sie aus sich herauszuschütteln, herauszutanzen, zu schreien, zu hämmern. Hilft Zerstreuung? Hilft ein brutaler Rausch? Hilft die Zärtlichkeit eines Mädchens? Hilft abhauen, in der Sonne liegen, alles hinter sich lassen?

Während dieses von Jaspers sogenannten «Augenblick(s), in dem das Ganze einem Umschlag unterliegt», spielen Licht und Schatten verworren, schwindelerregend ineinander. Enthusiasmus und Depression, Edelmut und Bösartigkeit, Großherzigkeit und Intoleranz, Hellfühligkeit und Realitätsverzerrung, sensible Erotik, Zärtlichkeit und rohe pornographische Phantasie sind dicht benachbart, und wohin der Jugendliche auch blickt: Überall erhebt sich der warnende Zeigefinger derer, die sich etwas darauf zugute halten, dies alles schon hinter sich zu haben. Er jedoch sucht unter den Erwachsenen andere – solche, in deren Nähe er einfach spürt: Meine Fragen, Zweifel, Sehnsüchte, Irrwege, Rebellionen werden nicht nur als biologisch bedingte, vorübergehende Erscheinungen je nach sozialer Duldbarkeit genehmigt oder getadelt, sondern ernst genommen und für sich genommen als Ausdruck des Dauerhaftesten, was es geben kann: meiner Suche nach mir.

«Wir wollen uns bewußt werden», sagte Rudolf Steiner zur Einstimmung in seine *Allgemeine Menschenkunde*, «daß das physische Dasein hier eine Fortsetzung des Geistigen ist».[60] Der junge Mensch, heißt es bei A. Steffen, «dessen Inneres derart durchbricht, (bringt in Wirklichkeit) sein eigenes präexistentes Leben mit. Es wird, man darf wohl sagen: hinausgeworfen in eine äußere Welt.»[61] Von diesem Gedanken durchdrungen zu sein, ohne ihn, so Steiner, etwa als «Inhalt (einer) Weltanschauung dem werdenden Menschen beizubringen», eröffnet nicht nur einen erkennenden Zugang, aus dem «Handgreifliches im geistig-seelischen Sinne hervorgehen» kann, sondern hilft uns auch, mit der Zeit

112

gleichsam zu «Resonanzkörpern» zu werden für das, was wir als Wahrheits- und Ich-Suche des jugendlichen Menschen kennengelernt haben. Bei alledem «soll man sich klar darüber sein, daß der junge Mensch dem Erwachsenen ein neues Wesen entgegenbringt, dem Autorität als solche nichts mehr gilt».[62]

Wer empfinden kann, daß sich in diesem Alter etwas wesentlich Bedeutsameres abspielt als nur die biologische Pubertät mit seelischen Begleiterscheinungen, findet in der Anthroposophie die Möglichkeit, dieser Empfindung eine tragfähige geistes-wissenschaftliche Grundlage zu geben.

Zusammenfassung

Wir haben, ausgehend von Rudolf Steiner, den Gedanken vorangestellt, daß die äußeren Ereignisse des menschlichen Lebenslaufes Manifestationen seines Bemühens sind, dasjenige zur Erscheinung zu bringen, was als «Entwurf» seiner individuellen Wesensgestalt und Zeugnis seiner Herkunft aus einer übersinnlichen Welt in ihm lebt. Diesem Bemühen stellen sich mannigfache Hindernisse entgegen: Fremdeinwirkungen, von der natürlichen, sozialen und kulturellen Umgebung herkommend oder vorgefunden als leiblich-konstitutionelles Vergangenheitserbe, die den Bedingungsrahmen der Existenz bilden und «in der Selbstverursachung zurückgedrängt» werden (Witzenmann).

Einen markanten Punkt in diesem Zurückdrängungsvorgang stellt die sogenannte Pubertät dar, die wir charakterisiert haben als Augenblick des Durchbruchs zum biographischen Selbsterleben. Jetzt hat sich der «Bios der Biographie» gegenüber dem «Bios der Biologie» (Tellenbach) seine Selbständigkeit erkämpft. Dieser Emanzipations- oder auch Geburtsvorgang der individuellen Seelengestalt ist das Ergebnis eines ungefähr zwei Lebensjahrsiebte dauernden, immer wieder krisenhaft sich zuspitzenden Individuationsprozesses, der von dem Kinde nicht allein bewältigt werden kann. Deshalb ist es, wie Rudolf Steiner sagt, die Hauptaufgabe der Erziehung, daß man dem Kinde, das «in die Welt hereintritt, die physischen und seelischen Hindernisse wegräumt und (ihm) eine Umgebung schafft, durch die sein Geist in voller Freiheit in das Leben eintreten kann».

Im Jugendalter ist dieses «Eintreten in das Leben in voller Freiheit» ein Grundmotiv. Der Pubertierende vernimmt den Ruf und spürt zugleich: Ich bin noch nicht bereit. Der Abschied von der Kindheit ist schmerzlich und doch unausweichlich; die Menschen und Verhältnisse, die bisher Schutz gewährten, werden gleichsam des Verrats bezichtigt und heftig zurückgewiesen. Dies ist ein Zentralkonflikt des Jugendalters, den wir bezeichnet haben als «doppelte Verfügung der Distanzierung und Disqualifikation von Heimat».

Es wird der «Heimat» zur Last gelegt, daß die Welt, wie der Jugendliche jäh begreift, voller Bosheit, Häßlichkeit und Lüge ist. Enttäuschung, Scham, Einsamkeit erfüllen die Seele – aber da ist auch dieser Ruf, der Hoffnung und Tatendrang erweckt. Im Niemandsland zwischen zurückgedrängter, verfeindeter Vergangenheit und nebelhafter Zukunft erhebt sich die alles entscheidende und doch nie endgültig beantwortbare Frage: «Wer bin ich ?» Das ist die Suche nach «der Individualität, der persönlichen Gestalt», von der die humanistische Psychologie spricht.

Wer oder was aber «sucht sich»? Wir haben zu zeigen versucht, daß solche Sätze keinen Sinn ergeben vor dem Hintergrund eines Menschenbildes, das vom Ich als einer «fixen Idee» spricht (W. Wickler). Der sich selbst suchende, befragende, gestaltende Mensch ist in letzter Konsequenz nur dann mehr als eine fromme Wunschvorstellung, wenn das suchende, fragende, gestaltende «Etwas», das Ich, nicht als fremdverursacht, sondern als sich selbst verursachend, nicht als Produkt der Entwicklung, sondern als deren «Initialzündung» und treibende Kraft begriffen wird. Nur so kann transparent werden, was sich in der Krise der Jugendjahre abspielt. Nur so wird die Kernfrage dieser Jahre, die Wahrheitsfrage, die sich ausspricht im «Ich bin ... bin Ich?», den Resonanzboden finden, den sie braucht, um nicht zu verhallen, sondern zum Thema einer Lebensmelodie zu werden.

Der Weg zum Herzen.

Die Pubertätskrise im Licht
der früheren Kindheit.

Bausteine zu einer
entwicklungspsychologischen
Phänomenologie

Vorbemerkungen
zur Symptomatologie

Der Übergang von der sogenannten Latenzperiode (etwa zwischen neun und zwölf Jahren) zur Pubertät ist gekennzeichnet durch den früh- pubertären *Wachstumsschub* in Verbindung mit einem entscheidenden Stadium der *Knochenreifung*. Die durchschnittliche Wachstumskurve der Kindheit zeigt bei Mädchen und Knaben eine insgesamt sehr hohe, aber stetig abnehmende Wuchsgeschwindigkeit bis etwa zum 5. oder 6. Le- bensjahr. Im ersten Jahr wächst das Kind durchschnittlich 14 bis 15 cm, im fünften Jahr noch 6 cm; es folgt ein Anstieg um das 7. Jahr, dann verlangsamt sich das Wachstum wieder, bis die Kurve bei Mädchen um das 10. Jahr, bei Knaben um das 12. Jahr steil ansteigt und zwei Jahre später ihre Spitze erreicht. Ein zwölfjähriges Mädchen wächst im Jahr durchschnittlich 8 cm, ein vierzehnjähriger Junge 9 bis 10 cm, während es im 17. Jahr bei beiden Geschlechtern nur noch 1 bis 2 cm sind. Zu diesem Zeitpunkt sind die Mädchen zwischen 1,60 m und 1,65 m groß, die Knaben rund 10 cm größer (Mittelwerte).

Während des Wachstumsschubs der Präpubertät kulminiert zugleich die Knochenreifung, insbesondere der Übergang vom Knorpeligen zum Knöchernen im Gelenkbereich. Das frühere Einsetzen der Pubertät bei Mädchen ist, von dieser Seite her betrachtet, kein unvermittelt auftre- tendes Ereignis, denn die Knochenreifung vollzieht sich bei ihnen vom Kleinkindalter an rascher. Woernle macht darauf aufmerksam, daß die Gelenkverknöcherung nicht nur einfach eine Verhärtung ist, sondern den Menschen an die mechanisch-irdischen Gesetze anpaßt und zum überwindenden Umgang mit ihnen befähigt. «Die gelenkbildende Kraft wirkt ganz entsprechend der Art und Weise, wie der Mensch überhaupt im Schwerefeld der Erde arbeitet.» Das Kind findet Anschluß an die physikalischen Umkreisgesetze und wird diesbezüglich erst jetzt wirklich belastbar. Die Wachstumskräfte schießen in die Peripherie, vor allem Hände und Füße vergrößern sich zunächst schnell, im Gesicht springen Unterkiefer und Nase hervor. Alles unterliegt zugleich einer gewissen

Vergröberung. Man gewinnt den Eindruck, das periphere Wachstum als solches sei vorübergehend so «ungeduldig», daß es den mitwirkenden Gestaltungskräften enteile. Es entsteht nicht nur ein äußeres Mißverhältnis der Proportionen zum Gliedmaßenpol hin, sondern das Kind hat auch Schwierigkeiten, die plötzlich einsetzende zentrifugale, gleichsam in die Zergliederung drängende Kraft, die seinen Leib ergreift, von innen her zu kontrollieren. «Die Gestalt ist schlenkrig geworden», schreibt Lievegoed, «die Bewegungen sind ungeschickt und nicht geschmeidig. Das Kind stolpert dauernd. Es … stößt gegen Tische und Stühle.»

Wir müssen also gut unterscheiden zwischen dem Gestaltwandel selbst, durch den der Gliedmaßenmensch in sich komprimiert und nach außen hin durchkraftet wird, und der Fähigkeit des Kindes, sein so «umgebautes» Leibesinstrument sicher zu ergreifen. Rudolf Steiner spricht ganz trocken von der «Maschinerie» des Leibes. Der Umgang mit ihr fällt anfänglich schwer und muß im Sinne einer inneren Nachreifung erst erlernt werden.

Was da genaugenommen erlernt wird, kann erst deutlich werden, wenn man berücksichtigt, in welcher Art der Mensch durch seine Gliedmaßen mit der Welt in Beziehung tritt. Sie neigen «zur Welt … in der der Mensch sich bewegt und selbst seine Stellung immerfort verändert. Sie (haben) zur Bewegung der Welt Beziehung. – Indem wir in der Welt herumgehen, indem wir handelnd auftreten, sind wir der Mensch der Gliedmaßen» (R. Steiner).

In der ersten Jugendzeit steht das Persönlichkeitswesen sozusagen noch etwas hilflos vor den vollendeten Tatsachen, die eine «weisheitsvolle, unbewußte Intelligenz», wie sich Woernle ausdrückt, am Leib geschaffen hat. Er ist vorbereitet für eine Art der Weltbegegnung, zu der sich die Seele noch hinbändigen muß. Man kann vom «Einschwingen» des Bewegungsmenschen in die dynamischen Weltgesetze sprechen. Rudolf Steiner macht darauf aufmerksam, daß der ursprüngliche Ausdruck dieses Geschehens der *Tanz* ist. Wir führen immer dann etwas dem Tanzen Vergleichbares aus, wenn wir beginnen, «die Bewegung der Welt durch unsere Gliedmaßen nachzuahmen, aufzunehmen», aber nicht bewußtlos nachzuahmen, sondern so, daß wir die objektive Bewegung zur künstlerischen Form steigern. Dabei müssen wir den Begriff des «Künstlerischen» so weit wie möglich fassen: als individuelles, schöpferisches Handeln. Im Tanz erhebt sich der schöpferische Mensch aus der Schwere des physischen Leibes, aber er läßt den Leib nicht zurück, sondern nimmt ihn mit. Dasselbe tut er in allem Künstlerischen und in aller sinnvollen Arbeit.

Diese «innere Nachreifung» des tänzerischen Überwindens der Schwere gehört zu den Erscheinungen, die zum Verständnis der eigentlichen Adoleszenzkrise wesentlich beitragen. Sie setzt in der zweiten Phase der Pubertät ein und zeigt, wie die Individualität, indem sie ihre Bewegungs-Gliedmaßen-Organisation neu ergreift, zugleich formend und verfeinernd tätig wird an dem, was ihr leiblich zugewachsen ist. Zunächst wird die Expansion an der Peripherie aufgehalten. Das Wachstum verlagert sich nach und nach auf den Rumpf. Wir erleben den gesamten Wachstumsvorgang als einen von außen nach innen wandernden. «Zuerst erreichen die Beine ihre volle Länge, dann weiten sich die Hüfte und die Brust (bei Mädchen, H. K.), Rumpf und Brustkorb erreichen ihre erwachsene Länge bzw. Tiefe zuletzt» (Kaplan).

Auch die Gliedmaßenstreckung folgt diesem Prinzip bzw. «Drehbuch», wie Kaplan sagt. Sie beginnt bei den Füßen und Waden, den Händen und Unterarmen, dann wachsen die Schenkel und Oberarme. Nun «tritt eine sofort erkennbare Harmonisierung der Proportionen auf» (Lievegoed). Zugleich bekommt, so Lievegoed weiter, «das vergröberte Gesicht mit dem ausgewachsenen Kinn, der großen Nase und den noch kindlichen Augen … durch ein Breitenwachstum vor allem der Jochbeinbögen bessere Proportionen. Persönlichere Züge treten in Erscheinung.» Das zur Vertikale (Länge) und Erkerbildung (Hervorspringen von Nase und Kinn) strebende Wachstum der Frühpubertät wird im Gesichtsfeld durch eine Entfaltung der Mitte korrigiert. Die Horizontale macht sich stärker geltend. Die Rechts-Links-Polarität als Urbild abwägenden Urteilens schaltet sich regulierend in das Auseinanderstreben von oben und unten ein, während zugleich der Brustkorb räumlich ausgreift und die rumpfnäheren Gliedmaßenteile nachwachsen. Die Nase formt, der Mund strafft sich. Man erlebt jetzt häufiger, wie die Lippen beim Nachdenken oder konzentrierten Schauen fest geschlossen und etwas zusammengezogen werden, wo sie sich früher in der Lauschgebärde staunend öffneten. Die Hände werden harmonischer, charaktervoller und vor allem auch wieder geschickter.

Über den gesamten Zeitraum des Wachstumsschubs und bis etwa 2,5 Jahre nach dessen Spitze erstreckt sich die Entwicklung der sekundären Geschlechtsmerkmale, die also bei Mädchen etwa mit 15 Jahren, bei Knaben etwa mit 17 Jahren ausgereift sind. Bereits in der Frühphase der Wachstumsbeschleunigung beginnt die Pubesbehaarung, noch früher sogar bei Knaben die Hodenvergrößerung. Etwa mit 11 Jahren setzt bei Mädchen die Brustentwicklung ein, mit 13 Jahren bei Knaben die

Penisvergrößerung. Die Axillarbehaarung beginnt im Zeitpunkt der maximalen Wachstumsgeschwindigkeit. Während der rückläufigen Phase erreichen Pubesbehaarung, Brustentwicklung und Penisgröße ihre volle Ausreifung. Irgendwann in diesem Zeitraum, stark gestreut, tritt bei Mädchen die Menarche, bei Knaben der Stimmbruch auf (nach Prader).

Es sei hier erwähnt, daß die Regelblutung heute in Mitteleuropa durchschnittlich zwei bis drei Jahre früher einsetzt als noch Ende des 19. Jahrhunderts. Außerdem sind erhebliche Unterschiede im Weltmaßstab zu berücksichtigen. Eskimomädchen sind zum Beispiel erst mit 23 Jahren geschlechtsreif, Ägypterinnen vielfach schon mit 11 Jahren. In unseren Breiten ist die weibliche Pubertätsverfrühung nachweislich besonders an das städtische Milieu gebunden, es scheinen also veränderte Zivilisationsverhältnisse eine wichtige Rolle zu spielen. Bei Knaben wirft die statistische Erfassung des Auftretens der ersten Pollutionen Schwierigkeiten auf. Dennoch kann auch hier von einer deutlichen Vorverlagerung in den letzten Jahrzehnten ausgegangen werden.

Der mitteleuropäische Mensch ist dieser Akzeleration offenbar seelisch nicht gewachsen. «Es verschob sich in den letzten 80 Jahren der Vorgang der biologisch-sexuellen Reife … nach vorne, während die emotional-affektive Reife sich verzögerte und erschwerte» (Alonso-Fernandez). Wir dürfen unter «emotional-affektiver Reife» die Geburt des Seelenleibs verstehen (Kaplan spricht von der «psychischen Geburt»), der die Konsolidierung der rhythmischen Prozesse mit der Entwicklung der Sinnes- und Urteilsreife im zweiten Lebensjahrsiebt vorangeht.

Die Erfahrung zeigt, daß auch die intellektuelle Reifung (wiederum überwiegend bei der Stadtbevölkerung) akzeleriert. So haben wir das Bild des biologisch und intellektuell frühreifen Jugendlichen mit Mangelerscheinungen in der mittleren, Beziehung schaffenden Region des emotionalen Seelenlebens vor uns. Wir finden entsprechend häufig eine ins Jugendalter verschleppte, kleinkindliche Überbeeindruckbarkeit und Abgrenzungsschwäche, die im Gegenzug zu autistischen oder zwanghaften Selbstschutzgebärden führen, sich also «tarnen» kann, unaltersgemäße Nachahmungsbereitschaft und Instabilität der rhythmischen Prozesse mit Folgen wie Entscheidungsunfähigkeit, Angst, Interesselosigkeit, moralische Indifferenz («Verführbarkeit») und vieles andere mehr.

Mit den beschriebenen Vorgängen des Wachstums, der Skelettreifung und Ausbildung der sekundären Geschlechtsmerkmale geht die Ausbildung der inneren Gebär- und Zeugungsorgane einher. Dies bringt vor allem für den weiblichen Organismus tiefgreifende Veränderungen mit sich. Der Uterus verdreifacht seine Größe und paßt seine Form der sich umgestaltenden und vorwärts verlagernden Beckenhöhle an. Wir bemerken nun auch im äußeren Gestaltwandel jene Betonung der Hüft-Becken-region, die heute so vielen Mädchen Kopfzerbrechen bereitet, weil man sich angewöhnt hat, eine unweibliche Figur für die weibliche Idealfigur zu halten.

Bei den Knaben prägen sich demgegenüber mehr die Schultern aus, aber auch die Vergrößerung und Vergröberung der Extremitäten ist auf-fällig. Während die Hände, wie wir gesehen haben, zum Ende des dritten Jahrsiebts hin allmählich harmonischer, charaktervoller werden, bleiben die Füße oft grobschlächtig. Im Bereich der inneren bzw. halbinneren Geschlechtsorgane (Vergrößerung von Prostata und Hoden) sind die Veränderungen bei Knaben wesentlich geringfügiger als bei Mädchen.

Für beide Geschlechter gilt, daß der präpuberale Wachstumsschub na-türlich nicht auf das Knochenwachstum beschränkt ist. Es vergrößern sich auch die Muskelzellen und Gewebe aller inneren Organe. Kaplan vermutet, dies trage «zu einem Gefühl innerer Expansivität bei». R. Treichler spricht von einem «Aufblühen» des ganzen Organismus. Dies hilft uns vielleicht, besser zu verstehen, warum gerade Jugendliche mit schweren Eßstörungen, die sich ja nicht zuletzt den körperlichen Reifungsprozes-sen der Pubertät verweigern, immer wieder schildern, sie fühlten sich wie «von innen her aufgebläht».

Ein Mädchen in der Rekonvaleszenzphase einer hartnäckigen Mager-sucht schilderte mir, sie habe diesen Eindruck von Aufgetriebenheit, wenn sie in geruchsintensiver Luft atme. Zuvor hatte sie dieselben Gefühle beim Essen. Wir bemerken, daß die körperlich-sinnliche Aneignung von Außenwelt – bei der Nahrungsaufnahme, beim bewußtwerdenden Einat-men – wie eine unerträgliche Volumenvergrößerung bzw. organische «Ex-pansion» empfunden wird. Das ist natürlich in dieser Form einer typisch anorektischen, einseitig körperfixierten Wahnvorstellung unsinnig, ob-gleich es einen wahren Kern enthält: Der Körper wird «irdischer» und ist dazu auf die Aneignung und Umwandlung fremder Materie angewiesen. Er nimmt die Naturprozesse, die Elemente in sich herein und baut sich aus ihnen auf. Beim gesund empfindenden Jugendlichen ist das von Ka-plan beschriebene Phänomen jedoch zunächst ein seelisches, das eine Verwandtschaft mit und wahrscheinlich auch eine Beziehung zu gleich-zeitig stattfindenden körperlichen Vorgängen hat.

Hier ist unter anderem hinzuweisen auf die Ausführungen Rudolf Steiners, im 13. Vortrag seiner «Allgemeinen Menschenkunde», über die

Rolle des «Brust-Bauch-Systems», welches, so heißt es dort, «von sich aus den Menschen durchdringt mit Materiellem» und sich damit «entgegenwirft» einem leibzerstörenden Überhandnehmen des Geistig-Seelischen. In der Vorpubertät und mehr noch in der Pubertät selbst entsteht eine besondere seelische Aufmerksamkeit auf diese Vorgänge. Die Jugendlichen haben eine altersentsprechende Tendenz, sich zu exkarnieren, werden aber von dem, was sich körperlich abspielt, gleichsam immer auf der Flucht gestellt.

Das drängende Bedürfnis nach erotisch-sexuellen Erlebnissen liegt auch hier begründet: Bei dieser Art von Begegnung überwindet sich der Leib durch seine eigene, ganz einem anderen Leib hingegebene Tätigkeit selbst. Die Physis wird im Akt einer rauschhaften Entgrenzung zur Vermittlerin einer in gewisser Hinsicht spirituellen Erfahrungsqualität. Ähnliches findet in pervertierter, zuerst seelisch, dann körperlich selbstzerstörerischer Art beim Drogengenuß statt, hier jedoch losgelöst vom Ereignis der Begegnung, des Du.

Halten wir fest, daß, während die Organe im Brustkorb und Bauchraum und mit ihnen der Rumpf selbst auswachsen, auch die Empfindung eines wachsenden, «expandierenden», aber – was als qualvoll erlebt wird – im Leib gefangenen seelischen Innenraums auftritt, manchmal so heftig, daß sich die Jugendlichen fühlen, als müßten sie gleich «platzen». Etwas der Atemnot, aber auch dem Schmerz Vergleichbares kommt über sie. Dieses Gefühl wird in der *Herzgegend* lokalisiert und strahlt nach unten in die Eingeweide und den Genitalbereich. Es ist beschreibbar und wird beschrieben als eine körperlich spürbare, drängende Sehnsucht. «Die eigene Schicksalszeit (bricht) ... in den Innenraum des Herzens herein», schreibt Müller-Wiedemann. Hier entsteht, wenn der Schmerz durchgehalten wird, der Idealismus als Auftriebskraft gegen die herabziehende Erdenschwere; von hier aus strahlt das milde Licht des Eros, der Zärtlichkeit in den Abgrund, den die erwachende Sexualität aufgerissen hat. Das Herz ist der Quellort der Liebe und der innere «Alchymist», der Begierden- und Gedankenkräfte zusammenführt und zur schöpferischen Phantasie erhöht. Es ist das Zentrum und der physiologische Sitz des empfindungsdurchdrungenen Selbsterlebens, aber auch der Mittelpunkt des inneren Organgefüges. Wenn Steffen über die Liebefähigkeit schreibt, bis zum Pubertätsalter «entwickel(e) sich der Organismus auf das Erwachen derselben hin», so ist damit vor allem das Herz als Mitte des rhythmischen Systems gemeint, das alle Organprozesse verbindet und koordiniert. Hier tritt jenes mit dem inneren Leibeswachstum verbundene Gefühl von Expansivität am deutlichsten in Erscheinung.

Müller-Wiedemann macht darauf aufmerksam, daß schon um das 10. Lebensjahr «in der Leiberfahrung ... das Herz vor allem als Organ auftaucht», und fährt fort: «Der Rhythmus zwischen Atmung und Blutzirkulation, zwischen Denken und Handeln gewinnt im Herzen ein Organ, das eine Zukunft wahrzunehmen beginnt, die das Kind jetzt als *seine* erlebt. Nach der Pubertät tritt diese Wahrnehmung noch stärker und endgültig hervor.» Der Jugendliche erlebt nicht nur in einem metaphorischen Sinne das Erwachen seiner «Herzenskräfte» als neue Empfindsamkeit und Verletzlichkeit, sondern seine körperliche Selbsterfahrung richtet sich auch auf das Herz als dasjenige Organ, wo Seelen- und Leibesvorgänge einander erlebbar durchdringen.

Tatsächlich betrifft die «Verletzlichkeit» nicht nur die im Herzen beheimateten Gefühle, sondern ganz konkret die Herzfunktion selbst. Sie ist von den körperlichen Veränderungen der Pubertät am stärksten betroffen und dementsprechend labilisiert. Holtzapfel hat anhand einiger Beispiele das Phänomen des plötzlichen Herztodes bei Jugendlichen infolge geringfügiger, aber stets mit einer seelischen Kränkung verbundener Aufregungen geschildert. Rein äußerlich betrachtet, hatten die Betroffenen völlig gesunde Herzen. Aber einer rein äußerlichen Betrachtung erschließt sich eben nur die Hälfte der Wirklichkeit. Die pubertätstypische Verletzlichkeit des Herzens beruht auf Veränderungen in einem der groben Diagnostik nicht zugänglichen Bereich, wo sich körperliche und seelische Herz*tätigkeit* durchdringen und das Ganze der körperlich-seelischen Wechselbeziehung im menschlichen Dasein «moderieren». Holtzapfel spricht, bezugnehmend auf Steiner, von der «ätherische(n) Kräftestruktur des Herzens», die sich in einem «Übergangszustand» befinde, in dem oftmals das Herz eine «schockartige Gemütsbewegung ... nicht bewältigen kann». Wir können unter «ätherisch» die Lebensform verstehen, die den Herzprozeß gestaltet und reguliert, bzw. die Kraft, die ihm im Sinne einer bestimmten «Idee» seine dynamische Struktur gibt.

Kann diese Herzlabilität näher charakterisiert werden? Ich habe an anderer Stelle, mehr die sensitive Seite hervorhebend, im Zusammenhang mit der Pubertätskrise geschrieben: «Im Herzen schafft sich die Individualität ein Wahrnehmungsorgan für die zwischen innen und außen, oben und unten vermittelnde Strömungsdynamik, physiologisch und seelisch.» Hier wird das Herz als Indikator für das richtige (oder gestörte) Verhältnis zwischen Öffnung («Sympathie») und Schließung

(«Antipathie»), sinnlich-willenshafter Zuwendung und introversiv-zurückweisender Abgrenzung gegenüber der Außenwelt beschrieben zwischen Einatmung und Ausatmung im direkten und übertragenen Sinne.

Von der Herz-Atem-Mitte her ist der Mensch bestrebt, «die ganze Außenwelt, insofern sie auch das Äußere des Menschen (seinen Leib, H. K.) einschließt» (Steiner), in ihrer Wirkung so weit abzuschwächen, daß er sich als autonomes Seelenwesen aufrechterhalten kann. Dies trifft für die biologischen Prozesse genauso zu wie für das geistig-seelische Leben: Das von außen Herandringende – sei es Nahrung, seien es Sinneseindrücke, Erlebnisse – muß «durchrhythmisiert» und teils angenommen, teils wieder abgestoßen werden, um nicht vergiftend zu wirken. Insofern ist das Herz «das Urbild aller ausgleichenden Prozesse (und) Zentralorgan der rhythmischen Organisation, in deren … Dynamik überhaupt jeder heilende Impuls begründet liegt» (F. Husemann).

Steiner hat darauf hingewiesen, daß im Pubertätsalter die Individualität selbst regieführend in diesen Bereich eingreift. Also nicht nur die äußere Physiognomie nimmt beim Jugendlichen persönlichere Züge an, indem sie dem Erbmodell, der Ähnlichkeit mit Eltern oder Großeltern entwächst, sondern auch die «innere Physiognomie» der Organprozesse. Jetzt ist ein Angriff auf die persönliche Integrität zugleich auch ein direkter Angriff auf das Herz-Kreislauf-Geschehen, das der Jugendliche sozusagen noch nicht ganz fest im Griff hat. Wir können deshalb den plötzlichen Herztod im Pubertätsalter infolge eines seelisch verletzenden Erlebnisses bildhaft als eine Art «Vergiftungsschock» mit Kreislaufversagen (Zusammenbruch der von innen geführten rhythmischen Prozesse) charakterisieren.

Schauen wir uns den Verlauf an: «Das Kind … erhielt von der Mutter eine Ohrfeige. Nicht stärker und nicht schwächer als Tausende von Kindern jeden Tag von ihren Müttern bekommen. – Es wurde G. übel. Sie ging in die Küche, um ein Glas Wasser zu trinken. Dann legte sie sich im Wohnzimmer auf das Sofa. Als man (später) nach ihr sah, lag sie zuckend am Boden. Der Arzt wurde alarmiert, aber (als er kam), war G. schon tot» (zitiert nach Holtzapfel). Das Phänomen der *Empfindung der eigenen Menschenwürde*, die sich an der Schwelle zum dritten Lebensjahrsiebt als im Herzen beheimatete Erfahrung einstellt, gewinnt unter dem Eindruck dieser Schilderung neue, deutlichere Konturen. Als menschen-*un*würdig erlebt die zum Bewußtsein ihrer selbst erwachende Seele den Zustand der Überfremdung durch äußere Mächte und Einwirkungen. Damit hängt es übrigens zusammen, daß Magersüchtige unter

124

dem Eindruck stehen, das Essen verletze ihre Würde und «verunreinige» sie.

Eine krasse und zugleich urbildliche Situation der Entwürdigung durch Überfremdung ist – jeder, der es erlebt hat, wird zustimmen – die Vergiftung. Sie trübt das Bewußtsein und entmachtet die Individualität, je nach Schweregrad bis zum tödlichen Kreislaufversagen. Im Jugendalter – dies ist das eigentliche und wesentliche Fazit aus den oben erwähnten Fällen – kann sich derselbe Vorgang durch eine «Verletzung des in diesem Alter so empfindlichen Ehrgefühls» (Holtzapfel) abspielen: Übelkeit, Bewußtseinstrübung, Schock, Krämpfe und Kreislauftod durch eine nicht zu bewältigende seelische Verletzung, die das ätherische Gefüge des individuell werdenden Herzens und das Selbstwertgefühl (zwei Seiten derselben Sache) zusammenbrechen läßt.

Die folgende Zusammenfassung zeigt noch einmal die markantesten Ereignisse der (äußeren) Pubertätsreifung, wobei uns die Betrachtung der körperlichen Vorgänge über das Herz hinüberführt zur seelischen Verfassung, die nachfolgend in den Mittelpunkt treten soll. Die Reihenfolge ist nicht chronologisch, sondern deutet Sinnbezüge an.

- Wachstumsschub von der Peripherie zum Zentrum / Skelettreifung (Kulmination der Gelenkverknöcherung, «Mechanisierung» des Bewegungsmenschen) / vorübergehende Beeinträchtigung der Körperidentität
- Ausbildung der sekundären Geschlechtsmerkmale und inneren Zeugungsorgane / abfallende Wachstumskurve
- Wachstum der Organe im Brust-Bauch-Raum / Breitenwachstum und «Füllung» / seelisch vermittelte Körpererfahrung der «Expansivität»
- Kulmination der körperlich-seelischen Herzerfahrung
- Rückgewinnung der Leib-Seele-Identität / Herzreife / Dynamisierung und innere Durchdringung des Bewegungsmenschen
- Menarche / Stimmbruch / Pollutionsreife

Wir sehen deutlich vor uns, wie, je nach Blickrichtung, von unten nach oben bzw. außen nach innen ein Geschehen den Menschen durchzieht, welches sich auf das Herz-Atem-Zentrum zubewegt und von dort aus wieder nach außen bzw. unten zurückströmt. Es ist das Bild eines langen, tiefen Atemzuges.

Wandlungen der Selbst- und Welterfahrung

Grundformen der Wahrnehmung

Was im Vorangehenden als Herzreifung beschrieben wurde, begründet von der Empfindungsseite her einen Vorgang der Differenzierung und Vertiefung mit Lernschritten von solcher Bedeutung, daß man mit gutem Grund sagen kann, die Phase zwischen (etwa) 14 und 17 Jahren sei in ihrer Entwicklungsdynamik mit den ersten drei Lebensjahren vergleichbar, die vom Erwerb des aufrechten Ganges, vom Erlernen der Muttersprache und vom Erwachen des verknüpfenden Denkens und zielgerichteten Wollens im Ich-Bewußtwerden bestimmt sind.

Auch der Jugendliche lernt aufrecht gehen, aber nicht die physische Gestalt im Raum, sondern die Seelengestalt in der Zeit richtet sich auf. Indem die «eigene Schicksalszeit (und) Zukunft» (H. Müller-Wiedemann) wahrnehmbar wird, ereignet sich wiederum etwas dem Spracherwerb Vergleichbares. Ein Satz, mit dem Karl König die Eingangspforte zur Psychologie als Wissenschaft der seelischen Selbstbeobachtung beschreibt, trifft auch hier zu: «Die Seele beginnt, von sich selbst zu sprechen, ihren Namen zu nennen und ihr Wesen zu beschreiben.» L. Scheck-Danzinger schreibt: «Das Bewußtsein erweitert (sich) *nach innen*, (und es) entwickelt sich die Fähigkeit ... zum Nachdenken über sich selbst.» Im Jugendalter wird der Mensch zum Erforscher seiner inneren Welten. Wie dem dreijährigen Kinde erste logische Verknüpfungen gelingen, erklimmt nun das Denken die Stufe der Selbsterkenntnisfähigkeit. Es erwacht der Wunsch, die eigenen Bedürfnishintergründe und Handlungsantriebe zu durchschauen.

In den ersten Kindheitsjahren steht im Vordergrund des Selbstbewußtwerdens die Leiberfahrung, die Steigerung des Wahrnehmungs- und Unterscheidungsvermögens für die verschiedenen Aspekte des physisch-leiblichen Darinnenstehens im Weltzusammenhang: Das Kleinkind «schließt ... gewissermaßen die Tore seines Seelenlebens ... noch gegen die Außenwelt ab» (R. Steiner) und erwirbt sich *Welterfahrung durch leibbezogene Selbstwahrnehmung*. Es lernt aus dem empfindungshaften Widerhall körperlicher Reaktionen auf Umgebungseindrücke.

In der Zeit zwischen Schuleintritt und Pubertät wird die unmittelbar seelische Umwelterfahrung entscheidend. Lernen heißt jetzt vornehmlich: sich gefühlsintensiv einzuleben in die Prozesse des Gestaltwerdens und der Gestaltwandlung im Zeitfortgang, des Lebendigen, Musikalischen, Rhythmischen. In diesen Jahren gerät das Kind an einen Punkt, wo ihm sein eigenes seelisch-sinnliches Hingegebensein an die Welterscheinungen unerträglich wird. An diesem Punkt kündigt sich das, was in der Pubertätskrise hervorbrechen wird, schon leise an. Wir erleben (etwa um das 10., 11. Lebensjahr) die plötzliche Schutzgebärde des Sich-Verschließens, die grüblerisch-zweifelnde Rückwendung nach innen, die man bisweilen als «zweite Trotzphase» bezeichnet.

Obwohl man also innerhalb des Entwicklungszeitraums zwischen Schuleintritt und Pubertät wiederum recht unterschiedliche Abschnitte unterscheiden muß, gilt doch für das zweite Lebensjahrsiebt die allgemeine Feststellung: Das Kind erwirbt sich *Selbsterfahrung durch gefühlsbezogene Weltwahrnehmung*. Auf dieser Stufe der Selbsterfahrung ist das *spontane Empfindungsurteil* seelenbeherrschend. Alle Vorgänge, die das Kind von «draußen» auf sich zukommend erlebt, setzen sich nach innen fort als Gemütsbewegungen, an die sich nicht Urteile *knüpfen*, sondern die selbst schon Urteile *sind*. Ich sage mit Bedacht: Alle Vorgänge, die das Kind auf sich zukommend erlebt; und nicht: Alle Dinge, die es wahrnimmt; denn in diesem Alter richtet sich die Aufmerksamkeit eigentlich immer auf «Vorgänge». Am Stein interessiert nicht so sehr das Steinerne in seiner Härte und Leblosigkeit – dafür hat das Kind in letzter Konsequenz noch gar keine Auffassungsgabe –, sondern sein wandernder, Größe und Form verändernder Schattenwurf ist wesentlich, sein Glitzern im Sonnenlicht, seine Wärme am Ende eines heißen Tages.

Die Wahrnehmungswelt des Kleinkindes

Welterfahrung durch leibbezogene Selbstwahrnehmung (1. Lebensjahrsiebt) findet sich auf der einen Seite, Selbsterfahrung durch gefühlsbezogene Weltwahrnehmung (2. Lebensjahrsiebt) auf der anderen. Es trägt zum Verständnis der Seelenverfassung im Jugendalter bei, wenn wir uns noch etwas näher aus der Sicht der anthroposophischen Menschenkunde mit dieser Polarität befassen.

Das *Welterfahren durch leibbezogenes Selbstwahrnehmen* ist die wahrnehmungspsychologische Situation, die, von der Wesensgliederkunde her betrachtet, der ersten, etwa um das sechste, siebte Lebensjahr abgeschlossenen Reifungszeit des Lebens- oder Ätherleibs entspricht, die man als die *konstituierende* – im Unterschied zur *individualisierenden* des zweiten Lebensjahrsiebts – bezeichnen kann. Unter Ätherleib ist das prozessuale Gefüge zu verstehen, welches die Raumgestalt des physischen Leibes «überall durchsetzt und … wie eine Art Architekt des letzteren anzusehen ist. Alle Organe werden in ihrer Form und Gestalt durch die Strömungen und Bewegungen des Ätherleibs gehalten» (R. Steiner), aber zunächst natürlich während der frühen Kindheit in ihre Form und Gestalt *gebracht*. Dies geschieht in mannigfaltiger Wechselbeziehung mit der Umwelt.

Während sich also der physische Organismus nach dem Gestalturbild des Ätherleibes und unter seiner funktionellen Regie bis zur ersten Reifestufe um das 6., 7. Jahr entwickelt, ist das Kind seelisch, das heißt als wahrnehmendes und fühlendes Wesen, anfänglich ganz, dann lange noch überwiegend *diesem* Geschehen zugeneigt. Dabei ist zu beachten, daß auch der Ätherleib, der «Architekt», in dieser Phase noch unfertig ist. Seine Kräfte erlahmen rasch, er ist aufs höchste verletzlich und bedarf der erzieherischen Pflege, die anfänglich vor allem als körperfürsorgebetonte, wärmend-rhythmisierende und gegen Sinnesüberbeanspruchung abschirmende *Milieupflege* zu verstehen ist, ebenso wie der stetigen und ausgiebigen Erholung im Schlaf.

Letzterem kommt eine ganz besondere Bedeutung zu. Wenn das Kind schläft, hält es sich in der Sphäre der Gestalturbilder auf; im Erwachen kehrt die Seele mit entsprechenden Impulsen zurück, die sich dem Ätherleib mitteilen. Dieser arbeitet in Ausführung dessen, was sich ihm da mitteilt, aus dem Inneren des Kindes heraus «plastisch gestaltend … direkt ein(greifend) in das Substanzielle, in das Stoffliche» (R. Steiner). Zugleich arbeiten aber von außen, von der Umwelt herkommend, vielfältige Einflüsse «ungebeten» mit, und auch was von dieser Seite her eingreift – einschließlich dessen, was wir dem seelischen Erleben zuzuordnen geneigt sind –, «preßt sich», um mit A. Steffen zu sprechen, «ins Physisch-Leibliche ein … und wirkt auf den ganzen Organismus». Wieviele Kinder reagieren auf Ängste der Mutter oder des Vaters mit Bauchweh, auf Unruhe und Hektik in ihrer Umgebung mit

Blasenentzündung und so weiter, ohne selbst den Zusammenhang zu begreifen!

Zwar kann die Erziehung für gedeihliche Rahmenbedingungen sorgen, aber das Kind muß sich doch weitgehend aus eigener Kraft gegen ein Überhandnehmen äußerer Einflüsse schützen. Deshalb ist seine noch ganz (oder doch überwiegend) im Unbewußten, also instinktiv-willenshaft wirkende Intelligenz vor allem davon beansprucht, die Autorität der aus dem Inneren heraus plastisch gestaltenden, leibaufbauenden Kräfte gegen Überfremdung zu sichern. Es «schließt gewissermaßen die Tore seines Seelenlebens … noch gegen die Außenwelt ab (und) wehrt sich ganz unwillkürlich gegen dasjenige, was … auf es einwirken will»; andererseits müssen wir «bedenken, daß alles, was wir in der Umgebung des Kindes tun, auf das Kind … trotzdem einen Eindruck macht, (der aber) noch *organisch* wirkt» (R. Steiner, Hervorh. H. K.).

Wer kleine Kinder aufmerksam beobachtet, wird dies auf Schritt und Tritt bestätigt finden. Das kleine Mädchen, das einen Streit zwischen den Eltern scheinbar unbeeindruckt miterlebt, nie darüber spricht, aber kurz darauf hohes Fieber bekommt, ist ein Lehrbeispiel. Der beängstigende Vorfall wirkt im Organismus so, daß dieser wie bei einer Entzündungskrankheit reagiert. Er setzt sich fiebernd zur Wehr. Man könnte viele andere Beispiele anführen, um zu zeigen, daß Trauer, Angst, Verwirrung, aber auch freudige Gefühle beim kleinen Kinde nicht als abgesonderte Gemütszustände auftreten (was im späteren Leben zwar nie vollständig, aber doch in zunehmendem Maße möglich ist), sondern der ganze Organismus in Trauer, Angst, Verwirrung oder Freude gerät. Wenn das Kind dann allmählich lernt, die betreffenden Zustände zu unterscheiden und zu benennen, so lauscht es gleichsam seinem Leibesinstrument die Wohl- oder Mißklänge ab, die von den Eindrücken, die es empfängt, oder Entbehrungen, die es erleidet, angeschlagen werden; und es verwendet die Worte, mit denen wir unsere Gemütsbewegungen auszudrücken pflegen, eigentlich für verschiedene, wiedererkennbare Formen des Gestört- oder Gestärktwerdens in seiner leibgestaltenden Tätigkeit.

Das dreijährige Kind, das als «Sammelbegriff» für alle betrüblichen, unbehaglichen Empfindungen jammernd ausruft: «Mir ist schlecht», und – sei es nach einer Zurechtweisung, sei es nach einem Streit beim Spielen – blaß, mit Leidensmiene die Hände gegen den Leib preßt, spielt nicht Theater, sondern drückt präzise aus, was es erlebt. Erst nach und nach lernt es, verschiedene Tönungen des allgemeinen, im Bauch sich ausbreitenden Unwohlseins zu unterscheiden («traurig», «Angst» usw.), anfangs noch recht ineinanderschwimmend – da kann man nie sicher sein, ob «traurig» vielleicht eher Hunger, «Angst» vielleicht eher Schwitzen bedeutet –, dann immer treffsicherer.

Rudolf Steiner sagte 1921 in seinem Dornacher Weihnachtskurs für Lehrer: «Das Kind (besitzt) eine Weisheit, die der Erwachsene eigentlich gar nicht mehr hat. Gewiß, ich will ja der Weisheit, der Gescheitheit unserer erwachsenen Leute nicht nahetreten; aber denken Sie nur einmal, wenn Sie all diese Weisheit im späteren Leben aufbringen müßten, die imstande ist … den ganzen Organismus zu durchdringen, wie wir es im Kindesalter instinktiv machen. (Zwar) bleibt das beim Kinde im Unbewußten … wie es das Gehirn plastisch herausgestaltet, wie es das übrige plastisch herausgestaltet; aber es ist doch vorhanden, und man sieht, daß es vorhanden ist.»

Als Steiner dies aussprach, begann in Europa der Siegeszug der Psychoanalyse und ihrer Entwicklungstheorie. Nach S. Freud ist das kleine Kind «absolut egoistisch … und strebt rücksichtslos nach (Bedürfnis-)Befriedigung». Es sei ganz «dem Lustvollen» hingegeben, das es «in seiner Unersättlichkeit wiederholen» wolle, erläutert Freud-Interpret Willy Rehm. Alles dreht sich (egoistisch, rücksichtslos) um Lustgewinn oder Unlustvermeidung, sämtliche Lebensäußerungen des Kleinkindes sind Auswüchse seiner *Gier*. Wie lieblos muß jemand zum Beispiel auf das Phänomen der Nachahmung hinblicken, um es *so* zu deuten? Wieviel Seelenblindheit gehört dazu, das Kind beim Gehenlernen, Sprechenlernen, Spielen, bei seiner lauschenden Hingabe an Lieder, Verse, Geschichten zu erleben und *so* darüber zu denken?

Die Wahrnehmungswelt nach der Schulreife

Die Anthroposophie lenkt das beobachtende Interesse in eine ganz andere Richtung. Sie zeigt, daß der Mensch als individuelles Geistwesen in der ersten Zeit seines Lebens nicht unwirksam, sondern mit der gewaltigen Aufgabe beschäftigt ist, seinen Leib zu ergreifen, aufzurichten, durchzugestalten und beherrschen zu lernen. Das selbst- und weltwahrnehmende Seelenleben ist von diesem Geschehen gleichsam aufgesogen und befindet sich in bezug auf das Gegenstands- bzw. Umgebungsbewußtsein in einem schläfrig-traumumfangenen Zustand. Die Außenwelt wird überwiegend in ihren feinen und groben Wirkungen auf den Organismus, namentlich auf das ihn durchdringende Bildekräftegefüge wahrgenommen. Letzteres verhält sich wie eine große, die ganze Gestalt umspannende Membrane, deren von außen verursachte Schwingungen das Kind von innen her erlauscht und impulsiv beantwortet. Erst um die Zeit des Zahnwechsels wird der Prozeß der seelischen «Eigenraumbildung», der etwa im dritten Lebensjahr mit dem Ich-Einschlag beginnt, so weit fortgeschritten sein, daß man von einem «selbständig ... wirkenden Gefühlssystem» (Steiner) sprechen und nun beobachten kann, wie sich das Kind den Welterscheinungen mit unmittelbarer Emotionalität zuwendet. Jetzt entsteht eine rein seelisch-sinnliche Begierde nach dem Schönen. Das Kind entdeckt sein Entzücken an Farben, Formen, Klängen, Düften, Naturereignissen, auch an Kleidern, Schmuck und prächtigem Haar, an der erhabenen Gestalt eines Tigers oder den vollendeten Flugbewegungen eines Raubvogels. Zugleich fallen die Urteile über alles, was dem kindlichen Verlangen nach Harmonie, Ebenmaß und kostbarem Schein nicht ganz genügt, höchst ungnädig, ja, aus Erwachsenensicht, oft unbarmherzig aus. Der Vater riecht eklig, die Lehrerin hat schiefe Zähne und trägt saublöde Kleider – der schriftbeflissene Waldorfpädagoge kann beruhigt werden: Es tut dem Aufschauen zur verehrungswürdigen Autorität keinen Abbruch –, ein narbengesichtiger Mann im Gemüseladen wird mit unverhohlener Mißbilligung so lange gemustert, bis er anfängt zu schwitzen.[1]

Was ist geschehen? Ist unsere Erziehung daran schuld, daß sich das Kind plötzlich so sehr an Äußerlichkeiten orientiert und der Oberflächenästhetik größere Bedeutung beizumessen scheint als inneren Werten? Nun, bis zur *bewußten* Entdeckung innerer Werte (bzw. ihrer niederschmetternden Rarität) werden zum Glück noch ein paar Jahre relativer Unbekümmertheit vergehen. Zuvor hat das Kind andere Entwicklungsaufgaben zu bewältigen. Es muß sich seelisch zunächst so weit

---

1 Es ist aufschlußreich, daß die Mißbilligung gegenüber äußeren Makeln in diesem Alter so gut wie gar keinen Einfluß auf die gefühlsmäßige Bewertung des betreffenden Menschen hat. Man kann erleben, wie die Kinder allerlei Schrullen und «komische Angewohnheiten» gerade ihrer Liebsten entdecken und ganz unbekümmert nachäffen. Dies als Zeichen für ein gestörtes persönliches Verhältnis zu deuten, wäre ganz falsch. Die Kinder wollen nicht absichtlich verletzend sein. Aber es ist gut, wenn sie erfahren, daß ihr Verhalten objektiv verletzend wirkt. Denn hinter dem Realismus ihrer ästhetischen Radikalurteile und ihres scharfen Blickes für menschliche Absonderlichkeiten erwacht die Mitleidskraft, an die ruhig appelliert werden darf.

aus der Leibgebundenheit freiringen, daß es der äußeren Welt direkt wahrnehmend gegenübertreten und aufmerksam werden kann auf die ins Sichtbare, Hörbare, Riechbare usw. gekehrten, mit einem Wort: offenkundigen Eigenarten der Dinge. Die neue «Sachlichkeit», die dabei waltet – man spricht in der Entwicklungspsychologie auch vom «naiven Realismus» –, ist noch nicht analytisch-skeptisch; sie verhält sich nicht definitorisch, drängt nicht nachfragend *hinter* den Augenschein, sondern läßt die *Phänomene* (wohl zu unterscheiden von den bloßen «Sachverhalten») gelten. Wenn L. Scheck-Danzinger schreibt: «Das Feststellen des sichtbar Vorhandenen befriedigt das Kind und wird als Arbeitsertrag empfunden», so wäre hinzuzufügen, daß die *Eigenschaften* der Dinge wichtiger sind als die Dinge selbst, aber durchaus nicht primär die Eigenschaften im Sinne von «Zweckbestimmung» (Scheck-Danzinger). Es sind nach meiner Beobachtung vielmehr die *empfindungsauslösenden, sinnlich vermittelten Qualitäten,* auf die es ankommt.

Waren in den ersten Jahren die Umweltbeziehungen des Kindes vor allem durch *Nachahmung* geprägt, so ist es jetzt ganz von *Staunen* erfüllt. Damals erlebte es die Vorgänge der Außenwelt erst im nachahmenden Neuerschaffen unter unwillkürlicher Beteiligung seines ganzen Leibesgefüges als evident. Vom sechsten, siebten Lebensjahr an zeigt sich dann immer deutlicher etwas anderes: Die leibliche Beteiligung im Wahrnehmungsvorgang wird zurückgedrängt. Es gelingt jetzt, den «Bauch», den Bewegungsapparat, die Verdauungs- und Ausscheidungsfunktionen gleichsam in sich stabil zu halten und bis zu einem gewissen Grad abzutrennen vom sinnlich-empfindungshaften Erleben, das heißt für dieses Erleben einen eigenen inneren Bereich zu schaffen. Zwar kann man nicht sagen, die Wahrnehmung vollziehe sich jetzt völlig körperlos, aber die Art der körperlichen Mitschwingungen verändert sich, sie werden diskreter, «wirken nicht … in demselben Maße in den stofflichen Vorgängen wie früher, (sondern mehr) im Atmungs- und Zirkulationssystem» (R. Steiner).

Immer wieder verglich Steiner das Kind in diesem Alter mit einem «Musiker … der nach dem Inneren hineinarbeitet». Das ganze Wesen des Kindes wolle «einen musikalischen Charakter annehmen» und stehe den Umgebungseinflüssen so gegenüber, «wie etwa unter dem Einfluß eines Geigenspielers eine neue Violine sich verhält». Wie das zum Klangkörper gestaltete Holz der Violine sich zwar beim Musizieren nicht grob verformt, aber auf feine Art mitvibriert, mit«atmet» und so den Klängen Volumen, Tiefe, Wärme verleiht, so vibriert auch die rhythmische

Organisation des Kindes, sein Atem, sein Pulsschlag, in der wahrneh-
menden Weltbegegnung mit und veredelt Eindrücke zu «Herzensemp-
findungen». Bleiben wir im Bild: Früher war das Kind ein Instrumen-
tenbauer, dem es darauf ankam, bei der Fertigung seines Meisterstücks
alle qualitätsmindernden Einflüsse möglichst fernzuhalten. Jetzt ist die
Violine fertig und muß eingespielt werden. Aber der Musiker ist noch
nicht zum Komponisten, zum souveränen Improvisator herangereift. Es
sind die in den Welterscheinungen draußen tönenden Melodien, die er
auf seiner Violine erklingen läßt. Er interpretiert die Kompositionen der
Schöpfung, und indem er dies tut, indem also der einstige *plastische
Nachahmer* nun zum *musikalischen Mitbildner* wird, erfährt er Ungeahntes
über sich selbst.

Steiner spricht in seiner Metapher mit Bedacht von einer *neuen* Violine.
Jeder Musiker weiß, daß viel davon abhängt, wie ein Instrument anfänglich behandelt wird. Die Zeit des Einspielens ist sozusagen eine zweite, in
die feineren Strukturen eingreifende Herstellungszeit. Man findet dieses
Motiv auch im Märchen: Der Knabe, der ein Königreich gewinnen kann,
wenn er die traurige Prinzessin zum Lachen bringt, bekommt von einem
alten Mütterchen, dem er behilflich ist, zum Lohn eine Fidel. Sie soll ihm
helfen, sein Abenteuer zu bestehen, aber er hat keine Ahnung, wie man
mit einer Fidel umgeht. Da rät ihm die Alte, zuerst dem Gesang der Vögel
zu lauschen, und der Knabe erlebt, daß er sein Instrument wie ein Vög-
lein zwitschern lassen kann, wenn er nur gut genug hinhört. Dann verbringt er auf Geheiß der Alten viele Stunden an einem Bach, bis das
Plätschern, Murmeln und Rauschen des Wassers auf der Fidel erklingt.
Schließlich wird er darauf aufmerksam gemacht, daß auch die Sterne
singen. Wieder muß er lange lauschen, dann erst kann er den Sternenge-
sang auf der Fidel ertönen lassen. Nachdem dies gelungen ist, weiß er mit
dem Instrument sicher umzugehen und seine Lebensmelodie darauf zu
spielen.[1]

Wir können die Fidel als Bild für das im Kinde sich gestaltende persönliche Seelenleben («per-sonare» = durchklingen) auffassen. Der Knabe
wird sich seiner eigenen, intimen Gefühlswelt bewußt, indem er staunend erfährt, daß das Wasser, die Vögel, die Sterne für ihn singen. In
seinem Inneren entsteht ein Klang-Raum und innerhalb dieses Raumes

---

1 Das Märchen heißt *Die drei Schweinchen* und findet sich in dem Buch *Kleine
Märchen und Geschichten* in der Reihe Arbeitsmaterialien der Vereinigung der Freien
Waldorfkindergärten, Band 5. Stuttgart 1987.

eine Fülle, die zunehmend danach drängt, nun wiederum antwortend zurückzuströmen, Ausdruck zu werden – bereichert und verwandelt durch das, was er, der Lauschende, über seine inneren Erfahrungen mit dem Erlauschten mitzuteilen hat. Dieser Drang ist die Quelle aller künstlerischen Phantasie.

Aber das Kind ist nicht sofort bereit und fähig, ihn frei auszuleben. Zunächst verspürt es die Notwendigkeit, den neuen Seelenreichtum, der ihm in der «Zeit des reinen Staunens» zugewachsen ist, bei sich zu behalten, in Sicherheit zu bringen. Eine Art «seelischer Geiz» entwickelt sich, harte Grenzen werden gegen das andererseits mächtig anwachsende Mitteilungsbedürfnis aufgerichtet, aber auch gegen die bislang vorbehaltlos, ja mit freudiger Erregung eingelassene Erlebnisflut. Die Aufnahmekapazität ist erschöpft, das Kind schottet sich ab und wendet seine Aufmerksamkeit nach innen. Wir sind im 10. bis 12. Lebensjahr, in der Zeit der ersten inwendig-subjektiven Bestandsaufnahme eines Menschenlebens. Was da stattfindet, ist noch nicht (oder nur in geringem Umfang) Nachdenklichkeit und Wesensbeschreibung, sondern ein Richtungswechsel des Staunens.

Ich halte es für eine unglückliche Begriffswahl, wenn die kognitive Entwicklungspsychologie für dieses Alter schon den «kritischen Realismus» geltend machen will. Man darf sich nicht von gewissen Äußerlichkeiten täuschen lassen. Weder im mißtrauischen Zurückweichen des Kindes vor persönlicher Nähe und Direktheit noch in seinen rückversichernden Fragen nach der Beziehungsvergangenheit («Seid ihr wirklich meine Eltern?») drückt sich *kritisches* Bewußtsein aus. Was sich abspielt, ist die Verwandlung des «reinen», naiv-umweltoffenen Staunens in das rückspiegelnd-selbstbeschauende Staunen. Letzteres ist nicht mehr ganz «rein», denn das Kind will jetzt ein Grundsatzurteil fällen, welches lautet: «Ich bin da.» Oder, im Hinlauschen auf die eigenen Seelenvorgänge: «Was da ist, bin ich.»

Diese Feststellung, die zugleich eine Forderung ist, nach allen Seiten abzusichern und den Prozeß, der zu ihr führt, vor Übergriffen zu schützen, ist das Hauptbedürfnis im sogenannten «Rubikon»-Alter. Die forschende Doppelfrage «Wer bin ich? Wie will ich mich?» ist noch nicht aktuell. Noch steht das Kind sich selbst nicht wertend, sondern schauend gegenüber; noch ringt es nicht um die Formulierung eines ernsthaften Konjunktivs des Werdens, sondern stellt sich hinein in den seelischen Indikativ des So-Seins, und dabei kommt eine Art von Schwermut auf, die zeitlebens immer wieder anklingen wird im Gewahrwerden

der Getrenntheit von Ich und Welt, Ich und Du: die ersten Einsamkeits-
gefühle.

Aber was ist mit dem oben beschriebenen, wachsenden Drang, die
Klangfülle des «Erlauschten» in persönliche, erfahrungsdurchdrungene
Ausdruckskraft umzuwandeln? Er wird sich in der Pubertät und den
darauffolgenden Jahren Bahn brechen. Vorher, in der Phase der inwendi-
gen Bestandsaufnahme, spitzt sich dasjenige zu, was wir als Selbsterfahrung durch gefühlsbezogene Weltwahrnehmung bezeichnet haben. Der
Kulminationspunkt ist der Rückzug auf die *Selbst*erfahrung. Das Evidenzerlebnis, das sich dabei einstellt, hat Donald W. Winnicott in den Satz
gekleidet: «Ich bin Herrscher in meinem Schloß.» Man kann diesen
Entwicklungsabschnitt als denjenigen der *Verhüllung* bezeichnen, dem
die Pubertätskrise als Zeit der *Enthüllung* folgt. Jetzt will sich die in der
Verhüllung gewachsene, in der Aneignung bzw. Individualisierung von
Welterfahrung Gestalt gewordene Persönlichkeit äußern. Der Musiker
betritt die Bühne, um seine eigenen Kompositionen und Improvisationen
vorzutragen, und es ist ihm, als müsse er vor Lampenfieber, Unsicherheit
und Versagensangst im Erdboden versinken.

Zum Wesen des «Astralleibs»

Das *Selbsterfahren durch gefühlsbezogenes Weltwahrnehmen* ist die wahrnehmungspsychologische Situation, die der konstituierenden (im Unterschied zur späteren individualisierenden) Reifungszeit des von R. Steiner
in Anlehnung an eine alte Begriffstradition sogenannten Astralleibs (oder
auch Seelenleibs) entspricht, während der Äther- bzw. Lebensleib in seine
zweite, individualisierende Reifungsperiode eintritt. Steiner hat den
astralischen Leib einmal charakterisiert als einen «in der Wirklichkeit
wurzelnde(n) Bilderleib, der aus sich heraus die Kräfte der Begehrung
und Bewegung anfacht». Es ist also wiederum ein Prozeßgefüge gemeint,
welches «Leib» genannt wird, weil es einen in sich gegliederten, einheitli-
chen Kräftezusammenhang bildet, der 1. die Grundlage abgibt für unser
Begierden- oder Begehrungsleben, durch den wir 2. innerlich und äußerlich bewegungsfähig sind und 3. eine Gefühlswelt aufbauen können,
innerhalb derer von allem äußerlich-bildhaft Wahrgenommenen gleichsam eine Essenz als Empfindungsqualität weiterlebt. Dabei ist in ähn-

licher Art, wie zum Beispiel der wahrnehmende Mensch und sein Sinnesorganismus als zwei durchaus verschiedene, aber eng zusammenhängende Wesenheiten betrachtet werden müssen, zwischen dem «astralischen Menschen», der sich in Bewegungsimpulsen, Begehrungen und Bildempfindungen darlebt, und dem Astral*leib*, durch den er dies erst vermag, zu unterscheiden. Man kann den Astralleib als «Eignungs-Organismus» des Seelenlebens charakterisieren. Eine Empfindung kann nur dadurch in mir auftreten, daß ich dazu *geeignet* bin, Empfindungen hervorzubringen. Dasselbe gilt für Begehrungen und Bewegungsimpulse. Mit dem astralischen Leib haben wir es immer zu tun, wenn wir im Bereich des Seelenlebens die *Eignung* ins Auge fassen, mit dem «astralischen Menschen» dagegen, wenn wir auf das *Ereignis* hinblicken.

Die Kräfte, aus denen heraus der astralische Leib als «Eignungsleib» in seiner Grundgestalt aufgebaut ist, entstammen einer geistigen Wirklichkeit, die «außerhalb des ‹Ich-Menschen› und auch des ‹astralischen Menschen› (liegt)» (R. Steiner). Dorthin kehrt der Mensch jede Nacht im Schlaf zurück und «erneuert» seine Astralgestalt, die sonst im Ansturm der äußeren, irdischen Welt zerfallen müßte. Von der anderen Seite her ist der astralische Mensch, insofern er im Verkehr mit der Außenwelt vielfältige Eindrücke empfängt, stetig differenzierend und umgestaltend an seiner Astralorganisation tätig. Im Wechselverkehr zwischen Ich und Welt entwickelt sich die astralische Grundgestalt zur Persönlichkeitsgestalt. Ob dabei das Ich aus Idealkräften heraus die Führung übernimmt oder Umweltprägungen überwiegen, ist von Mensch zu Mensch verschieden.

Eine sehr eindrucksvolle und zugleich allgemeinverständliche, wenn auch nicht ganz einfache Darstellung des Astralleibs im Zusammenhang mit dem astralischen Menschen gibt R. Steiner in dem Fragment «Anthroposophie» aus dem Jahre 1910, auf das ich mich hier auch (in der gebotenen Kürze) bezogen habe. In dem Buch «Theosophie» heißt es in etwas anderer Nuancierung, der Astralleib sei «zunächst» das Wesensglied, wo «des Menschen Triebe, Begierden, Leidenschaften (wirken), insofern diese empfunden werden; und es wirken in ihm die sinnlichen Wahrnehmungen». Wir können, zurückgreifend wiederum auf das Fragment «Anthroposophie», genauer sagen: Sinneserlebnisse wirken *empfindungshaft* im Astralleib weiter und münden, mit Begehrungskräften sich verbindend, in Bewegungs*impulse* (nicht: «Bewegungen»; man beachte den Unterschied) ein.

Ausdrucksdrang und Gedächtnisbildung

Was sehen wir, wenn wir diese Charakterisierung eines Vorganges als *Zustand* betrachten? Wir haben vor uns einen Menschen, der, von Sinneserlebnissen erfüllt, ein heftiges Begehren in sich verspürt und zugleich den Drang, aus diesem Begehren heraus aktiv zu werden, es in «bewegten Ausdruck» umzusetzen. Aber dem fiktiven Menschen, den wir uns jetzt vorstellen, gelingt es nicht, bis zum Bewegungsausdruck vorzudringen, weil er dem ständig weiter in ihn hineinflutenden Erlebnisstrom von innen heraus keine gleichwertige Kraft entgegenzusetzen hat. Die Bewegungsimpulse, in die das bildempfindungsdurchdrungene Begehren einmündet, bleiben gleichsam im Ansatz stecken. Es kommt nicht so weit, daß der Ausdrucks*impuls* wirklich *Ausdruck* wird. Der ganze Vorgang wird an der Schwelle zur Bewegung aufgehalten und ins Innere zurückgeworfen. Was der Mensch dadurch erlebt, ist weit mehr als ein Sinneseindruck. Er nimmt vielmehr seine eigenen, durch den Sinneseindruck ausgelösten Begehrungen und Bewegungsimpulse *wie* einen Sinneseindruck wahr. Im Sinneserleben nimmt er die Welt wahr; durch jene «zurückgeworfenen Bewegungsimpulse» jedoch erfährt er *sich selbst*.

Aber wo bleiben die Impulse, die nicht zur Ausdruckstat kommen? Beim *zwangskranken* Menschen erleben wir, wie sie im Bereich des astralischen Menschen fortwährend weiterkreisen.[1] Im Regelfall geschieht etwas anderes: Der «zurückgeworfene» Bewegungsimpuls, in dem, wie Steiner schreibt, «die Begehrung … mit der Bildempfindung zusammen … weiter (lebt)», teilt sich dem *Ätherleib* mit. Dadurch wird der Ätherleib, den wir weiter oben in seiner *konstitutionellen*, das heißt leibaufbauenden, organbildenden Tätigkeit, auf die er im ersten Lebensjahrsiebt weitgehend beschränkt bleibt, betrachtet haben, zum *persönlichen*, individuell verfügbaren *Gedächtnisleib*. Unser «fiktiver» Mensch ist das Kind im zweiten Lebensjahrsiebt. Es ist körperlich so weit ausgereift, daß ein Teil seines Ätherleibs aus der Gebundenheit an die Wachstums- und Organbildeprozesse erlöst wird und nun zur Verfügung steht, um eine

---

1 Im Janusz-Korczak-Institut Wolfschlugen arbeitet eine Forschungsgruppe am Problem der Zwangserscheinungen und Zwangskrankheiten. Der angedeutete Zusammenhang (astralische Verhärtungen und Gedächtnisfehlbildungen infolge einer Angstsymptomatik, die ihrerseits auf Defizite im Bereich der Leibessinne zurückgeht) ist hierbei von besonderer Bedeutung. Mitarbeiter an dem Projekt, das mit einer Publikation abschließen soll, sind übrigens weiterhin willkommen.

gedächtnishafte, erinnernd ansichtige «Erfahrungsgestalt» in der Zeit auszubilden. Damit beginnt die individualisierende Reifungsphase des Ätherleibs, der gegenüber dem physischen Leib selbständig wird, insofern dieselben Kräfte, mit denen er leibgestaltend tätig war, nun auch in *seelischer* Art, das heißt in solcher Art wirken, daß der «astralische Mensch» auf sie zurückgreifen kann. Er konstituiert sich im frei gewordenen Ätherleib gedächtnishaft als seelischer Eignungs- und Eindrucksorganismus. In unsere Umgangssprache ist für dieses Phänomen der Begriff «Persönlichkeitsstruktur» eingegangen.

Niemand bestreitet, daß dieselbe im zweiten Lebensjahrsiebt erstmals charakteristisch hervorzutreten beginnt. Die bisher «frei flottierende» und weitgehend an die Lebensprozesse gebundene Begierdennatur gewinnt Konturen als persönliche Begierden- bzw. Begehrungs*gestalt;* das Chaos der Bewegungsimpulse ordnet sich zur mehr und mehr von innen her geführten und vor allem auch im Seeleninneren zurückgehaltenen Bewegungs*gestalt;* aus Bildempfindungen baut sich die Empfindungs*gestalt* auf. Wir erleben gleichsam die Embryonalzeit des Seelenleibs im Ätherleib. An der Konzeption sind «mütterlicherseits» diejenigen Kräfte beteiligt, die aus einer übersinnlichen bzw. vorgeburtlichen Sphäre heraus den Astralleib als *Eignungsleib* konstituieren, «väterlicherseits» die Sinneserlebnisse, die ihn als *Eindrucksleib* heranbilden. Dabei ist der «astralische Mensch» – dem sich der «Ich-Mensch» noch dienend unterordnet – in folgender Art tätig: Er wirkt aus vorgeburtlichen Impulsen heraus dergestalt an der Konzeption des «Eignungsleibes» mit, daß dieser besonders eindrucksfähig wird für bestimmte Erlebnisse, die ihm im Sinne des individuellen Lebensentwurfs «sympathisch», das heißt wesensentsprechend sind. So können wir im zweiten Lebensjahrsiebt beobachten, wie sich allmählich *Persönliches* durchsetzt, wie sich die Kinder immer deutlicher voneinander zu unterscheiden beginnen in ihren Vorlieben und Abneigungen.

Aber noch stellt sich in dieser Phase der Persönlichkeitsreifung nicht das deutliche, selbstbewußte Erlebnis ein: «Hier bin ich im Unterschied zu allen anderen.» Wir haben vom 6. oder 7. bis zum 12. oder 13. Lebensjahr das Kind so vor uns, daß es sich zwar als Gemütsmensch, Empfindungsmensch in seiner eigenen inneren Bewegtheit wahrzunehmen und «aufzubewahren», aber noch nicht individuell auszudrücken vermag. Erst dieses Ausdrucksvermögen als persönlicher Stil des tätigen Sich-Darlebens als künstlerischer, sprechender, sozial handelnder Mensch begründet jedoch den eigentlichen, in der Pubertät beginnenden Prozeß des Ich-Erwachens. Vorher werden, wie wir gesehen haben, die Impulse, die nach selbstbewußt-seelenhaftem Ausdruck streben, an der Peripherie aufgehalten und zurückgeworfen.

Das muß so sein, weil sich sonst das Gedächtnis nicht ausbilden könnte. Unter «Gedächtnis» ist hier nicht in erster Linie die Fähigkeit zu verstehen, Auswendiggelerntes exakt wiederzugeben oder sich an konkrete Ereignisse bis in alle Einzelheiten zurückzuerinnern. Was primär gemeint ist, zeigt sich zum Beispiel in der *Kontinuität ästhetischer Bewertungen* (dies gefällt mir grundsätzlich, jenes grundsätzlich nie), in *Gewohnheiten*, in einer gewissen *Treue* der Beziehungswahl oder im innerlichen Festhalten von *Erfahrungswerten* und darauf bezogenen individuellen Reaktionsweisen auf bestimmte Ereignisse. Wir sprechen also von einer basalen Gedächtnisschicht «unterhalb» der sogenannten intellektuellen Speicherkapazität, die gleichwohl *verfügbar*, das heißt bewußt erlebbar und bis zu einem gewissen Grad auch beeinflußbar ist.

Wir erleben den beschriebenen Zustand des Nicht-Vordringen-Könnens mit unseren Ausdrucksimpulsen auch später immer wieder, er bleibt zeitlebens eine Möglichkeit, aber nie ist er so präponderierend wie im zweiten Lebensjahrsiebt, namentlich zwischen dem fünften und neunten Lebensjahr.[1] Man nennt diesen Zustand in der Umgangssprache das «Staunen».

Als erwachsene Menschen müssen wir hierbei allerdings mit einer besonderen Tatsache rechnen, die für Kinder durchaus nicht gegeben ist: Wenn wir als Erwachsene in wirkliches Staunen versetzt werden, befinden wir uns in unmittelbarer Nähe der Angst. Das hängt damit zusammen, daß der Ätherleib später nicht mehr so eindrucks- und anpassungsfähig ist. Er verliert seine Geschmeidigkeit. Wir bilden nicht nur einzelne Gewohnheiten, sondern eine ganze Gewohnheits*struktur* aus, legen uns einen gewissen «Weltbildhintergrund» und ein stattliches Arsenal von Erklärungs- bzw. Einordnungsmustern zu, die auf alle möglichen Erlebnisse routinemäßig angewandt werden. Dies alles hängt mit dem «Starrwerden» des Gedächtnisleibs zusammen, verhilft uns aber auch zu innerer Gefaßtheit, schlüssigem Denken und folgerichtigem Handeln. Auf dem festgefügten Gedächtnisgrund steht und geht der seelische Mensch wie der physische Mensch auf dem Erdboden – wobei es kränkende

---

1 Es ist sehr wahrscheinlich, daß das Phänomen der sogenannten Eidetik mit diesem Rückstau der astralischen Ausdrucksimpulse zusammenhängt. Vgl. dazu das Kapitel: «Vom Urvertrauen in die Wahrheit», S. 179 ff.

Abirrungen sowohl in ein Zuviel als auch in ein Zuwenig an Festigkeit gibt. Für dieses Gedächtnisfundament ist das Staunen in gewisser Hinsicht eine Bedrohung. Es wird dadurch aufgewühlt. Wir verhindern das Erstaunen als erwachsene Menschen in der Regel durch eine unwillkürliche Aktivität, die darin besteht, daß jeder Eindruck, den wir nicht sogleich sicher identifizieren können, durch eine Art Behelfsurteil festgepfahlt, begrifflich notdürftig eingeordnet und sodann energisch distanziert, genaugenommen: zu dem den Eindruck auslösenden Gegenstand oder Ereignis zurückgeschickt wird. Wir sind, statt uns den Dingen staunend hinzugeben, ständig damit beschäftigt, das Staunenswerte – und im Prinzip könnte *alles* staunenswert sein – provisorisch abzuurteilen, um Angst zu vermeiden.

Beim Schulkind ist die Situation diesbezüglich noch eine ganz andere. Das Staunen spielt sich in diesem Alter normalerweise, von heilpädagogisch relevanten Sonderfällen abgesehen, *nicht* in direkter Nachbarschaft mit der Angst ab. Wer jetzt einwenden wollte, daß doch zum Beispiel ständige Eindrucksüberflutung bei Kindern bekanntermaßen Angst auslöse, müßte sich entgegenhalten lassen, daß ja die Eindrucks- bzw. Reizüberflutung kein Staunen hervorruft, sondern das Staunen gerade korrumpiert. Im Vergleich zum Erwachsenen allerdings ist das sieben-, acht-, neunjährige Kind selbst unter idealen Umgebungsverhältnissen einer ganz unerhörten Eindrucksflut ausgesetzt, die keineswegs schädigend wirkt. Wenn ein erwachsener Mensch in demselben Maße staunend «offen» wäre, hätte er dauernd Angst. Aber das Kind hat keine Angst. Es bildet staunend sein basales Gedächtnis aus, das es dereinst – die Wirklichkeit der Seele steckt voller Paradoxien – *gegen* das Staunen verteidigen wird.

Wann ist «dereinst»? Mit dieser Frage sind wir wieder bei unserem eigentlichen Thema. Die Probleme mit der Angst im Wechselverkehr zwischen Selbst- und Welterfahrung gehören zur Signatur des Jugendalters. Natürlich bereitet sich die Sache während der sogenannten Latenzperiode oder «Phase der ersten inwendig-subjektiven Bestandsaufnahme», wie wir es weiter oben ausgedrückt haben, leise vor. Aber erst mit dem Einsetzen der Pubertät tritt der Konflikt deutlich hervor. Um zu verstehen, worum es dabei geht, müssen wir uns das bisher Gesagte noch einmal im groben Überblick vergegenwärtigen:

Vorschulalter:

- Welterfahrung durch leibbezogene Selbstwahrnehmung
- Ausgestaltung und Differenzierung des physischen Leibes
- Konstituierende Reifungsphase des Ätherleibs
- Das Kind als nachahmend-weltzurückweisendes Wesen

Schuleintritt bis Vorpubertät:

- Selbsterfahrung durch gefühlsbezogene Weltwahrnehmung
- Ausgestaltung und Differenzierung des Ätherleibs
- Konstituierende Reifungsphase des Astralleibs
- Das Kind als staunend-weltzugewandtes Wesen

Schlafen und Wachen
im Reich der Sinneserscheinungen

Wer das bisher Gesagte nur flüchtig überlesen hat und sich nun an dem scheinbaren Widerspruch der «nachahmenden Weltzurückweisung» beim Kleinkind stört (man hat ja gemeinhin auf recht undifferenzierte Art nur jenes geflügelte Wort im Ohr, das Kleinkind sei «ganz Sinnesorgan»), sollte noch einmal zurückblättern zum Anfang dieses Kapitels. Auch diejenigen Einwände, die sich aus der Überlegung ergeben könnten, daß doch ein Kind um das 10., 12. Lebensjahr so gar keinen «staunend-weltzugewandten» Eindruck hinterlasse, sind weiter oben schon angesprochen. In dem besonderen Zusammenhang, um den es uns hier geht, muß zunächst festgehalten werden: Das Kind in den ersten sieben Lebensjahren hat die Neigung «gewissermaßen die Tore seines Seelenlebens ... noch gegen die Außenwelt ab(zuschließen)» (Rudolf Steiner). Wir dürfen die Nachahmung nicht immer nur als ein Zeichen für kindliches Ausgeliefertsein und unwillkürliche Ergriffenheit von den Ereignissen auffassen, sondern müssen sie als einen aktiven *Abgrenzungsvorgang* verstehen lernen: Das Erlebte wird nachahmend gleichsam aus dem Inneren heraufgeholt, neu erschaffen und nach außen zurückgewendet, das heißt auf Distanz gebracht. Wenn das Kind nicht nachahmen könnte, würde sich alles, was ihm widerfährt, auf deformierende Art in seinen Organismus einprägen. Deshalb sind ja auch alle Eindrücke, welche die Nachahmungsfähigkeit des Kindes in diesem Alter überfordern, schädigend.

Völlig entgegengesetzt ist, wie wir gesehen haben, die Situation im zweiten Lebensjahrsiebt. Das Kind öffnet nun die Tore seines Seelenlebens so weit wie möglich für die Außenwelt. Dem widerspricht in keiner Weise, daß gegen Ende dieser Phase jener «Richtungswechsel des Staunens» stattfindet, der den *Selbst*erfahrungsaspekt in den Vordergrund treten läßt. Ich habe beschrieben, wie dies sozusagen nur die «Zuspitzung» des Selbsterfahrens durch gefühlsbezogenes Weltwahrnehmen im Widerschein der schon sich ankündigenden Pubertät ist.

Wenn das Kleinkind «die Tore seines Seelenlebens ... noch gegen die Außenwelt ab(schließt)» und «sich ganz unwillkürlich (wehrt) gegen dasjenige, was ... auf es einwirken will», wie Rudolf Steiner sagt, so heißt das mit anderen Worten: Es entwickelt Antipathie gegen die gefühlsbezogene Weltwahrnehmung oder auch: Antipathie gegen das Wirksamwerden des Astralleibs im Wechselverkehr mit der Außenwelt; und es entwickelt diese Antipathie deshalb, weil es in seiner ätherischen Bildetätigkeit zur Ausgestaltung und Differenzierung des physischen Leibes möglichst ganz aus seinem Inneren heraus – wir können auch sagen: aus vorgeburtlichen Kraftquellen heraus, die, vornehmlich im Schlaf, in sein Inneres hineinströmen – arbeiten will und muß. Ein instinktiver Widerwille gegen das Wachwerden im Reich der Sinneserscheinungen macht sich geltend.

Umgekehrt tritt dann nach dem Zahnwechsel, in den ersten Schuljahren, wenn das Kind gerade dieses Wachwerden im Reich der Sinneserscheinungen mit großem Engagement anstrebt, eine Antipathie auf gegen dasjenige, was im ersten Lebensjahrsiebt verteidigt werden mußte: die leibbezogene Selbstwahrnehmung. Jetzt können wir einen instinktiven Widerwillen gegen das Einschlafen gegenüber der Sinneswelt bemerken.

Die Begriffe «Wachwerden» und «Einschlafen» werden hier unter einem bestimmten, die wahrnehmungspsychologische Entwicklung des Kindes betreffenden Blickwinkel eingeführt, der zweifellos nicht der einzig mögliche ist.[1] Wann «schläft» das Kind in bezug auf seine Umwelt-

---

1 Man kann unter einem anderen Blickwinkel gerade die Sinnestätigkeit, wenn sie zu stark wird, mit dem Einschlafen (hier zu verstehen als Hineinträumen in die Umgebung) zusammenschauen. In unserem Kontext ist aber einfach von der «wachen Aufmerksamkeit» (im Unterschied zur schlaf-näheren in sich gekehrten Versonnenheit) die Rede.

wahrnehmung ein? Zum einen natürlich, wenn es – ganz wörtlich – abends erschöpft und müde die Augen schließt. Jeder weiß, daß sich die Sieben-, Acht-, Neunjährigen oft mit großer Hartnäckigkeit dagegen wehren.

Aber auch das starke innere Beanspruchtsein durch körperliche Mißempfindungen führt zu einer gewissen Schläfrigkeit des Kindes gegenüber dem, was in seiner Umgebung vorgeht, und man kann wiederum auf Schritt und Tritt beobachten, wie groß die Antipathie der kindlichen Seele gegen dieses «Hineingezogenwerden» in den eigenen Leib ist. Das Unwohlsein wird entweder durch besonders aktive Hingabe an Spiel, Bewegung und Erlebnisfülle zurückgedrängt, oder die Kinder entwickeln einen bisweilen ganz unverhältnismäßig heftigen Trotz gegen die Mißempfindung. Dabei ist besonders aufschlußreich, daß die eigentliche Ursache des Trotzes oft konsequent verleugnet wird. Das Kind ist aufsässig, schreit, schimpft auf Gott und die Welt und weigert sich verbissen, zuzugeben, daß es Blähungen oder Halsweh hat. Stattdessen ist die Schule blöd, die Mutter doof, der geplante Nachmittagsausflug stinklangweilig und so weiter. Erst durch geduldiges Zureden kann dem kleinen Irrwisch das Eingeständnis entlockt werden, worum es sich in Wahrheit handelt. Wir sprechen jetzt natürlich nicht von starken Schmerzen, sondern, wie gesagt, von minderschweren, aber doch deutlichen Mißempfindungen körperlichen Ursprungs. Die Antipathie gegen das «leibbezogene Selbstwahrnehmen» wird durch solche Vorgänge besonders anschaulich. Man kann auch sagen: Das Kind entwickelt in diesem Alter Antipathie gegen die Absorbierung seiner Bildekräfteorganisation durch den physischen Leib, insofern organische Mißempfindungen auf entsprechende Unregelmäßigkeiten hinweisen, die den Ätherleib zu einer Art von Engagement zwingen, das «eigentlich» dem Kleinkindalter entspricht. Dagegen richtet sich die Antipathie. Das Kind will in seiner Seelengebärde der staunenden Weltzuwendung nicht gehemmt werden.

Vergangenheit und Zukunft

Um die Konsequenzen, die sich aus diesen Beobachtungen ergeben, gründlich würdigen zu können, müssen wir noch einen weiteren Zusammenhang berücksichtigen: Für das heranwachsende Kind, das sich stufenweise sein *Zeitempfinden* aufbaut, ist die Zeitlichkeit anfangs noch eine Sekundärqualität der Räumlichkeit. Das Erlebnis des «Draußen» im Zusammenhang mit der Bewegung bildet die Grundlage für das, was später als «Zukunft» kenntlich wird.

Es sind zwei fundamentale Erfahrungen, in denen das Zeitempfinden wurzelt. Die erste lautet: «Jemand oder etwas bewegt sich von dort nach hier und kommt bei mir an.» Die zweite lautet: «Ich lege eine Entfernung von hier nach dort zurück, um etwas zu ergreifen bzw. jemanden zu erreichen.»

Das Kind lernt nach und nach, daß «draußen» Entfernung ist und Entfernung nicht nur räumlichen, sondern auch zeitlichen Abstand bedeutet. Das Gewahrwerden der (räumlichen) *Ferne* ist die Vorbereitung zur Entdeckung der *Zukunft*. Die Quintessenz heißt: In der Außenwelt liegt meine Zukunft. Dies ist nicht die letztmögliche Zukunftserfahrung eines Menschenlebens, aber es ist die grundlegende. Umgekehrt folgt daraus: In mir ist meine Vergangenheit. – Ein elf-, zwölfjähriges Kind kann schon deutlich erleben und äußern, daß es, wenn es in sich einkehrt, mit seiner Vergangenheit umgeht, dagegen im sinnesoffenen Wahrnehmen der Welt draußen sich für Zukünftiges aufschließt.

Daraus wird ersichtlich, daß die kleinkindhafte Antipathie gegen das gefühlsbezogene Weltwahrnehmen bzw. gegen das Wirksamwerden des Astralleibs im Wechselverkehr mit der Außenwelt zugleich eine – freilich ganz unbewußt-instinktive – Antipathie gegen die Zukunft ist, und zwar (wir müssen in diesen Dingen möglichst genau sein) gegen die Zukunft, insofern sich diese über die unmittelbare Sinneswahrnehmung oder in Erwartung bevorstehender Ereignisse ins Seelenleben hereindrängt. Zwar werden durch die genannten raum-bewegungsbezogenen Grunderfahrungen von «Ferne» die Voraussetzungen geschaffen, um später das Zukünftige zu erfassen, aber die Zukunft selbst als das von außen, von «vorn» herandrängende Unbekannte wird zurückgewiesen.

Im sogenannten Trotzalter erleben wir das besonders eindrücklich. Typische Situation: Das Kind spielt, die Mutter will einkaufen gehen. Das Kind weigert sich, es will weiterspielen. Mit solcher Elementargewalt weigert es sich, daß die Mutter nachzugeben geneigt wird. Sie sagt: «Nun gut, dann spiel du eben weiter.» Aber das Kind will jetzt durchaus auch einkaufen gehen, nur möglichst ohne sein Spiel deshalb unterbrechen zu müssen. Der Konflikt ist unlösbar und endet zwangsläufig im Tobsuchtsanfall. Warum? Das Kind sieht sich vor eine *Zukunftsentscheidung* gestellt, und dagegen wehrt sich seine ganze kleine Trotznatur verzweifelt.

Jeder weiß auch, um ein anderes Beispiel zu nehmen, daß sich bei kleinen Kindern die *Vorfreude* oftmals bis ins Körperliche hinein genauso auswirkt wie die Angst. Dies alles ist gar nicht verwunderlich. Denn was zuerst wie ein Widerspruch erscheint, daß nämlich das Kind die Zukunft antipathisch zurückweist, während es sich gerade auf sie vorbereitet, ist genau besehen eine sehr kluge Haltung. Wer will sich schon auf etwas einlassen, dem er noch nicht gewachsen ist? Wer wird schon gern vor eine komplizierte mathematische Aufgabe gestellt, während er noch dabei ist, die Grundrechenarten zu üben?

Im Übergang zum zweiten Lebensjahrsiebt findet auch diesbezüglich ein Umbruch statt. Die oben beschriebene Antipathie gegen die leibbezogene Selbstwahrnehmung, die in diesem Alter vorherrscht und auch als Antipathie gegen die Überbeanspruchung des Ätherleibs durch den physischen Leib bezeichnet werden kann, ist zugleich ein unbewußter Widerwille gegen die *Vergangenheit.* Auch hier tritt jener scheinbare Anachronismus auf, der in Wahrheit keiner ist: Während das Kind, wie wir ausgeführt haben, seinen «Gedächtnisleib» ausbildet, durch den es sich in seiner Vergangenheitsgestalt, in seinem biographischen Gewordensein eines nicht fernen Tages wahrnehmen wird, versucht es der bewußten Begegnung mit der Vergangenheit umso mehr auszuweichen, weil es spürt, daß es dieser Begegnung noch nicht standhalten könnte.

Man beobachte auch hier die Kinder mit der nötigen Liebe zum Detail. Vielleicht gelingt es dadurch, manchen typischen Konflikt, manche typische «Unart» dieses Alters anders und gerechter zu bewerten, so zum Beispiel die immensen Schwierigkeiten, einen Zweit-, Dritt-, Viertkläßler zur Einhaltung von Verabredungen oder Vereinbarungen zu bewegen: seine «Unzuverlässigkeit» – wie «zuverlässig» ist dagegen das Kindergartenkind, wie treu, bisweilen stur kann es darauf bestehen, daß das einmal in Aussicht Genommene auch wirklich eingelöst, das einmal als Regel Eingeführte auch wirklich durchgehalten wird; oder die manchmal wie echtes Unvermögen anmutende Weigerung, zurückliegende Ereignisse wirklichkeitsgetreu zu beschreiben; die höhnisch-ungerechte Aburteilung alles «Babyhaften», das verächtliche Ausschließen kleinerer Kinder vom Spiel, die plötzliche Abneigung gegen das regelmäßig Wiederkehrende im Tages- und Wochenlauf, worauf doch das Kind bis vor kurzem so rührend angewiesen war, woran es so viel Freude hatte. In dieser Zurückweisung des «Immerschon» liegt etwas von jener Antipathie gegen das «Einschlafen», die oben unter einem anderen Aspekt beschrieben wurde, denn die Gewohnheit, das Sich-Einfügen in die Gemächlichkeit des Je-Vertrauten macht schläfrig.

In diametralem Gegensatz dazu stehen die Neugier und das Staunen als zukunftsgerichtete Gebärden. Es soll hier nicht für eine erzieherische Ist-doch-egal-Haltung gegenüber all diesen «Unzuverlässigkeiten», «Regel-mißachtungen», «Wortbrüchen» plädiert werden, im Gegenteil. Aber man muß eben verstehen, womit man es zu tun hat.

Das Kind in den ersten Lebensjahren ist, ohne davon zu «wissen», ein ganz aus Vergangenheitskräften heraus bestimmtes Wesen und wehrt sich instinktiv gegen das verfrühte Bewußtwerden der Zukunft. Das Kind im zweiten Lebensjahrsiebt ist, ebenfalls ohne davon zu «wissen», ein Zukunftswesen und wehrt sich gegen das verfrühte Bewußtwerden der Vergangenheit.

Wir sehen in der Zusammenschau:

Im *ersten Lebensjahrsiebt* verhält sich das Kind überwiegend antipathisch zurückweisend gegenüber:

• der gefühlsbezogenen Weltwahrnehmung;
• dem Wachwerden im Reich der Sinneserscheinungen;
• dem Wirksamwerden des Astralleibs im Wechselverkehr
  mit der Außenwelt;
• der Zukunft.

Im *zweiten Lebensjahrsiebt* verhält sich das Kind überwiegend antipathisch zurückweisend gegenüber:

• der leibbezogenen Selbstwahrnehmung;
• dem «Einschlafen» gegenüber den Sinneserscheinungen;
• der Überbeanspruchung bzw. Absorbierung des Ätherleibs
  durch den physischen Leib;
• der Vergangenheit.

Metamorphosen: «Beschleunigung» und «Verhinderung»

Hier drängt sich nun die Frage auf: Was bleibt denn im zweiten Lebensjahrsiebt übrig von der Antipathie gegen das gefühlsbezogene Weltwahrnehmen, gegen das sinnliche Erwachen, gegen die herandrängende Zukunft? Was wird denn davon mitgenommen über die Schwelle zum Schulalter? Denn es kann ja nichts, was einmal entwicklungsbestimmend war, einfach verschwinden. Wenn wir dieser Frage nachgehen, stoßen wir auf ein seelisches Phänomen, das tatsächlich im zweiten Lebensjahrsiebt originär auftritt und in merkwürdigem Kontrast zu der Grundverfassung des Kindes steht, wie wir sie für dieses Alter kennengelernt haben. Dieses Phänomen ist der *Ekel*.

Man weiß, wenn man mit Kindern zwischen Schuleintritt und Vorpubertät zu tun hat, welche große Rolle der Ekel in den verschiedensten Formen in diesem Alter spielt. Vordergründig tritt er auf als eine Art ästhetischer Rigorismus (Abscheu vor dem Häßlichen, Mißgestalteten oder Mißklingenden), als übertriebene Empfindlichkeit gegen gewisse Gerüche, wählerisches Sich-Zieren beim Essen, Ekel vor Tieren (Spinnen, Mäuse, Würmer), tiefe Abneigung gegen Klebriges, Schmutziges, aber auch als Mißbilligung und drastische Aburteilung von Menschen, die nach Auskunft der Kinder zwar nichts Besonderes verbrochen haben, aber eben einfach «eklig» sind.

Auch eine Häufung von körperlichen Beschwerden wie Übelkeit, Brechreiz, Appetitlosigkeit, Blässe, Gleichgewichtsstörungen, Leib- und Kopfschmerzen gehört in dieses Alter und weist auf den Ekel hin. Man kennt auch die angewiderte Lust- und Interesselosigkeit, die von den Kindern Besitz ergreifen kann. Auf der anderen Seite haben wir jenes staunende Hingegebensein an die Welterscheinungen, jene Grundstimmung der Vorfreude nicht nur auf dies oder das, sondern auf jeden neuen Tag, auf das Leben überhaupt. Was spielt sich da ab im Wechsel zwischen Hingabe und Abscheu? Der Ekel weist das Staunen in seine Grenzen. Er ist eigentlich ein Selbstwahrnehmungsereignis, ein «Alarmsignal gegen Überfremdung».

Dadurch, daß im zweiten Lebensjahrsiebt die kleinkindhafte Antipathie gegen das gefühls- und zukunftsbezogene Weltwahrnehmen metamorphosiert als Kraft des Ekels auftritt, ist gewährleistet, daß sich die

Sinnesreifung als Aufwachprozeß gestaltet, nicht als ein Überflutetwerden bis zur Bewußtlosigkeit.

Wir sehen also, wie in diesem Entwicklungsabschnitt des Erwachens der Seelensinne zweierlei ineinandergreift. Zum einen bildet die Antipathie gegen das leib- und vergangenheitsbezogene Selbstwahrnehmen (gegen das «Einschlafen» in bezug auf die Außenwelt) ganz unwillkürlich den Hintergrund für das Staunen, denn das eine würde das andere vereiteln. Im «Selbsterfahren durch gefühlsbezogenes Weltwahrnehmen» wird das «Welterfahren durch leibbezogenes Selbstwahrnehmen» notwendig zurückgewiesen. Aber diese Zurückweisung kann und darf keine vollständige sein. Aus der Zeit des leibbezogenen Selbstwahrnehmens wirkt der Ekel herüber. In ihm bleibt etwas aufrechterhalten von der Antipathie des Kleinkindes gegen das Tätigwerden des Astralleibs im Wechselverkehr mit der Außenwelt.

Wenn wir uns nun der Schwelle des Jugendalters mit der Frage nähern wollen, wie sich die beschriebenen Zusammenhänge weiterentwickeln, müssen wir uns zunächst einen Augenblick mit den pubertätsspezifischen Veränderungen im Wesensgliedergefüge beschäftigen. In diesem Alter, so heißt es ja bei Rudolf Steiner immer wieder, wird der Astral- oder Empfindungsleib «geboren». Ein «neues, persönlicher wirkendes Seelenleben» (R. Treichler) tritt in Erscheinung. Wir haben schon gesehen, daß damit nicht die Entstehung des Astralleibs gemeint sein kann. Er ist im Sinne des vorstehend Ausgeführten beim Kleinkind aus dem Schlaf heraus tätig, im zweiten Lebensjahrsiebt gleichsam träumend in sich selbst gefangen. Dann aber «arbeitet (er) sich ganz an seine menschliche Peripherie heran und bricht mit der Geschlechtsreife in die Außenwelt hinein. Er steht erst (jetzt) voll in der Außenwelt darinnen» (Steiner). Die Phase, die wir als «konstituierende» oder, wenn man so will: «embryonale» Reifungszeit des Astralleibs bezeichnet haben, ist abgeschlossen, wenn der Ätherleib seine individuelle Zeit- oder Gedächtnisgestalt ausgebildet hat. Der Astralleib löst sich aus seiner Gebundenheit an die ätherische Organisation. Er kann sich jetzt freimachen von der Aufgabe, die ihm zur Bildung des «basalen Gedächtnisses» zugefallen war. Er wird selbständig, und wir haben gesagt, daß dies bedeutet: Er beginnt, sich als Ausdruckswesen, Ausdrucksgestalt aufzurichten. Dadurch sind die Voraussetzungen dafür gegeben, daß das Ich als Träger individueller Zukunftsimpulse führend eingreifen kann.

Zugleich ist deutlich geworden, wie in Opposition gerade gegen dieses Freiwerden des Astralleibs der Ekel als Ressentiment der frühen Kindheit durch das zweite Lebensjahrsiebt hindurch hemmend wirksam bleibt. Mit anderen Worten: Die als «Ekel» immer wieder ins wahrnehmende Bewußtsein des sinnesreif werdenden Kindes heraufschlagende Kraft verhindert eine Frühgeburt des Astralleibs. Wäre diese Kraft jedoch allein wirksam, würde sie die Geburt des Astralleibs verhindern.

Auf der anderen Seite würde die Entwicklungstendenz, die sich im «Staunen» – begleitet von instinktiver Antipathie gegen die Beanspruchung des Ätherleibs durch den physischen Leib, das heißt gegen die leibverursachte Wahrnehmungsverdunkelung – offenbart, wenn sie *allein* beherrschend wäre, nicht durch den Ekel gehemmt, den Astralleib gleichsam vor der Zeit herausstoßen. Diese beiden polaren Triebkräfte (Verhinderung der Astralgeburt, Beschleunigung der Astralgeburt) liegen während der ganzen Kindheit im Widerstreit miteinander.

Von der Angst, sich zu verlieren

Es bedarf nun gewiß keiner umschweifigen Erläuterungen, um sich lebhaft vor Augen zu führen, daß die letztgenannte, akzelerierende Tendenz in der Konsequenz zur *Angst* führt. Das Herausstoßen des Astralleibs aus seinen Hüllen ist seinem Wesen nach ein angstbesetztes Geschehen. Das Kind tritt im seelischen Sinne «enthüllt», «nackt» in seiner ganzen verletzlichen Empfindsamkeit vor die Welt hin. Es begreift jäh, daß es Eindruck macht auf Menschen, Dinge, Wesen, daß es Spuren hinterläßt mit jedem Schritt, den es geht, und jedem Wort, das es spricht. Eine Ahnung von «Verantwortung» dämmert auf. Die Umwelt ist nicht mehr nur der unversiegliche Quell von Ereignissen und Bildern, die auf die Seele zukommen, sondern das Kind erlebt sich als eingreifendes, bildschaffendes, Empfindungen wie Freude, Leid, Hoffnung, Enttäuschung nicht nur erleidendes, sondern auch zufügendes Wesen. Die Berührung mit der Welt ist unmittelbar, wechselseitig und durch nichts mehr abgeschwächt; der Berührungs*wille* erfaßt als gebieterisches Verlangen die Seele, die im Begriff ist, angstvoll zurückzuweichen, und drängt sie vorwärts. Es gibt kein Entrinnen mehr, das Kind steht «voll in der Außenwelt darinnen», schutzlos den Blicken der anderen preisgegeben. Und erst jetzt steigt jene Angst deutlich spürbar auf, die damit zusammenhängt, daß dasjenige, was wir «basales Gedächtnis» genannt haben (der eigene, innere Daseinsgrund, das Fundament der Ich-Identität) im Strudel der Ereignisse zusammenbrechen, der Boden unter den Füßen schwankend werden könnte. Man muß erst stehen, um Angst vor dem Fallen zu haben; man muß erst bei sich sein, um sich zu verlieren.

Die Angst wird zur Seelen*eigenschaft*, das heißt zu einer stetigen Farbe des Lebens, objektiv wie Müdigkeit oder Hunger, an dem Entwicklungszeitpunkt, wo die Kräfte, die zur Astralgeburt drängen und zugleich vergangenheitsabspaltend wirken, gegenüber der anderen, verzögernden Tendenz, die aus den frühen Kindheitsjahren stammt, die Oberhand gewinnt. Zuvor ist die Angst gewissermaßen «gebunden» in der physisch-ätherischen Organisation und löst sich aus dieser Gebundenheit im allgemeinen nur situationsgebunden, durch dieses oder jenes erschreckende, verunsichernde Erlebnis, auch im Zusammenhang mit (Wach-)Träumen. Der situative Charakter der Angst bei Kindern vor dem 10., 11. Lebensjahr wird dadurch deutlich, daß sie durch tröstende Zuwendung sogleich erlischt. Dies gilt nicht für die latente, auf nichts Bestimmtes bezogene Grundangst des Jugendalters, die sich in der Vorpubertätszeit schon ankündigt. Sie ist dem gewöhnlichen Trost unzugänglich und kann nur überwunden werden durch Kräfte, die wiederum aus dem «Binnengebiet» (Steiner) des frei gewordenen Seelischen heraufkommen und zusammenhängen mit alledem, was Mut, Hoffnung, Idealismus ist. Wenn schon in den ersten Schuljahren oder gar noch früher die diffuse, sogenannte «frei flottierende» Angst auftritt, liegt eine Entwicklungsunregelmäßigkeit vor. Darauf wäre gesondert einzugehen.[1]

Scham und Zweifel

Auch die Entwicklungstendenz, von der wir sagten, daß sie, ins Extrem getrieben, die Geburt des Astralleibs verhindern würde, die wir beim Kleinkind als instinktive Antipathie gegen das gefühlsbezogene Weltwahrnehmen angetroffen und bis zum spezifischen «Ekel» der mittleren Kindheitsjahre weiterverfolgt haben, setzt, obgleich sie unterlegen ist, ihren Weg fort durch das weitere Leben des Menschen. Wo finden wir sie im Jugendalter?

Wir finden sie in der Tat nur noch selten in der reinen, urwüchsigen Form, wie sie uns das acht- oder neunjährige Kind als «Antithese zum

1 Dies ist inzwischen geschehen; vgl. H. Köhler, *Vom Rätsel der Angst*, Stuttgart 1992.

150

Staunen» vorgeführt hat. Denn jetzt ist ja aus dem, was zuvor das «reine Staunen» war, die Existenzangst hervorgetreten, und dasjenige, was sich im Ekel zur Erscheinung brachte, trifft nun auf diese Grundangst des enthüllten astralischen Menschen und verbindet sich mit ihr. Was aus dieser Verbindung zunächst erwächst, ist die *Scham.*

Es ist eben durchaus unsinnig, wenn in einem Lehrbuch der Entwicklungspsychologie geschrieben steht: «Die Scham (entsteht) zur Absicherung gegen die Freude an der Zurschaustellung des Sexualorgans. Nachdem der kindliche Exhibitionismus (d. i. eben die Freude an der Zurschaustellung des Sexualorgans, H. K.) verdrängt wurde, bildet sich zur Absicherung gegen den Durchbruch dieses Triebanspruches das Schamgefühl aus» (Scheck-Danzinger). Solche auf Sigmund Freud zurückgehende Behauptungen sind irreführend und wirklichkeitsfremd.

Das Schamgefühl hat seinen Ursprung keineswegs im Genitalbereich, wenngleich es sich, nachdem es entstanden ist, zeitweise stark an diesen Bereich binden kann. Man wird mit den Schamgefühlen jugendlicher Menschen andauernd falsch umgehen und in der Vorbereitung kleinerer Kinder auf diese Gefühle versagen, wenn man nicht verstanden hat, was wirklich vorliegt, nämlich *kein* Triebverdrängungsmechanismus gegen exhibitionistische Wünsche, sondern eine von Ekelgefühlen durchsetzte Existenzangst. Es ist eigenartig, daß das mythologische Bild von Adam und Eva, die schamhaft ihre Blöße bedeckten, seit der Hochblütezeit des Katholizismus bis zur Entstehung der Psychoanalyse immerfort auf die Genitalien bezogen und dann entsprechend auf die Entwicklung des Einzelmenschen übertragen wird. Wenn man sich schon auf solche Analogien einlassen will, warum läßt man sich dann nicht von der Wirklichkeit belehren und sagt: «Entblößt» ist das selbständig gewordene, aus paradiesischer Kindheitsgeborgenheit herausgestoßene Seelische. Im «schamhaften Bedecken» dieser Blöße klingt etwas nach aus einer Zeit, in welcher der Mensch, das Kind mit seinem ganzen Wesen dagegen eingestellt war, sich diese Blöße zu geben, und dieses Nachklingende verbindet sich mit einer existentiellen Angst, die im Gewahrwerden der «offenen» Zukunft, im Erwachen des biographischen Selbsterlebens aufbricht. Nicht der exhibitionistische Triebanspruch, sondern das Gewahrwerden der eigenen Unzulänglichkeit gegenüber dem, was als Wunschbild des eigenen Werdens vor dem inneren Auge sich abzeichnet, ist hier maßgeblich. Die beschriebene Angst, «sich zu verlieren», ist in ihrer eigentlichen, urphänomenalen Bedeutung Angst vor dem Verlust des idealen Selbstbildes bzw. der Fähigkeit, ein solches Bild hervorzubringen und aufrechtzuerhalten. Der verwandelte Ekel ist demgegenüber die «bittere» Erkenntnis der unzulänglichen eigenen Seinsgegenwart.

Angst vor dem Verlust des «Bildes» und Abscheu gegen das Sich-zeigen-müssen in der Unvollkommenheit erzeugen das Schamgefühl, und zwar (um die Dinge in ihren feineren Gewichtungen möglichst genau anzuschauen) erwächst aus dieser Verbindung *dann* primär die Scham, wenn die *Angst* vor dem Verlust des idealen Selbstbildes innerhalb des Empfindungszweiklanges überwiegt, wenn also die Angst, die zunächst wesentlich da ist, die Färbung des Ekels annimmt. Bei stärkerer Betonung des Ekels, das heißt, wenn vor allem der Ekel sich ausbreitet mit angstvoller Färbung, tritt etwas anderes auf, und das ist die Stimmung (ich spreche jetzt nicht von Vorstellungsinhalten) des *Zweifels*, des *Mißtrauens* nicht gegenüber einer einzelnen Person oder einem bestimmten Sachverhalt, sondern gegenüber dem Leben als solchem.

Zwischen Scham und Zweifel sucht sich die «neugeborene» Jugendseele ihren Weg zur Ich-Verwirklichung, und wir sind nun, nach dem Ausgeführten, in der Lage, vielen rätselhaften Erscheinungen, die uns im Umgang mit Jugendlichen begegnen, im Sinne eines geschärften menschenkundlichen Urteilsvermögens wirklich *gerecht* zu werden, ihnen *verstehend* gegenüberzutreten. Hier sei nur das Offenkundigste angedeutet:

Wo die Schamhaftigkeit in ihren verschiedenen Ausdrucksformen in der Pubertät mit besonderer Wucht auftritt, oder aber auf beunruhigende Weise nicht auftritt, wissen wir, daß wir auf die Vorgänge im zweiten Lebensjahrsiebt zu blicken haben, auf die Gedächtnisbildung, die konstituierende Reifungsphase des Astralleibs, die Individualisierung der Bildekräfteorganisation, das Verhältnis des Kindes zur Vergangenheit und zu seinem eigenen Leib. Wo der Zweifel den Jugendlichen zernagt und Mißtrauen seinen Blick verdunkelt, seine Beziehungsfähigkeit untergräbt, müssen wir dagegen die frühe Kindheit ins Auge fassen, die Nachahmung, den Verlauf – oder das Ausbleiben – der sogenannten Trotzphase, die Bewegungsentwicklung und Entwicklung der Zeitperspektive, die konstituierende Reifungsphase des Ätherleibs, die Situation bei Schuleintritt.

Zur praktischen Handhabung sind diese Dinge vor allem für Heilpädagogen und Jugendtherapeuten wichtig, die zur Bewältigung schwerer Entwicklungskrisen des Jugendalters geeignete Nachreifungsschritte einleiten müssen. Aber der abschließende praktisch-ratgebende Teil des Buches wird zeigen, daß auch für die Eltern und für die Jugendlichen selbst manches aus der Einsicht in die geschilderten Zusammenhänge gewonnen werden kann.

Die Atemreife

Zweifellos wäre die ganze Entwicklung der Kindheit an der Schwelle der Pubertät gescheitert, wenn es nun dabei bliebe, daß aus den Kräften der frühen Kindheit Zweifel und Mißtrauen, aus denjenigen des zweiten Lebensjahrsiebts nur schamvolle Pein über die eigene Unvollkommenheit mitgenommen würden. Aber dies ist, wenn sich die Dinge gesund fortsetzen, nicht der Fall. Denn alles, was bisher zur Charakterisierung der Pubertätskrise, zum besseren Verständnis der teilweise leidvollen Erfahrungen dieses Alters geltend gemacht wurde, dient ja nur der Vorbereitung eines weiteren, entscheidenden Ereignisses. Gemeint ist das Ereignis des eigentlichen Ich-Erwachens.

Im ersten Teil dieses Buches habe ich vorgeschlagen und diesen Vorschlag von verschiedenen Seiten her begründet und beleuchtet, die Entwicklung des Kindes insgesamt als einen Vorgang zu betrachten, in dessen Verlauf sich die menschliche Individualität durch die verschiedenen Bedingungsschichten der Leiblichkeit und der Umwelt zur freien, selbsterkennenden Ausdrucksfähigkeit hindurcharbeitet, zur «Autorenschaft» der eigenen Lebensgeschichte, zum biographischen Bewußtsein. An diese grundlegenden Ausführungen müssen wir uns jetzt erinnern. Die auf den letzten Seiten beschriebenen Zusammenhänge sind nichts anderes als *Individuationskonflikte*, die daraus resultieren, daß der Mensch auf seinem Weg zur geistig-seelischen Emanzipation ständig mit Hindernissen zu kämpfen hat, ständig im Spannungsfeld von gegensätzlichen Kräften sich aufhält, die seine Entwicklung zur Ich-Autonomie bedrohen. Deshalb entwickelt das Kind aus der Weisheit einer höheren Schicksalsführung heraus jene verschiedenen inneren «Antipathiegebärden» gegen diese oder jene drohende Vereinseitigung, Akzeleration oder Retardierung und begibt sich dadurch andererseits dauernd in die Gefahr, daß nun wiederum die betreffenden antipathischen Kräfte zu stark wirksam werden.

Für das, was wir zuletzt menschenkundlich bis in einige Details hinein verfolgt haben, bietet sich das Bild eines Atmungsvorganges an. Das kleine Kind will zunächst noch ganz dem «kosmischen Ausatmungsstrom» seiner Inkarnation hingegeben sein. Zwar wirkt schon der «Einatmungsstrom» des sinnenhaften Umwelterlebens kräftig herein, aber das Kind versucht, ihn zurückzudämmen. Dadurch, daß dies dem Kinde nicht vollständig gelingt, kann die Antipathie gegen die Außenwelt nicht übermächtig werden. Die Gesetze des zweiten Lebensjahrsiebts müssen in den ersten Lebensjahren schon in einem gewissen Umfang tätig sein, denn wären die letzteren ganz ihren eigenen Tendenzen überlassen, würde das Kind autistisch in sich eingeschlossen bleiben, ja, es könnte sich in letzter Konsequenz niemals aufrichten, niemals sein Gleichgewicht im Raum finden. Und später, in der Phase des reinen, seelisch einatmenden Staunens», wo das Ganze umschlägt, greift als Ressentiment der frühkindlichen Weltzurückweisung von der anderen Seite her die Kraft des «Ekels» ein und verhindert, daß das Kind eins wird mit der Umgebung und sich vollständig an die Welt verliert.

Wir können also festhalten: Wo jene Kraft tätig ist, die das Wirksamwerden des Astralleibs im Wechselverkehr mit der Außenwelt verhindern will und im Jugendalter den existentiellen Zweifel begründet, atmet der Mensch im geistig-seelischen Sinne aus. Da ist er innerlich wiederum angeschlossen an jene Zeit, wo das Kleinkind aus den Kräften seines Hauptes heraus sein Stoffwechsel-Gliedmaßen-System «plastisch» formte und funktionell organisierte, wo es ganz der ins Substanzielle eingreifenden «Ausatmung» kosmischer Urbilder hingegeben war. In dieser Zeit war der astralische Mensch ganz innerlich tätig, in der allerinnerlichsten Form, die während des Lebens für das Tätigsein des astralischen Menschen möglich ist. Dorthin streben wir immer dann zurück, wenn wir uns im Zustand der selbstbefragenden Innenschau, der «Nachdenklichkeit» befinden; und der Philosoph Descartes hatte recht, als er sagte, der *Zweifel* begründe das Denken auf dieser Stufe (Rudolf Steiner widersprach ihm in einem anderen Punkt, im «Cogito, ergo sum»).

Wir sehen also: Das Aufbrechen des existentiellen Zweifels in der Jugendseele ist der Widerschein jener Antipathiekraft der ersten Kindheitsjahre, die den astralischen Menschen vor der Berührung mit der Außenwelt bewahren wollte. Der existentielle Zweifel aber begründet das Selbsterkenntnisvermögen als positive Version der «selbstbefragenden Innenschau».

Wo dagegen der Impuls überwiegt, der zur Geburt des Seelenleibs führt und aus seinen eigenen Kräften heraus diese Geburt weit vor der Zeit ins Werk setzen würde; der immer danach drängt, das Seelenleben von seinen Grundlagen abzutrennen; der im Kinde nach dem Zahnwechsel die «Fundamentalopposition» gegen die Absorbierung des Ätherleibs durch den physischen Leib begründet, weil er eigentlich das ganze Bildekräftepotential hinorientieren will zum Seelisch-Ausdruckshaften, Sinnlichen, zum Reich der Begehrungen und Bewegungsimpulse; der schließlich jene Angst vor Gedächtnisverlust auslöst, die sich mit dem «Ekel» zur Scham verbindet – da atmet der Mensch im geistig-seelischen Sinne ein. So wird das Aufbrechen der Scham im Jugendalter verstehbar als Widerschein jener im zweiten Lebensjahrsiebt vorübergehend vorherrschenden Neigung, den Astralleib in den Verkehr mit der Außenwelt hinauszustoßen unter Opferung der physisch-leiblichen Seinsgrundlage. Und wie der Zweifel das (selbst-)kritische Denken erst ermöglicht, so entsteht aus der Scham als überwindender Impuls das «veredelte Wollen», der Wunsch, aus idealen Motiven zu handeln, hinstrebend auf Werdeziele, in denen «konkrete Utopie» anklingt im Sinne eines «Bildes (künftiger) Entfaltetheit, einer verlockenden Endgestalt als eines dauernd anziehenden Zieles» (Heinrich Roth).

Zweifel wird zum (Selbst-)*Erkenntnis*vermögen, Scham zum (Selbst-)*Ausdrucks*vermögen. Oder, um andere Worte zu verwenden und dabei zwei weitere, signifikante Stimmungen der Jugendseele dem Gesagten zuzuordnen: Aus den existentiellen Erfahrungen der Einsamkeit im Zweifel und der Sehnsucht in der Scham erhebt sich die (selbst-)erkenntnisfähige, schöpferische Individualität.

Dies geschieht dadurch und kann nur dadurch geschehen, daß sich die bisher im Entwicklungsgeschehen gleichsam verhüllte Ich-Wesenheit als Hüterin des «Bildes künftiger Entfaltetheit» im freigewordenen Seelischen zur Erscheinung bringt, ihr Geheimnis enthüllt und dem Leben aus ihren souveränen Impulsen heraus eine neue, die eigentliche Richtung gibt. Wir können die Zeit, in die das Kind nun eintritt, die *individualisierende Reifungsphase des Astralleibs* nennen. Das Ich hat sich seinen Erlebnis- und Ausdrucksorganismus für das Erdenleben zubereitet und beginnt sich durch ihn zu offenbaren. Die wahrnehmungspsychologische Situation, die nun Gestalt annimmt, ist diejenige der *Weltwahrnehmung durch ausdrucksbezogene Selbsterfahrung.* Der Jugendliche entdeckt den zunächst verwirrenden, überfordernden Zusammenhang zwischen dem, was er in der Offenbarung seines Wesens, seiner Absichten, Neigungen und Ziele tut, und dem, was ihm widerfährt. «Im Herzen als Gewissensorgan», schreibt H. Müller-Wiedemann, «nimmt der jugendliche Mensch seine Handlungen als dem eigenen Schicksalsweg zugehörig wahr.» Die Dimension der Verantwortung für sich selbst, für andere und für die Welt eröffnet sich ahnungsweise. Daß nichts, was man tut, ohne Folgen bleibt; daß die äußere Wirklichkeit plötzlich wie entseelt, sinnentleert erscheint und nur jeder einzelne sie für sich wieder erwecken kann – diese aufdämmernden Erkenntnisse sind bisweilen beflügelnd, aber zunächst vor allem beängstigend. Im Erahnen des neuen, verbindlichen Zusammenhangs zwischen Selbstausdruck und Lebensqualität nimmt die Gewißheit Konturen an: «Ich muß herausfinden, was ich will, welche Impulse durch mich zur Wirksamkeit drängen, sonst werde ich die Welt nicht verstehen.»

Wir können diesen Prozeß bis zur Ausreifung des Herzens zum «Gewissensorgan» bzw. des Astralleibs zum Erlebnis- und Ausdrucksorgan der Ich-Verwirklichung durch zwei markante Phasen hindurch verfolgen. Die erste Errungenschaft in diesem Zusammenhang ist die präpubertäre Atemreifung. Ich habe diese Phase weiter oben schon als «erste subjektiv-inwendige Bestandsaufnahme» und «introversiven Richtungswechsel des Staunens» charakterisiert. Die Atmung stabilisiert sich im direkten und übertragenen Sinne. Damit einhergehend, macht das Kind einen großen Schritt in bezug auf die Beherrschung seiner Motorik. Äußere Einwirkungen, starke Sinneserlebnisse etc. schlagen bei weitem nicht mehr so stark wie zuvor in die Atem- und Bewegungsvorgänge durch. Das Kind kann sich auch gegen grelle Außenreize «ruhig atmend aufrechterhalten», das körperliche und seelische Gleichgewicht wird besser, eine gewisse «interessierte Gelassenheit» ist möglich. «Es entsteht ‹Autonomie› gegenüber den bloßen Erscheinungen der Welt» (Müller-Wiedemann).

Ich habe gezeigt, daß diese Autonomie noch eine höchst labile ist, weil ihr die Absicherung durch das selbsterkennende, biographische Bewußtsein der Ich-Identität fehlt. Sie korreliert, wie wir gesehen haben, mit dem präpuberalen Wachstums- und Verknöcherungsschub. Schon diese beiden Aspekte eines körperlichen Reifungsschrittes zeigen bildhaft, welcher Widerspruch auftritt: Im Wachstum expandieren Lebenskräfte, Vitalkräfte, die zur Auflösung hintendieren; in der Verknöcherung wirken Mineralisierungs- bzw. Verdichtungskräfte, die zur Erstarrung hintendieren. In ähnlicher Art treten die zukunftszurückweisenden, abgrenzenden Kräfte, die aus der früheren Kindheit hereinwirken als «Ekel», und die vergangenheitsabwehrenden, entgrenzenden Kräfte des Staunens, das sich der Angstschwelle nähert, erstmals als gleichrangige, polare Gebärden mit- und gegeneinander auf. Das Kind erlebt sich atmend-unentschieden in dieser Polarität. Müller-Wiedemann schreibt: «Verlust der Grenze oder Verhärtung von Grenzerfahrung stellen jene die Entwicklung gefährdenden Potentiale dar, die im Atemreifungsprozeß der mittleren Kindheit pädagogische Aufmerksamkeit erfordern.»

Dies sind aber zugleich die Polaritäten, zwischen denen der Atem nach einem krisenhaften Durchgang vermittelnd zur Ruhe kommt. Wenn wir uns die Kinder in diesem Alter jetzt ganz konkret vorstellen als atmend, um Gleichgewicht ringend zwischen latentem Ekel und latenter Angst, verstehen wir, warum so oft eine Grundstimmung von Schwermut, Feindseligkeit, Berührungsscheu und scheinbarer Interesselosigkeit von ihnen Besitz ergreift. Um das 12. Lebensjahr finden wir dann den einsam wirkenden, melancholischen «Flegel» mit seinem merkwürdig zwischen Widerwillen und Neugier schillernden Verhältnis zur eigenen Vergangenheit, seinen zaghaften, einerseits sehnsüchtigen, andererseits frustrierten Blicken in die Zukunft. Er erscheint uns dabei ruhig, ziemlich unbeeindruckt von allem, was um ihn herum geschieht, aber wie ein «tiefer Brunnen» voll unausgesprochen-gärender Probleme. «Gelebte Vergangenheit und Zukunft werden perspektivisch erlebbar in der existentiellen Erfahrung von Einsamkeit und Sehnsucht» (Müller-Wiedemann).

Der Weg zum Herzen

Dies ist etwa der Zeitpunkt des Eintritts in die Pubertät – immer vorausgesetzt, die sogenannte kognitive, die sogenannte emotionalaffektive und die körperliche Reifung stehen in einem sinnvollen Verhältnis zueinander. Internalisierung der Wahrnehmungswelt, Ordnung des Verhältnisses zwischen Be- und Entgrenzung, Beendigung des Zustandes der Usurpation der rhythmischen Prozesse durch unwillkürliche (affektive) Bewegungsimpulse, Eintritt in die Gegenwartserfahrung als Aussichtsort auf die Zeitperspektive, Verwandlung des frühkindlichen, instinktiv-motorischen Gleichgewichts in das atmende, urteilende, von innen her seelisch gehaltene Gleichgewicht des «aufrechten Ganges» und der Subjekt-Objekt-Scheidung (gerade die vorübergehende Gleichgewichtslabilität des zehn-, elfjährigen Kindes zeigt uns, daß hier ein Umbruch stattfindet) sind die wichtigsten Stichworte zur Signatur präpubertärer Atemreifung.

Die nun folgende Krisis der Pubertät ist insofern eine Krise der Gespaltenheit, als sich die psychosomatische Atemreifung zunächst als ein Phänomen des gleich-zeitigen und gleich-gewichtigen Nebeneinandertretens

polar widersprüchlicher Seinsmodi darstellt. Von diesen diametralen seelischen Grundhaltungen, die das Kind bis zur Schwelle der Erdenreife im
zeitlichen Nacheinander durchlebt, während sie dann als Anachronismus
in Erscheinung treten, war auf den vorangehenden Seiten so ausführlich
die Rede, weil zwar in der Literatur immer wieder das Wort von der
«Gespaltenheit», vom «Schisma» der Pubertät auftaucht, aber kaum einmal sorgfältig untersucht wird, worin denn dieses «Schisma» genau besteht, wie es sich aufbaut. Um die Jugendlichen in ihrem Grundkonflikt
zu verstehen, ist eben gar nichts dadurch gewonnen, daß man zum Beispiel wie der Innsbrucker Psychiater Wilfried Biebl behauptet: «Durch
Verleugnung und Verdrängung der prägenitalen und genitalen Strebungen wird der Jugendliche gehemmt und scheu.» Wir haben gesehen, daß
er zunächst aus ganz anderen Gründen gehemmt und scheu wird. Die
libidinösen Konflikte, die natürlich auch vorhanden sind, illustrieren
gleichsam nur den Grundkonflikt. Dieser besteht, allgemein gesprochen,
darin, daß sich die Jugendseele in ihrem Selbst- und Welterleben aufschließt für die Dimension des Widersprüchlichen. Das Kind muß damit
fertig werden, daß es, erwachend zur biographischen Identität, sein
eigenes Dasein und alles, was außer ihm existiert, zerfallen sieht in Gegensätze, Unvereinbarkeiten, widerstreitende Kräfte. Es entdeckt die duale
Weltordnung, die Gespaltenheit des Seins und der Zeit, und diese Entdeckung macht es zunächst an sich selbst. Zwischen Verhärtung und
Auflösung, Erstarrung und Wucherung, Be- und Entgrenzung, Vergangenheit und Zukunft, Innenwelt und Außenwelt, zweifelvoller Einsamkeit und schamvoller Sehnsucht erlebt sich der Jugendliche in einer
fundamentalen, alle Bereiche des Seins umgreifenden Polarisierung, die
er buchstäblich atmend verinnerlicht.

Daß gerade in dieser Polarisierung, in diesem Auseinanderbrechen
der Welt, die Chance des schöpferischen Menschen steckt, der sich immer in der Überwindung von Widersprüchen erzeugt, wird nicht gleich
erkennbar. Die Jugendseele steht zunächst bewegungslos fragend in der
neuen, schismatischen Realitätserfahrung, sie «atmet sich ein» in die Gespaltenheit, aber die Mitte, die sie, erstmals bewußt, zwischen Ein- und
Ausatmung findet, ist eine Mitte der Unentschiedenheit.

Man wird sich, nebenher gesagt, unter Berücksichtigung dieser Zusammenhänge vielleicht nicht mehr gar so sehr darüber wundern, daß
oftmals der Eindruck entsteht, das zwölf-, dreizehn-, vierzehnjährige Kind
habe sich in bezug auf seine Urteilsfähigkeit gegenüber dem achten, neunten Lebensjahr wieder zurückentwickelt. Denn in der Zeit des Reifens

158

zum sinnlich-unmittelbaren Welterleben urteilt das Kind spontan aus dem Augenblick heraus. Es überprüft seine Urteile nicht an irgendwelchen konstanten Maßstäben, sondern äußert sein Entzücken oder seinen Widerwillen ungefähr so, als «vermelde» es Naturereignisse, die sich in seinem Inneren abspielen. Dieses spontane Urteilsvermögen geht dann zunächst wieder verloren. Das Kind versucht sich, atemreif werdend, in einer gleichsam «wertneutralen» Mitte zu halten und entwickelt jene irritierende Neigung, vorübergehend nichts mehr qualitativ einzuordnen, so als halte es sich in einer Grauzone zwischen gut und böse, schön und häßlich, wahr und unwahr auf, wo alles gleich-gültig bzw. gleichwertig sei. Damit hängt auch die merkwürdige Indifferenz zusammen, die bei Kindern in diesem Alter oft überraschend auftritt in bezug auf Lügen, Stehlen etc.

Der Kinder- und Jugendpsychiater G. Nissen hat geschrieben, die Pubertät sei «ein Indikator, ein Aussichtspunkt auf Schwierigkeiten und Probleme, die jemand auch später, manchmal zeitlebens, mit sich haben wird». Zugleich ist die Pubertät aber auch der Ort, an dem sich die «Geister der Kindheitsvergangenheit» versammeln, um ihr Verhältnis untereinander zu ordnen und sich in Dienst nehmen zu lassen für die Gestaltung der Zukunft. Und zwischen diesen «Geistern» bestehen, um im Bild zu bleiben, «Interessenkollisionen», die zunächst bewältigt werden müssen. Darin besteht die eigentliche Krise.

Die frühkindliche Zukunftsantipathie mit ihrer Tendenz zur weltabgeschiedenen Innerlichkeit und zentralen Motivation der Grenzziehung steht als gleichgewichtiger Modus der Vergangenheitsantipathie des zweiten Lebensjahrsiebts mit ihrer Tendenz zur selbstentblößenden Öffnung («reines Staunen») gegenüber. Die Kräfte des «Ekels» und – später – der Angst vor Identitätsverlust, die der bisher nur untergründig schwelende Konflikt erzeugt hat, kulminieren im schamerfüllten Daseinszweifel, in der zweifelvollen Scham, in der Zerrissenheit zwischen Einsamkeit und Sehnsucht. Die Vergangenheit wird argwöhnisch zurückgewiesen, der Blick in die Zukunft läßt die Seele angst- und schamvoll zaudern. Mit schmerzhafter Deutlichkeit und Unausweichlichkeit tritt die Gegenwartserfahrung auf. Das Kind erlebt sich gleichsam wie festgepfahlt im Jetzt, unfähig, die Geschichte des eigenen Werdens zu akzeptieren, mutlos im Gewahrwerden der zukünftigen Fremde. Vorübergehend tritt ein Stillstand ein, eine merkwürdige Paralyse der Erinnerung und des Lebenswillens.

Die «Geburt des Astralleibs», das heißt die Emanzipation seelischer

Kräfte aus der Gebundenheit an die «Naturprozesse» der physisch-ätherischen Entwicklung einerseits, an die Gedächtnisbildung und Sinneswahrnehmung andrerseits, polarisiert den Menschen selbst. Die Entdeckung der «Gespaltenheit des Seins und der Zeit» ist zugleich die Entdeckung der eigenen Wesenszwiespältigkeit. Der janusköpfigen Situation plötzlich hereinbrechender Gegenwartserfahrung entspricht der Widerspruch, der zwischen Biologie und Biographie, Leib und Seele auftritt: hier der physisch-leibliche Mensch mit seinen entsprechenden Trieben, Begierden, Bedürfnissen, für die er sich so wenig frei entschieden hat wie dafür, daß er Haare auf dem Kopf trägt; dort der seelisch-geistige Mensch mit ganz andersartigen Impulsen, der zu begreifen beginnt, daß er in die Freiheit der Gestaltung seines Schicksals gestellt ist. Ein Teil des Seelenwesens bleibt dem «Bios der Biologie» (K. Löwith) verhaftet, ein anderer Teil wird in den «Bios der Biographie» (Löwith) hineingeboren. Rudolf Steiner bezeichnet dementsprechend den Astralleib in seiner Beschaffenheit nach der Pubertät «als zweigliedrige Wesenheit, als zum Teil unverwandelt, zum Teil verwandelt» (bzw. sich verwandelnd, H. K.). Wenn eine «Anthropologie der Reifung» (H. Tellenbach) auch beinhalten soll, gewisse hervorragende Gefühlsregungen als entwicklungsspezifische Phänomene einzuordnen, so können wir mit Rückverweis auf die obige, ausführliche Herleitung sagen: Wenn sich die Seele stark in ihrem unverwandelten, im «Bios der Biologie» zurückgehaltenen Wesensteil erlebt und hinblickt auf den anderen, individuell ergriffenen und sich verwandelnden Teil, regt sich die Scham. Erlebt sich der Mensch andersherum stark in seinem biographischen Ich und blickt hin auf die «unerlösten» Schichten seines Seelischen, befällt ihn der Zweifel.

Dies ist das Spannungsfeld, innerhalb dessen sich seelisch der krisenhafte Umbruch der Pubertät vollzieht. Wenn die Entwicklung gesund verläuft, greift nun, vom Herzen ausstrahlend, immer deutlicher ein tröstend-ermutigender Impuls ein, der den Zweifel zur Selbsterkenntnisfähigkeit und die Scham zur moralischen, auf Ideale hinstrebenden Phantasie erhöht. Dieser Impuls ist, anders als die bisher beschriebenen Phänomene, nicht mehr ohne weiteres als Metamorphose beschreibbar. Denn durch ihn tritt die «treibende Kraft» des ganzen Geschehens nun selbst zum Vorschein. Die Individualität «beginnt, von sich selbst zu reden, ihren Namen zu nennen und ihr Wesen zu beschreiben» (K. König).

Das zur Ich-Verwirklichung strebende individuelle (biographische) Bewußtsein, in der heutigen Psychologie gewöhnlich als «Selbst» bezeichnet, ist aus der Sicht der anthroposophischen Entwicklungspsychologie (dies wurde im ersten Teil des Buches ausführlich diskutiert) kein Ergebnis irgendeines Sozialisierungsprozesses, auch kein Ergebnis der hier beschriebenen Reifungsschritte, sondern diese Reifungsschritte sind im Gegenteil nur Symptome der Individuation. Das Ich arbeitet sich im Inkarnationsprozeß stufenweise über Hindernisse und Anfechtungen hinweg, die Gefahrenzonen der Akzeleration und Retardierung – wir haben die Begriffe «Beschleunigung» und «Verhinderung» gewählt – durchschreitend, zur «Weltwahrnehmung durch ausdrucksbezogene Selbsterfahrung» vor. Indem das Kind seine Souveränität als Atmungswesen erlangt, findet es sich zunächst im Verkehr mit sich selbst und der Außenwelt hineingestellt in die Erfahrung der Entzweiung auf allen Ebenen. Aber das unentschiedene, gleichsam paralysierte Verharren an der «Bruchstelle» der Spaltung von Sein und Zeit ist zugleich ein raum-schaffendes Ereignis. Die in der Vorpubertät stattfindende Umstrukturierung des an die Sinneserfahrung geknüpften, vorstellenden Denkens von der Stufe des «naiven Realismus» zur Dialektik, Kausalität, das heißt zur eigentlichen Begrifflichkeit, die damit zusammenhängt, daß die Atemreife perspektivische Zeiterfahrung ermöglicht, ist nur der Prolog für das Eingreifen des Ichgeführten Willens, der sich an der «Bruchstelle» aufrichtet, um in der Überwindung des Widersprüchlichen Zukunft zu gestalten. Der zur Ruhe gekommene Atem wird mehr und mehr von innen, von der Wesensmitte her, ergriffen und gehalten. Er wird zur Grundlage der ausdrucksbezogenen Selbsterfahrung.

Müller-Wiedemann schreibt: «Bis zur Pubertät steht in (der) ‹Mitte› von Atem- und Herzrhythmus noch die Atmung im Vordergrund, das heißt die Bewältigung der Welt durch das begriffliche Denken. – Die Wahrnehmung der Blutzirkulation (des Herzens! H. K.) als Organ der Willenstätigkeit bahnt sich hier erst an, um sich nach der Pubertät voll auszuwirken.» In dem Aufsatz «Befinden und Verhalten herzkranker Kinder» schreiben H. Plügge und R. Mappes (zitiert nach Müller-Wiedemann) über das Jugendalter: «Nunmehr (wird) die selbständige Auseinandersetzung mit jedem Gegenüber notwendig. An die Stelle der früheren Bindung tritt der Zwang zur verantwortlichen Stellungnahme und zur Entscheidung. Diese Neuorientierung verlangt ein Organ. Dieses Organ ist das Herz.»

Wir haben gesehen, daß der Vorgang der «Geburt des Astralleibs» unvollständig gedacht wäre, wenn man nicht gleichzeitig die dadurch sich vollziehende seelische *Spaltung* im Auge hätte. Besonders anschaulich wird das Phänomen des Eingreifens der individuellen Herzenskräfte und der durch sie möglichen Überwindung des existentiellen Widerspruchs, wenn man sich das folgende vor Augen führt: Wo Astralleib und Ätherleib, Bildekräfteorganisation und Seelengestalt ineinandergreifen, entsteht in der mittleren Kindheit dadurch, daß der Astralleib als *Ausdrucksorganismus* noch im Ätherischen zurückgehalten ist, das «basale Gedächtnis». Dieser Zusammenhang wurde weiter oben beschrieben. In der Pubertät löst sich ein Teil der astralischen Organisation aus der gedächtnisbildenden Beanspruchung und wird als individuelles Ausdruckswesen frei, ein anderer Teil bleibt in der ätherischen Gebundenheit zurück.

Auch dies ist ein Aspekt der Gespaltenheit des Seins und der Zeit. Indem aber nun das individuelle Ausdruckswesen tätig wird, geschieht zweierlei: Nach «unten», zum physischen Leib hin gerichtet, setzen vermittelst des Ätherleibs die organischen, hormonellen, gestaltumwandelnden Prozesse der Geschlechts- und Fortpflanzungsreifung ein; nach «oben» hin erwacht die Fähigkeit, für die heute der Begriff «Kreativität» gebräuchlich ist. Mit anderen Worten: Der fortpflanzungsfähige und der künstlerisch ausdrucksfähige Mensch erwachen gleichzeitig als zwei Aspekte der «Zeugungsreife». Und im Überschneidungsort dieser beiden Aspekte erwacht, schwingend zwischen Eros und Idealismus, alles dasjenige, was mit moralischem Empfinden und sozialem Engagement, mit Gerechtigkeit, Zärtlichkeit und Mitgefühl zusammenhängt: die Liebefähigkeit als seelischer Ausdruck der Herzreife.

Aphoristische Übersicht

Die Seele des kleinen Kindes will im kosmischen Ausatmungsstrom ihrer Erdenankunft geborgen bleiben. Die ganze Mühe des Kindes im Verhältnis zur Außenwelt gilt der Grenzziehung. Im Zurückweisen der Zukunft reift es ganz aus seinen innersten, aus der vorgeburtlichen Vergangenheit hereinstrahlenden, im Schlaf sich erneuernden Werdekräften. Die Umwelt teilt sich ihm über die Leiberfahrung mit, und es wehrt sich mit seinem ganzen Wesen gegen die unmittelbare seelische Beeinflussung von außen.

Das Kind nach dem Zahnwechsel hat die erste Grenzziehung bewältigt und will sich nun der Sinneserfahrung vorbehaltlos hingeben. Es läßt die

Sinneswelt als seine zukünftige Lebenswelt staunend und vertrauensvoll in sich hereinströmen. Der leibvermittelten Erfahrung begegnet es mit schroffer Zurückweisung. Aber es hat von den Kräften, die in der ersten Lebenszeit seine seelische Haltung bestimmten, eine «Essenz» mit herübergenommen in sein Staunen. Diese «Essenz» ist der Ekel. Er steigt im Kinde auf, wenn es in der Flut der Eindrücke verlorenzugehen droht.

Im Atemreifwerden findet sich die Seele selbst als Grenzgängerin zwischen Vergangenheit und Zukunft; sie «atmet sich ein» in die Polaritäten von innen und außen, oben und unten, rechts und links, Schlafen und Wachen. Überall findet sie sich unentschieden in der Mitte. Indem sich das Kind als Seelengestalt in der Zeit aufrichtet, lernt es sich endgültig als selbständiges Gedächtniswesen mit eigener Vergangenheit von der übrigen Welt zu unterscheiden. In dieser Einsamkeit entdeckt es das Rätsel der Sterblichkeit. Das «Staunen» kehrt sich nach innen. Das Kind formt sich aus der Erinnerung sein erstes Selbst-Bild, und indem es dies tut, tritt die Angst (vor dem Verlust dieses Bildes) in sein Leben. Der Bewegungsmensch wird verfügbar und tauglich für den Umgang mit den physikalisch-mechanischen Weltgesetzen; die Fähigkeit zum kausalen Denken bricht sich Bahn. Das Kind «schießt auf». Die Einheit der Welt zerfällt.

Dies ist die Zeit, in der sich der «Erwerb des aufrechten Ganges» auf neuer Stufe wiederholt.

Die Kraft des «Ekels» als Essenz der frühkindlichen Weltzurückweisung verwandelt sich unter dem Einfluß der Angst und des begrifflichen Denkens in den Zweifel. Aus der Ich-haften Überwindung des Zweifels erwächst die Selbsterkenntnisfähigkeit.

Die Angst vor dem Verlust des Selbst-Bildes, die das naiv-weltoffene, «reine» Staunen korrumpiert, verwandelt sich unter dem Einfluß des Ekels und der Erfahrung des Getrenntseins in die Scham. Aus der Ich-haften Überwindung der Scham erwächst die Selbstausdrucksfähigkeit.

In der Überwindung der Scham wiederholt sich der «Erwerb der Sprache» auf neuer Stufe.

In der Überwindung des Zweifels wiederholt sich das «Erwachen des Denkens» auf neuer Stufe.

Die überwindende Kraft ist das im Herzen Raum greifende Ich, das in der Begegnung mit dem anderen Ich, im Sich-verbinden-Wollen aus Herzenskräften, den Weg entdeckt, die Gespaltenheit des Seins und der Zeit zu überwinden, der Einsamkeit zu entkommen und die Sehnsucht auf lohnende Ziele zu richten.

Die «Welterfahrung durch leibbezogene Selbstwahrnehmung» legt den Keim für die Entwicklung des selbsterkennenden Denkens: In der frühen Kindheit werden die Voraussetzungen dafür geschaffen, daß der Mensch später als freie, das heißt aus erkennender Einsicht in seine Beweggründe handelnde Persönlichkeit ins Leben treten kann.

Die «Selbsterfahrung durch gefühlsbezogene Weltwahrnehmung» legt den Keim für die Entwicklung des selbstverwirklichenden Wollens: In der mittleren Kindheit werden die Voraussetzungen für das Erlebnis der Menschenwürde geschaffen.

In der «Weltwahrnehmung durch ausdrucksbezogene Selbsterfahrung» führt das Ich Erkenntnis- und Willenskräfte zur Liebefähigkeit zusammen. Der im Denken nach Freiheit strebende und die Achtung seiner Menschenwürde im Anspruch auf Selbstverwirklichung einfordernde junge Mensch lernt den Schmerz kennen, der dadurch ausgelöst wird, daß *anderen* nicht vergönnt ist, was er für sich selbst fordert.

Anatomie einer Krise.

Seelische Beobachtungsresultate
aus der Jugendarbeit und
Ratschläge für Eltern und Erzieher

Güte, Schönheit, Wahrheit?

«Die Menschheit hat sich immer mehr und mehr angewöhnt,
den Menschen zu sehen, ich möchte sagen, bloß physiologisch,
bloß auf seine äußere, leibliche Konstitution hin. Am schädlichsten
ist diese Anschauung für den Erzieher, für den Unterrichter.
Daher wird vor allen Dingen notwendig sein, daß eine aus der
Anthroposophie sich ergebende Anthropologie die Grundlage
der Zukunftspädagogik werde.»
Rudolf Steiner am 15. August 1919 in Dornach.

Die drei Grunderwartungen der kindlichen Seele

In seinem Vortragszyklus «Allgemeine Menschenkunde als Grundlage der Pädagogik»[1] kam Rudolf Steiner auf eine zunächst recht lapidar wirkende und scheinbar wenig «praxisrelevante» Art darauf zu sprechen, von welchen Grundvoraussetzungen das Kind in den verschiedenen Entwicklungsabschnitten in bezug auf seine ganze innere Erwartungsstimmung gegenüber der Umwelt ausgeht, was also das Kind einfach in der Welt vorzufinden überzeugt ist, worin mithin seine unbewußten oder bewußten Hoffnungen liegen. Was dort von Rudolf Steiner mit grundsätzlichen Worten charakterisiert wird, läßt sich wohl in seiner ganzen Tragweite erst ermessen, wenn man versucht, sich gewissermaßen rückschauend von der Warte des Jugendalters darüber klarzuwerden.

Das kleine Kind von der Säuglingszeit bis zum Schuleintritt geht, so R. Steiner an besagter Stelle, mit seinem ganzen Wesen wie selbstverständlich von der Annahme aus, die Welt sei *gut*. Zwischen Schuleintritt und Pubertät indessen verwandle sich diese Grundannahme in eine andere. Das Kind setze nun voraus, die Welt sei *schön*. Und in den Jugendjahren sei die Seele erfüllt von dem Grundbedürfnis, von der Grunderwartung, *Wahrheit* oder *Wahrhaftigkeit* in der Welt zu finden.

Es ist keine Nebensächlichkeit, daß Steiner sagt: Diese *Grundvoraussetzungen* macht das Kind. Erst wenn man auf solche Besonderheiten der Wortwahl achtet, wird deutlich, wovon hier die Rede ist. In ganz allgemeiner Form die Feststellung zu treffen, es sei richtig und empfehlenswert, ein Kind gütig zu erziehen, seinen Schönheitssinn aufzuschließen und ihm die Verwerflichkeit des Lügens vor Augen zu führen, wäre eine recht lapidare und bei womöglich falscher Anwendung sogar schädliche Redensart, eine «Binsenweisheit» sozusagen. Darum handelt es sich zunächst gar nicht. Steiner macht uns auf etwas aufmerksam, was sich in zweierlei Hinsicht von einer solchen Binsenweisheit unterscheidet. Er spricht nämlich erstens durchaus nicht von abstrakten Erziehungsregeln, sondern von Seelenhaltungen, die das Kind mit derselben Objektivität einnimmt, wie es zum Beispiel wächst, seine Zähne wechselt oder seine Geschlechtsorgane ausbildet; und er unterscheidet zweitens in bezug auf diese Seelenhaltungen verschiedene Entwicklungsstadien. Es ist nicht dasselbe, ob man in verschwommener Art, ohne Berücksichtigung anderer Entwicklungsgesichtspunkte, zum Beispiel sagt: Wir müssen unser Kind mit Güte so erziehen, daß es sicher werde in seinem ästhetischen Urteil und zur rechten Wahrheitsliebe finde – und dann möglicherweise ein Fünfjähriges mit in die Oper nimmt oder ihm erzählt, vom Lügen bekäme es Eselsohren; oder ob man sich – das ist die andere Möglichkeit – als Erzieher Rechenschaft darüber ablegt, wann das Kind von seiner inneren Bedürfnisstruktur, das heißt von seinem Fassungsvermögen her, überhaupt so weit ist, daß es einen Konzertbesuch als Bereicherung erleben kann; wann sich die Realitätserfahrung dahingehend entwickelt hat, daß Belehrungen über Lüge und Wahrheit überhaupt verständlich sind. Ein fünfjähriges Kind kann ja im strengen (moralischen) Sinne des Wortes noch gar nicht «lügen», ein neunjähriges Kind genaugenommen auch noch nicht; da fängt, wie heute jeder geschulte Pädagoge weiß, gerade erst das diesbezügliche «Experimentierstadium» an. Was nützt also die «Eselsohrenbelehrung»? Das Kind wird sich höchstens wundern, daß der Papi, wenn er wieder einmal eine unglaubliche Geschichte erfindet, trotzdem ganz normale Ohren behält.

Es geht also nicht um die «moralische Unterweisung», sondern darum, daß das Kind von gewissen, zunächst unbewußten, Grundvoraussetzungen ausgeht, von «naiven Grundüberzeugungen», die sich bestätigen oder als trügerisch erweisen können. Steiner macht uns lediglich darauf aufmerksam, daß dasjenige, was heute unter der Bezeichnung «Urvertrauen» als recht unpräzise psychologische Modevorstellung herumgeistert, ein mehrschichtiges Phänomen ist, das in den verschiedenen Reifungsperioden der Kindheit einen Wandlungsprozeß durchläuft.

Und noch etwas ganz anderes ist wichtig: Eine «Grundvoraussetzung» ist eine Gegebenheit a priori, das heißt für die hier vorliegende Problemstellung: Sie ist kein Resultat von Lernvorgängen, sondern liegt im

Gegenteil den Lernvorgängen zugrunde, gehört also gleichsam zu der «Ausstattung», mit der das Kind seinen Lebensweg beginnt. Die anthroposophische Menschenkunde geht von der Präexistenz des Seelischen aus. Der Mensch faßt aus einer vorgeburtlichen Überschau heraus den Entschluß, sein Erdenleben anzutreten, und dieser Entschluß trifft im Sinne einer schicksalhaften Interessenübereinstimmung auf den gleichzeitigen Entschluß des Elternpaares, ein Kind zu zeugen.[2] Diesen Vorgang «vergißt» das Kind im Augenblick des Grenzübertritts. Aber es vergißt nicht vollständig. In der geistigen Welt, aus der es stammt, hat das, was im Erdenleben die Form des «Wunsches» oder (später) des «Ideals» annimmt, denselben Realitätsbezug wie in der physischen Welt das Gegenstandsbewußtsein. Die von Steiner beschriebenen «Grundannahmen» sind als Erinnerungsessentiale dieser vorgeburtlichen Realitätserfahrung zu verstehen. Das Kind setzt gleichsam voraus, was es später begreifen wird als dasjenige, wofür es sich im Sinne idealischer Zielsetzungen engagieren will. Was Sehnsucht wird, ist anfänglich «naive Grundüberzeugung»: Die Welt ist gut; die Welt ist schön; die Welt ist wahr.

Vom Urvertrauen in die Güte

Eine solche «naive Grundannahme» trifft auf die Realitäten einer unvollkommenen, zerrissenen Welt, und das Kind bedarf gerade aufgrund dieses schmerzlichen Zusammentreffens der erzieherischen Fürsorge. Insofern besteht eine Hauptaufgabe für Eltern und Lehrer stets darin, gewisse Enttäuschungen, die dem Kind nicht erspart bleiben können, abzumildern und ins Positive zu wenden, so daß sie letztendlich nicht zur Lebensentmutigung, sondern zu moralischen Tatimpulsen führen.

Es bleibt uns (und dem Kind) ja gar nichts anderes übrig, als der Tatsache ins Auge zu sehen, daß die Annahme, die Welt sei gut, für die gegebenen Verhältnisse nur höchst eingeschränkt gültig ist. Prüfen wir aber zunächst, ob es berechtigt ist, von einer solchen Grundannahme des kleinen Kindes zu sprechen. Begriffe, die uns bei «Güte» spontan einfallen, sind: Geborgenheit, Wärme, Trost, Schmerzlinderung, Bedürfnisbefriedigung, Umhüllung, Behaglichkeit, Fürsorge, Zärtlichkeit; später auch: Gerechtigkeit, Wunschgewährung, Milde, Barmherzigkeit, Verständnis, Mitgefühl. E. Bornemann schreibt über die Säuglingszeit: «Nie wieder kommen so viele glückbringende, befriedigende Elemente zusammen. Das Kind hat keine Sorgen … empfindet die Welt als absolut sicher, wird gefüttert, wenn es hungrig ist (so sollte es zumindest sein), wird getröstet, wenn es weint, wird trockengelegt, wenn es naßmacht, wird umarmt, geküßt, geliebkost.»[3]

Ob der Säugling die Welt tatsächlich als «absolut sicher» empfindet, sei einmal dahingestellt. Ansonsten aber gilt im Sinne Bornemanns: Das Verhältnis zwischen dem ganz kleinen Kind und seiner Mutter, seinem Vater oder anderen nahen Bezugspersonen beruht, wenn es ein menschenwürdiges Verhältnis ist, allergrößtenteils darauf, daß das Kind in all seiner Hilflosigkeit die Haltung eines elementaren Anspruchs auf Schutz, Geborgenheit, Fürsorge und Liebkosung einnimmt, der von den Bezugspersonen weitgehend akzeptiert wird. Ich sage «elementar», weil Anspruchs*relativierungen* wie Bescheidenheit oder Rücksicht auf die Bedingungen der anderen nicht möglich sind, Bedürfnisaufschub nicht geleistet werden kann und vernünftige Erwägungen wie zum Beispiel diejenige, daß der Mensch nie selbstbewußt werden könnte, wenn man ihm alle seine Wünsche prompt erfüllte, natürlich noch völlig außerhalb des Faßbaren liegen. Das Kind in den ersten Lebensmonaten und -jahren «denkt» nicht: «Ich verlange, daß meine Bedürfnisse nach Ernährung, Wärme, Liebkosung, Trost und Geborgenheit befriedigt werden», sondern es *ist* mit Leib und Seele Ausdruck der vorausgesetzten, also nicht erlernten Gewißheit, daß diese Bedürfnisse in jedem Falle befriedigt werden. Diese Gewißheit ist keine gedanklich abgeleitete, kein Erfahrungswert (es sei denn, man wäre bereit, vorgeburtliche Erfahrungen einzubeziehen). Sie ist, wie man mit Recht sagt, Ausdruck eines «Urvertrauens».

Wir haben auch als erwachsene Menschen eine Reihe solcher «Gewißheiten a priori» in uns. Zum Beispiel leben wir, ohne darüber nachzudenken, in der Grundannahme, daß der Erdboden, auf dem wir stehen und gehen, uns trägt. Es gibt Situationen, in denen diese Voraussetzung ins Wanken gerät, zum Beispiel wenn wir Schwindelgefühle oder optische Halluzinationen haben, durch die das räumliche Erleben durcheinandergerät, und jeder weiß, wie elementar dann die Verunsicherung ist: Wir geraten in Panik. So ergeht es auch dem kleinen Kind, wenn es erlebt, daß sich seine unbewußte Grundannahme *nicht* bestätigt. Es schreit in panischem Entsetzen.

Wenn das Kind über die Schwelle der Geburt geht, bringt es eine Grunderfahrung von Harmonie, Geborgenheit, Bedürfnislosigkeit und

Frieden mit. An diese vorgeburtliche Grunderfahrung ist es wieder angeschlossen, sobald es sich in seinem Leib behaglich-heimisch, zufriedenschläfrig fühlt, oder anders gesagt: wenn seine Aufmerksamkeit nicht durch Mangelerlebnisse auf den eigenen Leib hingezogen wird.

Unter «Urvertrauen» ist auf dieser Stufe die unbewußte Grundüberzeugung zu verstehen, daß der Zustand des behaglich-zufriedenen Nicht-aufmerksam-sein-Müssens auf den physischen Leib ganz selbstverständlich immer wieder hergestellt wird. Mit welcher naiven, unschuldsvollen Gewißheit die Kinder dies voraussetzen, spüren vor allem die Mütter. Sie könnten ja nach gewöhnlichem menschlichem Ermessen vor allem verärgert reagieren auf die «unverschämten Ansprüche» des Babys. Wenn aber die Mutter-Kind-Beziehung intakt ist, geschieht eben etwas ganz anderes: Die Mutter empfindet Rührung, ja sogar Dankbarkeit gegenüber der ur-vertrauensvollen Hingabe des Kindes. Sein Schreien als «Kundgabe von Unbehagen» veranlaßt sie zur «Pflegehandlung», schreibt L. Scheck-Danzinger und fährt fort: «Die Kundgaben des Kindes sind für die Mutter Schlüsselreize; sie ist ihnen gegenüber daher auch besonders sensibel. Ein leiser Schrei des Säuglings kann sie aus tiefem Schlaf erwecken, während andere akustische Reize derselben Phonstärke sie nicht im geringsten stören würden.»[4]

Wir können zusammenfassend sagen: Das «Urvertrauen in die Güte» ist auf der Grundstufe die unbewußte und totale Voraussetzung, daß bei Empfindungen von körperlichem Mißbehagen eine Fürsorgehandlung erfolgt, die das Mißbehagen beseitigt.

Auf einer zweiten Stufe kommt dann etwas anderes, höchst Bedeutsames hinzu. Das Kind lernt krabbeln, stehen und gehen, bewegt sich zielgerichtet auf die Dinge zu, die es sieht, und berührt sie neugierig, führt sie zum Mund. Mit Händen, Lippen, Zunge tastend, erkundet es, wie sich die Dinge in ihrer substantiellen Beschaffenheit, in ihren Oberflächenstrukturen «anfühlen». Bei diesen ersten «Forschungsreisen» durch seine nähere Umgebung geht es wiederum mit apriorischer, nicht auf Erfahrungswerte, sondern auf eine unbewußte Grundannahme gestützter Urgewißheit davon aus, daß die Dinge und Wesen ihm wohlgesinnt sind.

Natürlich gibt es da Unterschiede, verschiedene Typen von Kleinkindern: den «motorischen Brecher» auf der einen, den vorsichtigen «Fingerspitzentyp» auf der anderen Seite; aber grundsätzlich gilt: Die Kinder *erwarten* eine Welt, die weder Schmerzen zufügt noch im Augenblick der Berührung unangenehme Empfindungen auslöst, und sie *lernen* dann allmählich, daß diese Erwartung gelegentlich enttäuscht wird. Die einen lernen dies eben rascher, die anderen weniger rasch. Dies ist die zweite Stufe des «Urvertrauens in die Güte»: Das Kind macht die unbewußte und totale Voraussetzung, daß die Dinge und Wesen dieser Welt keine Gefahren bergen.

Schließlich entzündet sich am Spracherwerb das verknüpfende, nach Beantwortung von Fragen drängende Denken. Indem das Kind nun «Ich» zu sich sagt, erlebt es sich dem Nebenmenschen gegenübergestellt im Ich-Du-Verhältnis. Ein erstes Problembewußtsein erwacht, Zusammenhänge und Widersprüche werden umrißhaft sichtbar. Die Frage, was der Mensch dem Menschen bedeutet, was er ihm an Gutem und Bösem zufügen kann, wird aktuell und kommt zur Sprache. Wie sehr das Kind auf dieser ersten Stufe des Aufmerksamwerdens auf soziale, zwischenmenschliche Beziehungen und Möglichkeiten zunächst davon überzeugt ist, daß überall Güte waltet, erleben wir daran, von welchem Entsetzen es ergriffen wird, wenn es erfährt, daß Kriege geführt werden, daß es Frauen und Männer gibt, die Kinder quälen, und so weiter. Der Ausdruck des vier-, fünfjährigen Kindes gegenüber solchen Eröffnungen ist totale Fassungslosigkeit, Ungläubigkeit. Es weigert sich, diese Tatsachen zur Kenntnis zu nehmen, fordert die Erwachsenen flehentlich auf, ihm Versicherungen zu geben, daß dies nicht der Wahrheit entspräche: «Nicht wahr, das gab es früher, aber jetzt, bei uns, gibt es das nicht mehr.» – «Wenn mich ein böser Mann entführen würde, dann wäre ich einfach ganz lustig mit ihm, weil nämlich jemand, der böse ist, eigentlich nur traurig ist. Wenn ich ihn dann fröhlich mache, tut er mir nichts. Das stimmt doch, oder?» – «Warum machen die Soldaten Krieg? Wissen sie nicht, daß das wehtut?»

Dies ist der dritte Aspekt des «Urvertrauens in die Güte»: Das Kind geht von der – nun schon nicht mehr ganz unbewußten – totalen Annahme aus, daß der Mensch dem Menschen nichts Böses zufügt. Da es aber zur Kenntnis nehmen muß, daß dies dennoch geschieht, hält es das Böse für einen bloßen Irrtum. Man sollte sich, nebenbei bemerkt, ab und zu klarmachen, welche unerhört reife Menschlichkeit in dieser scheinbar so falschen, realitätsfernen Ansicht steckt.

Daß das Kind in seinem totalen Vertrauen, «die ganze Welt (sei) moralisch»,[5] das Verhältnis der Menschen untereinander sei Güte, eine herbe Enttäuschung erleben muß, bedarf keiner weiteren Erläuterungen. Und doch kann dieses Urvertrauen, wie wir sehen werden, in seiner Grundsubstanz durch die Kindheit hindurch gerettet werden.

Vom Urvertrauen in die Schönheit

Wenn wir über das «Prinzip Schönheit» in der menschlichen Entwicklung sprechen, von der tief in uns eingewurzelten Sehnsucht, erlebend und handelnd Zugang zu einer Qualität zu finden, die wir mit dem Wort «Schönheit» zu beschreiben versuchen, dann müssen wir uns zunächst vor trivialisierenden Vereinfachungen hüten. Man ist ja zunächst, aus einer bewußtseinsgeschichtlich eigentlich überholten Anschauung heraus, geneigt, Begriffe wie «Harmonie», «Ebenmaß», «Formvollendung» und so weiter mit «Schönheit» zusammenzudenken, und zwar so, daß man dabei überwiegend das *äußere Erscheinungsbild* der Dinge und Wesen im Auge hat.

Es soll hier nicht bezweifelt werden, daß unser Schönheitsbedürfnis zu einem Teil darin Befriedigung finden kann und soll, das Schauspiel eines Sonnenunterganges, den Anblick einer sommerlichen Blumenwiese, eines stilvollen Bauwerks oder eines wohlgestalteten Menschenleibes zu genießen. Aber andererseits ist klar, daß die Frage nach Wesen und Bedeutung des Schönheitssinnes nicht dadurch zu beantworten ist, daß man lapidar sagt: «Es gibt Dinge, deren Anblick den Menschen entzückt.»

Ebenso unbefriedigend wäre es, Rudolf Steiners Hinweis, das Kind zwischen Schuleintritt und Pubertät lebe in der unbewußten Voraussetzung, die Welt sei schön, einfach so aufzufassen, als sei das Kind nur begierig nach Sinnesgenüssen. Es *ist* zweifellos begierig nach Sinnesgenüssen, aber darin liegt nicht das Wesentliche, sondern dies ist nur ein Symptom (unter anderen) für das Wesentliche. Rudolf Steiner hat einmal über den Schönheitssinn geschrieben, er finde Befriedigung dadurch, «daß der Mensch sich über das bloße Erleben des sinnlich Wirklichen zu erheben vermag (und) seine Freude, seine Erhebung nicht nur aus der Sinneswelt (zieht)», sondern Genuß finden kann «an dem, was bloß im Scheine lebt, was als *schöner Schein* über das Sinnliche hinausgeht».[6] Wer Steiners verschiedene Anregungen zur Neubegründung der Ästhetik kennt, weiß, daß er damit zugleich vom Wesen des *künstlerischen Prozesses* spricht. Der Mensch ist Künstler, insofern er sich nicht zufrieden gibt mit dem bloßen Zustand der Welt, wie er sie vorfindet als Ansammlung von Tatsachen, das heißt End-gültigkeiten.

Ich habe in diesem Zusammenhang an anderer Stelle einmal die Unterscheidung zwischen dem *Indikativ* (des Gewordenen) und dem *Konjunktiv* (des Werdenden, sich Entwickelnden) getroffen und gezeigt, daß sich der *Schönheitssinn* immer an den Konjunktiv wendet, also an das Werdende, Unentschiedene, Zu-Vervollständigende.[7] Schönheitserlebnisse hat der Mensch, wenn er *sinnvollen Prozessen* beiwohnt, sinnvolle Prozesse ins Werk setzt oder hinter den «fertigen» Erscheinungen die Prozesse erahnt, die im jeweiligen «Zustand» zur Ruhe gekommen sind. Wir hätten keine Schönheitserlebnisse, wenn wir nicht in der Eingefrorenheit des Erscheinungs-Bildes den Werdestrom erspüren könnten. Und im ahnenden Gewahrwerden des Prozesses, dem sich das «Zustands-Bild» verdankt, klingt der Wunsch an, den Zustand wieder aufzuheben und den Prozeß fortzusetzen. In diesem Wunsch, der bei jedem Wahrnehmungsvorgang mitschwingt, erkennt und entwirft sich der Mensch als Künstler.

Wenn wir also vom Urvertrauen des Kindes in die Schönheit sprechen, sind wir von einem wirklichen Verständnis dessen, worum es sich da handelt, noch ein gutes Stück entfernt, solange wir nur an das hübsch gestaltete Kinderzimmer, die Hausmusik oder den Sonntagsausflug in die Frühlingsnatur denken. Zwar sind diese Dinge für die Erziehung sehr wichtig, aber wir müssen uns noch genauer fragen: Welche grundsätzliche Erfahrung bestätigt dieses kindliche Urvertrauen, welche Erfahrung dagegen enttäuscht es?

Um das 6., 7. Lebensjahr nimmt das kindliche *Spiel* einen neuen Charakter an. Es verliert seine völlig zweckfreie, selbstgenügsame, nachahmende Unschuld. Dies hängt einerseits mit der Entwicklung der Zeitperspektive zusammen[8] und andererseits damit, daß das Kind einen bestimmten Zusammenhang entdeckt. Es wird nämlich aufmerksam auf das Verhältnis (oder Mißverhältnis) zwischen Absicht, Handlung und Ergebnis. Dadurch beginnt es, den eigenen Beschäftigungen in gewisser Hinsicht «kritischer» gegenüberzustehen als bisher. Es erlebt sich, wenn es spielt, malt oder bastelt, mit einem ersten Anflug von Verantwortungsgefühl (gegenüber der eigenen Absicht) als Autor eines Gestaltungsprozesses, der – und darin liegt das Bedeutsame – gelingen oder mißlingen kann. Im Fortschreiten «vom Spiel zur Kreativität», wie Donald W. Winnicott es nennt,[9] findet das Kind bewußten Zugang zu einer Qualität des Handelns, die sich dadurch auszeichnet, daß Ansprüche an das eigene Tun im Sinne eines Entwurfs formuliert werden. Und dabei geht es zunächst von einer unbewußten und totalen Voraussetzung aus, die man mit den Worten umschreiben kann: «Alles, was mit guter Absicht begonnen wird, endet auch gut, findet sein Ziel, gelingt.» Darin liegt eigentlich das «Urvertrauen in die Schönheit».

In der Erfahrung der Realisierbarkeit des Wunschgemäßen, des *Gelingens* schlechthin, findet der Schönheitssinn seine tiefste Befriedigung. Er fordert, jenseits von subjektiven Geschmacksfragen und sich wandelnden kollektiven Schönheitsidealen, daß ein jedes Ding und Wesen zu seiner bestmöglichen, als Hoffnung in ihm verborgenen, «echten» Gestalt erhoben werde. Der hervorragende pädagogische Wert der Märchen gerade für dieses Alter liegt darin, daß sie das «Urvertrauen in das Gelingen» bestätigen; und wenn manche von ihnen mit dem Satz beginnen: «In den Zeiten, als das Wünschen noch geholfen hat», so ist in diesem Satz von der Schönheit die Rede.

Die Erfahrung des Gelingens ist die authentische Schönheitserfahrung. Das Erlebnis der Häßlichkeit hat demzufolge seinen Ursprung nicht in der Abweichung von dieser oder jener Schönheitsnorm, sondern im Gewahrwerden der Möglichkeit des *Scheiterns*. Dadurch, daß das Kind *diese* Möglichkeit als eine grundsätzliche Möglichkeit des Seins entdeckt, wird es in seiner naiven Grundannahme, die Welt sei schön, erschüttert.

In welchen Erlebnisbereichen steht das Kind zwischen den Möglichkeiten des Gelingens oder Scheiterns? Wir haben gesehen, daß auf der Grundstufe des «Urvertrauens in die Güte» die unbewußte Annahme verhaltensbestimmend ist, daß bei Empfindungen von körperlichem Mißbehagen eine Fürsorgehandlung erfolgt, die das Mißbehagen beseitigt. Von einer ganz ähnlichen Voraussetzung geht das Kind erfahrungsgemäß in der Übergangszeit zwischen Kindergarten- und Schulalter aus, nur daß sich die Fürsorgeerwartung jetzt nicht mehr allein auf körperliche Bedürfnisse, sondern auch (und besonders eindringlich) auf eine andere Art von «Mangelerlebnissen» bezieht. Die zentrale Grundannahme lautet jetzt: «Alles Mißratene wird zurechtgerückt, alles Zerstörte wieder aufgebaut, alles Kranke geheilt.»

In dieser Formulierung klingt schon deutlich an, daß die Entwicklung hindrängt zur Entfaltung der Mitleids- und Fürsorgekräfte. Aber zunächst setzt das Kind diese Kräfte als gegeben voraus. Wenn es den gütigen und allweisen Gott gibt, so hat er selbstverständlich verfügt, daß nichts und niemand im Zustand der Unvollkommenheit, der Mißratenheit, des Mangels belassen bleibt. Wenn auch die Natur im Winter erstirbt – es dauert nicht lange, bis alles wieder blüht. Der Traurige wird getröstet, und dann lacht er wieder, daran besteht kein Zweifel. Und wer dies oder jenes nicht kann, der wird es lernen, spätestens «wenn er groß ist».

Den fürsorglichen Geist, der darauf achtet, daß zuletzt alles «heil» (das heißt: schön) wird, müssen für das Kind in diesem Alter die Erwachsenen respräsentieren – nicht durch großartige Worte, an denen sie selbst im Grunde zweifeln, sondern mit «Andacht zum Kleinen». Eltern oder Lehrer arbeiten unmittelbar an der positiven Lebenseinstellung und am Selbstvertrauen des sechs-, siebenjährigen Kindes, wenn sie alles, was vom Kinde begonnen wird, ihm aber trotz aller Mühe noch nicht recht gelingen will, ruhig und selbstverständlich in die Hand nehmen und stellvertretend zuendeführen, ohne auch nur für einen Augenblick in Frage zu stellen, daß die fertige Arbeit ein Werk des *Kindes* ist. Ein verheerender Erziehungsfehler wäre es, in solchen Situationen zum Beispiel dauernd zu sagen: «Siehst du, du kannst es nicht, jetzt muß ich es wieder machen», oder gar die betreffende Sache unfertig liegen zu lassen, um dem Kind sein eigenes Unvermögen vor Augen zu führen.

Die zweite unbewußte Grundannahme, auf der das kleinkindliche «Urvertrauen in die Güte» beruht, lautet: «Die Dinge und Wesen der Welt sind mir wohlgesonnen und bergen keine Gefahren.» Eine ähnliche Grundeinstellung, die sich aber nicht mehr allein auf das Erleiden, sondern nun vor allem auf den aktiven Umgang mit der Realität bezieht, tritt auch im zweiten Lebensjahrsiebt zutage. Das Kind ist zutiefst überzeugt von der *Fügsamkeit* der Dinge und Lebewesen in seiner Umgebung. So setzt zum Beispiel um das achte, neunte Lebensjahr ein starkes Interesse an der Zähmung von Tieren ein, kleinere Geschwister werden im Spiel auf eine ziemlich autoritär wirkende Art «verplant» – und wehe, sie ordnen sich nicht unter! Die Kinder haben manchmal allzu klare Vorstellungen davon, wie sich alles um sie herum nach ihren jeweiligen Spielabsichten ordnen solle; sie experimentieren mit unzähligen Dingen und Stoffen, in Wasser eingerührtes Sägemehl ist ebenso vielversprechend wie ein alter Fahrradschlauch, die Hosentaschen werden vollgestopft mit rostigen Nägeln, Silberpapierfetzen, welken Blütenblättern und vielem anderen mehr, denn es gibt durchaus nichts, woraus man nicht «irgendwas machen» könnte. Was spricht sich da aus?

Man ärgert sich, wenn die Kinder mit einer bestimmten, die ganze Familie, die Wohnung und die kostbarsten Besitztümer der Eltern einschließenden Spielidee daherkommen und erwarten, daß sich ihnen nun alles widerspruchslos füge und die Mutter selbstverständlich ihren Seidenschal zum Schmücken einer dreckverschmierten Baumwurzel hergeben müsse. Man ist belustigt darüber, was abends beim Ausräumen der Hosentaschen zum Vorschein kommt. Aber wenn wir ein wenig über unseren Ärger und unsere Belustigung hinausblicken wollen, bemerken wir, daß die Kinder von einem wunderbaren *Optimismus* durchdrungen sind, von einer unterschiedslosen, wohlwollenden Zuversicht sich selbst, den Mitmenschen und der ganzen Schöpfung gegenüber. Nichts ist häßlich, alles trägt eine Schönheit in sich, die nur entdeckt und hervorgeholt werden muß! In der «Erfahrung des ‹Werdens› … lebt das Kind nicht nur seine Zeit, sondern erlebt sie als Gestaltungsauftrag».[10]

Dieser Gestaltungsauftrag schließt alles und jeden ein. Er ist getragen von der Überzeugung, daß nichts und niemand sich der Absicht, «schön gemacht» zu werden, entziehen will. Wenn wir die darin waltende Grundüberzeugung in einem Satz zusammenfassen wollen, können wir sagen: «Den Händen, die von dem Wunsch geführt sind, Mißratenes zurechtzurücken, Zerstörtes wieder aufzubauen, Krankes zu heilen und Unvollendetes zu vollenden, wird sich alles freudig fügen.» Diese Grundeinstellung wird, wie Rudolf Steiner sagt, bestätigt und für das spätere Leben gefestigt durch alles «dasjenige, was in künstlerischen Formen und in künstlerischer Betätigung an den Menschen herantritt».[11] Aber sie wird unausweichlich auch erschüttert. Als starke, elementare Verunsicherung erlebt das Kind sein *Scheitern* in diesem oder jenem Teil des «großen Gestaltungsauftrags».

Therapiebedürftige Formen von Versagensangst treten in keiner Entwicklungsphase häufiger auf als zwischen zehn und zwölf Jahren. H. H. Engel schreibt über die Verfassung des Elfjährigen: «Alles, was er tut und sagt, scheint ihm falsch, was immer er in die Hand nimmt, zerbricht. Er ist voller Wünsche und Begehrungen und doch auch traurig.»[12] Das «Urvertrauen in das Gelingen» ist beschädigt. Der nagende Existenzzweifel der Pubertät kündigt sich an. Denn während (etwa zwischen acht und zwölf Jahren) die zentrale Schönheitsvoraussetzung allmählich ins Wanken gerät, geschieht noch etwas anderes, was H. Müller-Wiedemann mit den Worten ausdrückt: «Zeit erscheint nicht bloß als Welt, sondern setzt die Frage nach ihrem Wesen in Gang: nach Vergänglichkeit, Tod, Zukunft und Geburt.»[13] Durch die Erfahrung des Scheiterns wird das Bewußtsein ahnungsvoll auf eine Möglichkeit gelenkt, die erst in der Pubertät deutlich hervortritt: «Kann auch ein ganzes Leben, kann *mein* Leben scheitern?»

Ein weiterer, dritter Aspekt des «Urvertrauens in die Schönheit» spielt besonders in der Vorpubertät eine große Rolle, in der Zeit des Aufschießens von Versagensängsten, des Gewahrwerdens der eigenen Ungeschicklichkeiten, Unzulänglichkeiten und Gestaltungsgrenzen. Was wir weiter oben kennengelernt haben als die totale Grundannahme des Kleinkindes, der Mensch füge dem Menschen nichts Böses zu, tritt in verwandelter Form wiederum in Erscheinung und eröffnet die soziale Dimension des von Müller-Wiedemann beschriebenen Auftrags der Gestaltung von Lebenszeit. Was erwartet das zehn-, zwölfjährige Kind in bezug auf das soziale Zusammenleben der Menschen, was erwartet es namentlich von den Erwachsenen, die ihm das Schicksal als Lebenslehrer zugeteilt hat? Es erwartet erstens – und seine Aufmerksamkeit auf diese Dinge wird sprunghaft höher –, daß die Menschen in ihren Beziehungen untereinander, in ihren Umgangsformen, in der Art des Austragens von Konflikten etc. *Schönheit* anstreben; und es erwartet, was eng damit zusammenhängt, zweitens, daß der Mensch dem Menschen ein «Entwicklungshelfer», ein Wegweiser zur Vervollkommnung ist.

Im Angesicht der Möglichkeit des Scheiterns und der begrenzten Macht des «Wünschens» macht die Schönheitsvoraussetzung eine Wandlung durch. Sie verbindet sich mit dem *Entwicklungs*gedanken. Das Kind beginnt zu begreifen, daß das Schöne, die «Heilung», etwas ist, was es nicht einfach als gegeben oder wunschgemäß sich erfüllend, wohl aber als erstrebenswert und durch lebendiges Bemühen erreichbar voraussetzen kann. Während die Schönheitsvoraussetzung also in ihren naiven Grundformen zweifelhaft wird, tritt gleichsam tröstend die Erwartung in Kraft, daß der Mensch ein entwicklungsfähiges, nach Vervollkommnung strebendes Wesen ist und einer dem anderen dabei hilfreich zur Seite steht. Nun richtet sich der Blick auf Mitmenschen, von denen anzunehmen ist, daß sie auf diesem Weg schon ein gutes Stück vorangeschritten sind. An ihnen will sich das Kind orientieren, durch sie will es seine tröstliche Entdeckung bewahrheitet finden. Darin liegt der eigentliche Sinn recht verstandener «Autorität». Im verehrungsvoll aufschauenden Blick zum erwachsenen «Vorbild» – wobei man als reifer Erzieher davon Abstand nehmen wird, diese Verehrung ständig im *äußeren* Benehmen des Kindes gespiegelt finden zu wollen! – lebt das Urvertrauen, daß ihm vor-gelebt wird, was «Entwicklung zur Schönheit» im Sinne von Selbsterziehung und sozialem Vermögen ist; es lebt darin die Erwartung, daß der Mensch dem Menschen als helfender Begleiter zur Seite steht, und naturgemäß richtet das Kind nun sein Augenmerk ganz besonders darauf, wie die Erwachsenen *miteinander* umgehen.

Nicht dadurch aber, daß man nun versucht, eine Fassade von falscher Harmonie aufzurichten, stimmt man die Seele des Kindes hoffnungsvoll, sondern indem man es teilhaben läßt an einer wirklichen «Kultur des

Streits», am Sich-einigen-Können auch über Meinungsunterschiede hinweg, an der gelebten Wertschätzung des fremden, dem eigenen zuwiderlaufenden Wollens, an der Kunst des echten Verzeihens; indem es erleben darf, daß Konflikte nicht zerstörerisch sein, nicht die Herzen entzweien müssen, wenn man mit ihnen umzugehen weiß.

Auch in diesem Punkt werden dem heranwachsenden Menschen Enttäuschungen, bittere Enttäuschungen nicht erspart bleiben. Umso wichtiger ist es, daß wir als Erwachsene vorzuleben verstehen, wie man mit dieser Enttäuschung fertig werden und dazu beitragen kann, die Mängel, die durch sie offenbar werden, zu beheben.

Vom Urvertrauen in die Wahrheit

Das «Urvertrauen in die Wahrheit», das am Beginn des dritten Lebensjahrsiebts zur seelischen Grundeinstellung wird, hat ebensowenig mit ausgereiften wissenschaftlichen Erkenntnissen zu tun wie das kleinkindliche «Urvertrauen in die Güte» mit ausgereiften moralischen Prinzipien. Der Mensch bekommt überhaupt erst «einen richtigen inneren Begriff von der Wahrheit», heißt es bei Rudolf Steiner, «wenn er geschlechtsreif geworden ist».[14] Hier fallen also Begriffsbildung und Grundannahme in eins. Die Wahrheit wird als Qualität im Unterschied zu Lüge und Irrtum kenntlich. Mit diesem Akt der Bewußtwerdung ist ein Evidenzerlebnis verbunden, das zu der Einstellung führt: «Es gibt die Wahrheit, also wird sie mir zuteil.» Dies bezieht sich zunächst auf die *Wahrheit der eigenen, individuellen Existenz.* Man spricht im entwicklungspsychologischen Jargon von der «subjektiven Identität», im Unterschied zur «optativen» und «zugeschriebenen» Identität. Der Jugendliche geht mit großer Zuversicht davon aus, daß die Frage «Wer bin ich?» beantwortbar ist, wenn er sich ihr nur vorbehaltlos stellt (vergleiche dazu die Gesprächsprotokolle und Briefauszüge im ersten Teil des Buches). Er begibt sich auf die Suche. Dies geschieht oft mit einer so radikalen Verachtung aller Normen, Verpflichtungen und fremden Erwartungen, daß daran deutlich wird: Er lebt in der Stimmung eines unmittelbar bevorstehenden, großartigen Erkenntniseinschlags, der alles bisher Gültige außer Kraft setzen wird.

Louise Kaplan erwähnt, daß in manchen noch magisch-atavistisch geprägten Stammesgemeinschaften tatsächlich bis auf den heutigen Tag

«Adoleszenz-Einweihungsriten» durchgeführt werden. Die Kinder werden zur Vorbereitung in Gruppen zusammengefaßt, die dem gewöhnlichen Leben völlig entrückt sind. Sogar die Stammessprache dürfen sie nicht mehr sprechen, sondern bedienen sich stattdessen einer eigens dafür geschaffenen «Geheimsprache». Ich habe immer wieder darauf hingewiesen, daß sich die Pubertierenden auch in den materialistischen Hochkulturen vielfach wie Novizen verhalten, die sich auf eine Initiation vorbereiten.[15] Der entsprechende christliche Ritus ist die Konfirmation, aber es besteht kein Zweifel daran, daß die Jugendlichen durch solche überkommene Formen nichts gewinnen in bezug auf ihre Grunderwartung, erleuchtende Aufschlüsse zu erhalten über das Rätsel ihres Daseins.

Wir stehen heute vor der schwierigen Situation der Individualisierung der adoleszenten Einweihung. Jeder sucht *seinen* Weg, und er sucht keinen äußeren Tempel, sondern seinen inneren Tempel, keine Einweisung in die magischen oder kultischen Gebräuche eines Kollektivs, sondern Erkenntnisse über Sinn und Auftrag der eigenen Biographie, keinen äußeren Gott, sondern das Erlebnis der Gottverbundenheit im Ich. Das Leben selbst in seiner ganzen Fülle, Verworrenheit und Widersprüchlichkeit soll zum Erkenntnispfad werden. Die Schwellenerlebnisse, die in den archaischen Jugendweiheriten durch Drogen, körperliche Schmerzzufügung, Aussetzung in der Einsamkeit des Dschungels etc. herbeigeführt wurden, sucht der heutige Jugendliche mitten im Getriebe des Alltags, in der Begegnung mit den Gefahren, die «gleich um die Ecke» lauern. Hier bewahrheitet sich das oft mißverstandene Bonmot von Joseph Beuys: «Die Einweihung findet im Hauptbahnhof statt.» Diese heutige Form der Suche nach Schwellenerlebnissen muß verstanden, richtig eingeordnet werden als eine Art «experimentelle Initiation» fernab vom Schutz der Gemeinschaft und von priesterlicher Aufsicht.

Aber sie einordnen zu können, ist natürlich kein Grund, sie zu bagatellisieren. Sie *ist* gefährlich. Viele Jugendliche scheitern auf diesem Weg – nicht zuletzt auch deshalb, weil niemand da war, der ihnen erklären konnte, was eigentlich in ihnen vorging. Sie werden von Entsetzen gepackt über die Grenzerlebnisse, an die sie sich herangewagt, die Abgründe, in die sie hinabgeblickt haben. Und dann treten die falschen Tröster in Erscheinung. Das Phänomen der Jugendsekten beruht darauf, daß sie dem Jugendlichen in dem Augenblick, in dem das Scheitern des individuellen Weges unausweichlich scheint, eine Pseudoinitiation alter, archaischer Prägung anbieten.

Es war ja der Sinn der alten Pubertätsinitiation, den Heranwachsenden in das Gruppenseelen-Gefüge des Stammes aufzunehmen. In diesen (aus der Sicht unseres Kulturkreises) lange zurückliegenden Zeiten war eigentlich das Kind in höherem Maße ein individuelles Wesen als der Erwachsene. An der Schwelle der Pubertät wurde der Mensch aus der relativen(!) personalen Autonomie herausgehoben und eingewiesen in die Rolle des sich selbst aufgebenden, für sich selbst fortan absichtslosen Mitvollstreckers des hohenpriesterlich gelenkten, kollektiven Willens.

Heute verläuft der Prozeß gerade umgekehrt. Die Pubertäts-«Einweihung» geht mit einer explosionsartigen Steigerung der Individualkräfte und entsprechend schroffen Zurückweisung kollektiver Verbindlichkeiten einher. Die Jugendsekten sind Wiederbelebungsversuche des *alten* Prinzips. Sie bieten die Verlockung einer rituell geordneten, auf hohepriesterliche Unfehlbarkeit hinorientierten, gemeinschaftsseligen Geborgenheit an, in der nicht nur alle Verantwortung, sondern auch das schöpferische Menschentum auf dem Altar der Sozialisation geopfert wird. Dieses Angebot wird angenommen, wenn nur die Angst groß genug ist, auf die es stößt, denn es verspricht nicht nur Antwort auf die Sinnfrage, sondern auch Sicherheit und Wärme, *ohne* daß damit die Rückkehr in den Hafen bürgerlicher Normalität verbunden wäre.

Aber die Sinnfrage, wie sie sich dem heutigen Jugendlichen (und heutigen Menschen überhaupt) in Wahrheit stellt, wird durch die falschen Tröster durchaus *nicht* beantwortet. Sie wird durch Scheinantworten betäubt. Die naive Gläubigkeit, mit der viele Jugendliche solche Scheinantworten hinnehmen, zeigt nur, wie wenig sie in ihrem Welt- und Menschenverständnis noch die Möglichkeit einkalkulieren, unter Ausnützung ihrer tiefsten Bedürfnisse schamlos belogen zu werden – wie stark, wie kindlich und unbeschädigt das «Urvertrauen in die Wahrhaftigkeit» bei aller skeptischen Verstandesschärfe, die schon zum Vorschein kommen mag, bei aller manchmal staunenswerten Gefühlstiefe doch noch in ihnen lebt.

In ähnlicher Art, wie wir das «Urvertrauen in die Schönheit» kennengelernt haben als sich wandelnd von einer bloßen Erwartungsstimmung zum Tatimpuls, ändert auch die naive Grundannahme, die Wahrheit (den Sinn) zu finden, einschließlich des damit verbundenen Grundgefühls, unmittelbar vor einer alles umstürzenden und neu ordnenden Entdeckung zu stehen, ihr Gesicht. Damit dies geschehen kann, bedarf es einer zweiten Evidenzerfahrung, das heißt einer zweiten, die ganze Existenz umgreifenden Tatsachenfeststellung. Diese lautet, in einen Satz gefaßt: «Alles, was ich wahrnehme, ist wirklich da.»

Sie bezieht sich auf zweierlei: zum einen auf die umgebende Realität, insofern sie sich den Sinnen oder dem an die Sinneswahrnehmung anknüpfenden, schlußfolgernden Denken offenbart, zum anderen auf die eigene, gelebte Vergangenheit, insofern sie im Gedächtnis auffindbar ist. Wenn der Jugendliche entdeckt, daß die Beantwortung der Frage nach dem Sinn seines Lebens, nach der «subjektiven Identität», noch etwas ganz anderes von ihm verlangt als nur suchend umherzustreifen in der unruhigen Erwartung eines großen Ereignisses; wenn er begreift, daß er zum *Entwurf* seiner Zukunftsgestalt aufgefordert ist, dann braucht er die Gewißheit, daß der Boden, auf dem er steht, die Dinge, die er sieht und berühren kann, der eigene Leib, aber auch die eigene Vergangenheit, auf die er zurückblickt, eine unbezweifelbare Tatsachenwelt bilden. Kein Architekt würde ein Haus entwerfen, um es auf Treibsand zu bauen; kein Bildhauer würde ein Werk konzipieren, wenn er davon ausgehen müßte, daß der Stein beim ersten Ansetzen des Meißels zu Staub zerfiele. Der Jugendliche braucht, um Mut aufzubringen zum Entwurf seiner «optativen» (erwünschten) Identität, den sicheren Rückhalt einer klaren, eindeutigen Realitäts- und Vergangenheitsgewißheit. Man kann aus diesem Grund gar nicht oft genug betonen: Wie wüst sich die jungen Leute auch manchmal gebärden mögen in ihrer Feindseligkeit gegen die heimatliche Welt der Vergangenheit, namentlich gegen die eigenen Eltern – wahr ist, daß sie sich davon losreißen müssen, um den Blick in die Zukunft freizubekommen. Aber es kann ihnen kaum etwas Beängstigenderes widerfahren, als zu erleben, daß diese Welt hinter ihnen zusammenstürzt, während sie ihren schmerzvollen Abschied von ihr nehmen.

Man könnte nun an dieser Stelle fragen: Ist das denn überhaupt der Rede wert, daß der Jugendliche das tatsächliche Vorhandensein der Gegenstandswelt, seines Leibes und seiner Vergangenheit voraussetzt? Muß diese Voraussetzung nicht sowieso jeder Mensch zu jeder Zeit machen, um existieren zu können? Das ist nur teilweise richtig. Kleine Kinder, «die noch im magischen Denken und der ‹Allmacht der Gedanken› verhaftet sind»,[16] sind durchaus nicht in ihren Grundfesten erschüttert, wenn zum Beispiel Gegenstände plötzlich vor ihren Augen verschwinden oder wie durch Zauberei erscheinen. Man kann es durch entsprechende spielerische «Tricks» ausprobieren und ist überrascht, wie wenig sich die Kinder eigentlich wundern, wie verhältnismäßig unwichtig für sie die Feststellung ist, daß es sich nur um einen Trick gehandelt habe. Sie wären auch bereit, das «Wunder» als solches anzunehmen. Ihre Realitätserfahrung ist noch nicht diejenige einer voll ausgebildeten Objektivität. Das «plötzliche Verschwinden» ist eine durchaus plausible Möglichkeit. Erst nach dem 10., 11. Lebensjahr nähern sich Wahrnehmen und Denken der klaren Subjekt-Objekt-Scheidung. Wie instabil dieses Konzept aber auch dann noch ist, zeigt besonders eindrucksvoll das Phänomen der sogenannten «Eidetik», des (nicht krankhaften!) Auftretens von Fata-Morgana-artigen Anschauungsbildern «von so großer Deutlichkeit, daß sie von tatsächlichen Wahrnehmungen nicht zu unterscheiden sind».[17] Rund vierzig Prozent aller Kinder zwischen sechs und dreizehn Jahren haben solche absolut realistisch wirkenden Begegnungen mit Dingen und Wesen, die gar nicht da sind. Unter den Forschern, die sich damit beschäftigt haben, besteht Einigkeit, daß die eidetischen Fähigkeiten in der Pubertät verschwinden(!).

Interessant für unser Thema scheint mir, mehr noch als die Tatsache des Auftretens eidetischer Bilder selbst, die Gelassenheit zu sein, mit der die Eidetiker (sogar die besonders stark betroffenen) auf ihre Erlebnisse reagieren. Sie sind durchaus nicht schockiert, sondern «spielen» vielfach mit den Erscheinungen, indem sie versuchen, sie zu manipulieren – was auch gelingt. Ein achtjähriger Junge, der in meiner Spechstunde vorgestellt wurde, hatte jahrelang zwei Spielkameraden: erwachsene Männer mit Hüten, einer immer mit Motorrad unterwegs (auch in der Wohnung), die er «Carlo und Frommel» nannte und nach Belieben rief, mit denen er Konversation pflegte und die für ihn nicht weniger real waren als Menschen aus Fleisch und Blut. Dabei wußte das intelligente und seelisch völlig gesunde Kind freilich, daß *andere* nicht dazu fähig waren, seine beiden Gefährten wahrzunehmen. Sein Verstand belehrte ihn darüber, daß Carlo und Frommel Phantasiegestalten sein mußten, aber für sein tatsächliches *Erleben* waren sie real. Dieser Widerspruch störte ihn jedoch nicht weiter. Warum? Weil es für ihn altersentsprechend noch keine besonders herausragende Rolle spielte, die Gewißheit zu haben, daß alles, was er wahrnahm, im Sinne von «objektiver Realität» auch wirklich vorhanden sei.

Die Eroberung des Begriffs und der Erfahrung von «Objektivität» im strengeren Sinne fällt in die Vorpubertät, und das Errungene wird dann nach der Pubertät zur existentiellen *Grundannahme*. Dasselbe gilt für den Begriff und die Erfahrung von eigener Vergangenheit, und es gilt auch für das Körperbewußtsein. Das kleinere Kind *ist* Körper und Seele. Der Jugendliche *ist* Seele und *hat* einen Körper. Diesen nimmt er als das ihm nächste, unmittelbar und untrennbar mit ihm verbundene Objektive wahr, worauf er sich verläßt, wie ein Baum, wenn er selbstbewußt wäre, sich auf den Boden verlassen würde, in dem er verwurzelt ist.

Wir wissen, daß auch die Grundeinstellung, alles Wahrgenommene sei tatsächlich (konstant) vorhanden, erhebliche Bewährungsproben zu bestehen hat. Davon war schon im zweiten Teil des Buches im Zusammenhang mit dem *Existenzzweifel* die Rede. Viele Jugendliche leiden darunter, daß sie das Gefühl haben, im Wachen zu träumen; manche werden beim geselligen Zusammensein mit anderen plötzlich von der Angst beschlichen, sie seien gar nicht wirklich da. In schlimmen Fällen (die nicht selten sind) werden die Jugendlichen behandlungsbedürftig wegen ihrer Unwirklichkeitsgefühle (sogenannte Derealisations- und Depersonalisationserscheinungen), die oft mit optischen und akustischen Halluzinationen, zum Teil auch den eigenen Körper betreffend, einhergehen. Was das zehnjährige Kind als eidetisches Bild gar nicht weiter erschüttert hätte – starke eidetische Fähigkeiten disponieren übrigens nachweislich *nicht* zu späteren Wahnvorstellungen –, ist nun ein Panik auslösendes, zutiefst verwirrendes und bedrohliches Ereignis, denn es untergräbt das «Urvertrauen in die Wahrheit», die basale Schicht der Daseinsgewißheit.

In meinem Buch «Die stille Sehnsucht nach Heimkehr»[18] habe ich dargestellt, daß nahezu alle Magersüchtigen in gewissem Umfang unter Körperhalluzinationen leiden, daß sie ebenfalls übereinstimmend von starken «Inevidenzerlebnissen» vor allem im Frühstadium der Krankheit berichten («Ich bin gar nicht da – Alles ist unwirklich»), daß ferner ihr Erinnerungsvermögen an die eigene Kindheit stark beeinträchtigt ist. Sie leben weder in der oben beschriebenen frühpubertären «Initiationsstimmung», noch sind sie dazu fähig, Aussagen über ihre optative Identität zu machen. Das Krankheitsbild der Anorexia nervosa zeigt besonders eindrücklich die Situation, in der sich ein junger Mensch befindet, wenn das «Urvertrauen in die Wahrheit» (die Wirklichkeit, den Sinn) zerbrochen ist.

Auch die Grundeinstellung «Die Welt ist wahr» hat eine soziale Dimension. Indem sich die Sinnfrage zur sozialen Frage erweitert, wird die Objektivitätserfahrung in ähnlicher Art als *Gestaltungsherausforderung* erlebbar, wie im zweiten Lebensjahrsiebt die Qualität «Entwicklung» sich als Gestaltungsauftrag zu erkennen gab. Natürlich hängt beides eng zusammen. Auch die Gestaltungsimpulse des Kindes vor der Pubertät beziehen sich auf das Verschönern, Verbessern der Realitäten. Aber erst der Jugendliche verbindet diesen Willen zur «Heilung» mit der zur sozialen Frage erweiterten Sinnfrage. Wenn man die Wahrheitsvoraussetzung auf dieser Stufe in einen Satz kleiden wollte, müßte dieser ungefähr lauten: «Es ist möglich, die Verhältnisse so zu gestalten, daß alle Menschen in Frieden und geschwisterlicher Verbundenheit ein sinnerfülltes Leben führen können.» Diese Annahme und dasjenige, was sie an Strebungen und Taten bewirkt, nennen wir gewöhnlich «Idealismus».

Ebenso wie die soziale Frage hat der Idealismus, der den guten Willen und die Möglichkeit voraussetzt, die soziale Frage menschengemäß zu lösen, nicht nur eine gesamtgesellschaftliche Willens- und Vertrauensrichtung, sondern er wendet sich auch dem Verhältnis zwischen Mensch und Mensch im kleinen zu. Dort zeigt er sich in dem Verlangen nach Achtung der Menschenwürde. Was heißt das im Kern? Es heißt: Der Mensch soll bestrebt sein, den Mitmenschen über alle äußeren Differenzen und Unvollkommenheiten hinweg in seinem wahren, innersten Wesen zu respektieren. Damit ist vorausgesetzt, daß in jedem Menschen ein solches «Wahres», «Innerstes» *existiert*. Dem Jugendlichen wird eines Tages überdeutlich bewußt, daß andere Menschen sich ein Bild von ihm machen, das vielleicht wesentlich anders ausfällt als sein Selbstbild. Für das letztere ist nämlich nicht nur seine aktuelle, täglich dargelebte Identität maßgeblich, sondern in hohem Maße auch die «optative» Identität, die Wunschgestalt, das Entwicklungsziel.

Aber wie, wenn nun die von anderen ihm zugeschriebene Identität gar nichts von dieser Seite seines Selbsterlebens enthielte? Er begreift, daß ein Zusammenhang besteht zwischen dem «Vertrauensvorschuß», den andere ihm in bezug auf seine Entwicklungsfähigkeit geben, und seiner Möglichkeit, tatsächlich seinem Selbstideal näherzukommen. Diese Erkenntnis auch für *sein eigenes* Verhalten im Umgang mit anderen zur Richtschnur zu machen, wird ihm zum Bedürfnis, und es verringert den Wert einer solchen Einstellung überhaupt nicht, daß in ihr auch die Hoffnung lebt, mit gleicher Münze belohnt zu werden. Denn darin spricht sich ja gerade das «Urvertrauen» aus: «Jeder Mensch hat ein Interesse daran, den Mitmenschen gerecht zu beurteilen und zu achten, wenn er sich seinerseits gerecht beurteilt und geachtet fühlt.» Und wenn dies der Fall ist, warum sollte es dann nicht auch möglich sein, die gesellschaftlichen Verhältnisse diesem Grundsatz gemäß einzurichten? Man muß ja nur die Menschen an das erinnern, was sie in Wahrheit wollen. Man muß sie ja nur an die *Wahrheit* erinnern!

«Gesucht wird ein Weltbild, mit dem man leben kann», schreibt Elisabeth Klein über ihre Erfahrungen im Umgang mit Jugendlichen.[19] Das ist richtig, aber diese Suche findet nicht voraussetzungslos statt: Vorausgesetzt wird *eine Welt, in der man leben kann.* Diese eher gefühlsmäßige als gedankliche Grundeinstellung ist ein ebenso konkretes Entwicklungsereignis der Pubertät wie die Ausbildung der Geschlechtsorgane, der Stimmbruch oder das Einsetzen der Monatsblutung. Aber sie findet oft keinen Anschluß an die Lebenswirklichkeit, keine Bestätigung, keinen «Spiegel», in dem sie sich ihrer selbst vergewissern könnte. Dann wird sie zurückgedrängt, verleugnet, schließlich vergessen, und die Suche, von der E. Klein spricht, findet kein Ziel.

Von der dreifachen Enttäuschung der Jugendseele

Die späteren Sehnsuchtsziele des Menschen, so sagten wir eingangs, sind die in der Zukunft wieder aufleuchtenden «naiven Grundüberzeugungen» der Kindheit. Daraus folgt, daß die naiven Grundüberzeugungen als solche keinen Bestand haben. Es ist eine tragische (aber durchaus nicht sinnlose) Seite des Menschseins, daß zu Taten anspornende Hoffnungskräfte sich nur aus den Trümmern zerbrochener Glaubensgewißheiten erheben können. Man braucht nicht – schon gar nicht in unserer heutigen Zeit – mit falschem Optimismus daran vorbeizuargumentieren, daß *jedes* Kind in bezug auf die verschiedenen Stufen seines «Urvertrauens» eine Kette von Enttäuschungen erlebt – Enttäuschungen, die zugleich Verwandlungschancen sind.[20]

Es entspricht nun einmal nicht den Realitäten *dieser* Welt, daß alle Dinge und Wesen dem Kinde ausnahmslos wohlgesonnen seien und der Mensch dem Menschen nur Gutes zufüge. Das ist die erste schmerzliche Ernüchterung: Es *gibt* das Böse; der Mensch ist dazu fähig, dem Menschen Furchtbares anzutun. Mit dieser Entdeckung muß das Kind im Vorschulalter leben lernen. Es wäre zwecklos, ihm dies ersparen zu wollen. Wir sollten uns aber schon von Anfang an, schon wenn wir in den ersten Wochen das kleine, zappelnde, schreiende Bündel in den Armen halten, genügend klar darüber sein: Diese Enttäuschung kommt auf das Kind zu. Auf diese erste Seelenprüfung bereiten wir es vor durch unsere Pflege und Fürsorge. Unsere nährenden, pflegenden, wärmenden, tröstenden Handlungen und Gebärden befestigen im Kinde die Gewißheit: «Ich bin geborgen.» Und später, im Angesicht der unfaßbaren Bedrohung, wird es bis in jede Faser seines Körpers hinein fühlen: «Ich bin *dennoch* geborgen.» Wenn es dann die ersten bangen Fragen stellt, müssen wir die richtigen, bildhaften Antworten bereithaben, durch die wir das Kind in seiner religiösen (heute scheut man das Wort und sagt dann eben: «magischen») Seelenstimmung ansprechen können; die nichts verharmlosen, aber doch Trost spenden, weil sie von der Überwindungskraft der Liebe handeln.

Wer Kinder in diesem Alter begleitet hat, weiß, daß sich der Schritt zur Entdeckung des «Bösen» nicht in voller Bewußtseinsklarheit vollzieht. Es ist, als hätten die Kinder noch einen Schutz, als sei noch eine umsichtige Kraft in ihnen tätig, das Entsetzende fernzuhalten und zu verhindern, daß es in letzter Konsequenz deutlich werde. Darin liegt ein tiefer Sinn.

Man soll in diesem Zusammenhang nur ja nicht von «Weltfremdheit» und dergleichen reden und meinen, das Kind müsse mit der «ungeschminkten Wahrheit» konfrontiert werden. Es erfaßt die Dinge eben so weit, wie es sie erfassen *kann*. Ich habe einmal von einem Vater gelesen, der seinem Töchterchen rechtzeitig beibringen wollte, daß man im Leben niemandem trauen dürfe, nicht einmal dem allerbesten Freund. Der Mann wählte folgende Lehrmethode: Er stellte das Kind auf den Küchentisch, breitete die Arme aus und sagte: «Spring!» Das Kind sprang und wurde aufgefangen. Da fand es Gefallen an dem Spiel, sprang wieder und wieder, wurde wieder und wieder aufgefangen, aber einmal trat dann der Vater ohne Vorwarnung plötzlich zur Seite, das Mädchen sprang ins Leere und stürzte böse. Wir wollen diesem Vater, so schwer es fällt, einmal zugestehen, daß er nicht einfach grausam sein wollte, sondern wirklich eine erzieherische Absicht verfolgte. Worin hätte dann sein Irrtum bestanden? Er ging davon aus, sein fünfjähriges Kind sei dazu fähig, die Aussage: «Jeder Mensch, selbst der, den du liebst, könnte dein Feind sein», zu *verstehen*. Aber gerade dazu ist ein Kind in diesem Alter *nicht* fähig. Und das ist gut so. Denn die Unsicherheit, die dadurch in das Kinderleben einzieht, daß die Möglichkeit des Bösen *als solche* erkennbar wird und das Urvertrauen in die allumfassende Güte Schaden erleidet, berührt schon die Grenzen des Begreif- und Verkraftbaren. Das Kind wird diese erste große Enttäuschung nur dann unbeschadet überstehen, wenn es auf der anderen Seite die Gewißheit hat: «Ich bin *dennoch* geborgen.» Jenem Vater hat eine Sekunde genügt, um seiner Tochter diese Gewißheit zu rauben.

Obgleich das Kind sein Schlüsselerlebnis, daß es das Böse in der Welt und unter den Menschen gibt, nicht völlig bewußt durchleidet, nicht als *Sachverhalt* mit entsprechenden Konsequenzen durchschaut, ist es doch – gleichsam nur untergründig, unterhalb der eigentlichen Verstehensschwelle – aufgewühlt und verunsichert. Und diese untergründige Verunsicherung, dieses mehr traumhafte Gefühl, der Boden des «Urvertrauens» habe Risse bekommen (zwischen fünf und sieben Jahren neigen die Kinder besonders zu Alpträumen), wird mitgenommen ins zweite Lebensjahrsiebt, weitergetragen bis zur Pubertätsschwelle, und *dann* erst verdichtet sich die Ahnung zur jähen Gewißheit. In ihrer ganzen Wucht schlägt die Erkenntnis ins verstehende Bewußsein herauf: Die Welt ist voller Bosheit. Und jene andere Gewißheit: «Ich bin *dennoch* geborgen», konnte auch sie herübergerettet werden? Davon hängt jetzt viel ab.

In den unmittelbar vorangehenden Jahren konnte dem Kind eine zweite, sein Grundvertrauen erschütternde Erfahrung nicht erspart bleiben. Es stieß – ebenfalls mehr ahnend als bewußtseinsklar erkennend – auf einen Aspekt des «Tragischen», dem zu Ehren in neuerer Zeit (so daß man fast den Eindruck haben könnte, die gegenwärtige mitteleuropäische Philosophie arbeite an der Bewältigung der Erfahrungen der Kindheitsmitte) ganze Gedankengebäude errichtet worden sind: auf die Möglichkeit des «Scheiterns», der «irreparablen Schädigung», des Zerfalls, der «Unheilbarkeit». Wir haben gesehen, wie dadurch die von Rudolf Steiner charakterisierte unbewußte Grundannahme des Kindes, die Welt sei *schön*, in Zweifel gerät. Es entspricht nicht den Realitäten *dieser* Welt, daß «alles Mißratene zurechtgerückt, alles Zerstörte wieder aufgebaut, alles Kranke geheilt» wird. Das Kind muß erkennen, daß sein Wunsch, alles mit der bloßen Kraft seines guten Willens verschönern, heilen, vervollständigen zu können, nicht die Allmacht hat, die es ihm zuschrieb; und daß es oft alleingelassen wird von den Erwachsenen in seiner Sehnsucht, alles zum «heilen» Ende zu bringen, in allem die Schönheit, wenigstens die *mögliche* Schönheit zu suchen. Ein tiefes, naives Vertrauen in die Gerechtigkeit, noch nicht in Moralbegriffe gekleidet, aber umso bedingungsloser im Herzen empfunden, wird durch die ernüchternde Wirklichkeit untergraben.

Ich habe mit vielen wohlmeinenden Eltern gesprochen, die es für pädagogisch sinnvoll hielten, hier noch zusätzlich «nachzuhelfen», die Kinder detailliert über das Ausmaß der Umweltkatastrophe, Tierversuche, Rüstungswahnsinn, Hunger in der dritten Welt etc. aufzuklären. Aber tut man damit in der Tendenz nicht etwas ganz ähnliches wie der Vater, der sein Kind ins Leere springen ließ? Man sollte keine Antworten auf Fragen geben, die gar nicht gestellt worden sind. *Wenn* das Kind fragt, darf man es natürlich nicht zurückweisen, aber für die Art, *wie* man antwortet, ist nicht nur maßgeblich, was der Fall ist, sondern genauso auch, wieviel das Kind begreifen und auf welcher Ebene es sich denkend sicher bewegen kann. Heute wird oft ignoriert, daß noch die Elf-, Zwölfjährigen in einem Bewußtseinszustand leben, der Traum und Wirklichkeit, Wunsch und Realität zwar schon unterscheidet, aber noch als gleichwertig behandelt. Zwischen den «beiden Welten» besteht ein Netz von Verflechtungen und Beziehungen, die mit Logik oft nicht viel zu tun haben. So ist zum Beispiel das Gefühl *schuldhafter Betroffenheit* von Vorgängen, mit denen das Kind ursächlich gar nichts zu tun hat, in diesem Alter ein sehr häufig auftretender Konflikt.

Ich behandelte vor einiger Zeit ein vierzehnjähriges Mädchen mit starken Versagens- und Beziehungsängsten. Während unserer Arbeit an ihren Kindheitserinnerungen kam ein Schlüsselerlebnis zum Vorschein, das sie als Elfjährige gehabt hatte. Ein Freund aus ihrer Klasse war, während sie nur dabeistand und zuschaute, zum Spaß auf eine Mauer hinaufgeklettert und von dort herabgestürzt. Der Junge verletzte sich ernstlich. Das Mädchen litt fortan unter furchtbaren Schuldgefühlen. Der Grund war folgender: Sie hatte, während der Junge auf die Mauer kletterte, ganz inbrünstig gewünscht, es möge ihm nichts passieren. Dann war doch etwas passiert, und sie gab sich die Schuld, weil ihr Wünschen nichts geholfen hatte. Wenn man berücksichtigt, daß solche und ähnliche Zusammenhangsmuster die Realitätserfahrung noch bis zur Vorpubertät stark mitbestimmen, wird man sich einmal mehr überlegen, ob man den Kindern dauernd Informationen verabreichen will über die heillosen Zustände in der Welt. Denn die Unsicherheit, die dadurch in ihr Leben einzieht, daß sie das «Häßliche» in dem Sinne, wie ich es oben beschrieben habe, *als solches* entdecken, als grundsätzliche Möglichkeit des Scheiterns, berührt wiederum (auch ohne «aufklärerische» Zutaten) schon die Grenzen des Begreif- und Verkraftbaren.

Wir sollten uns nicht daran beteiligen, das Entsetzen zu vertiefen, sondern dem Kind, so gut wir es können, zeigen: Es gibt ja doch das Schöne, von Gott geschaffen draußen in der Natur, von Menschen geschaffen in Farbe, Form, Klang; es gibt Schützenswertes, wofür es sich zu leben lohnt, die Hilfsbereitschaft gibt es, das Verzeihen, den liebevollen Umgang miteinander, und du kannst an alledem teilhaben, dich selbst darin üben und ausdrücken lernen ... – Das ist die Botschaft, durch die das Kind in seiner Enttäuschung Trost finden und die Zuversicht entwickeln kann: «Es wird *dennoch* alles schön werden.»

Auch der Abschied von der Schönheitsvoraussetzung ist zunächst kein ganz bewußt vollzogener. Das Kind durchlebt auch diese Enttäuschung eher träumend, obgleich es doch schon beginnt, über diese oder jene damit zusammenhängende Beobachtung nachzugrübeln. Die Katze ist überfahren worden, und kein Tierarzt kann ihr mehr helfen; der Nachbar hat den schönen Baum im Garten einfach umgesägt. Solche Ereignisse können tiefen Kummer auslösen, und wenn man manchmal ungehalten werden will, weil sich das Kind «wegen einer Kleinigkeit so hysterisch aufführt», sollte man sich erinnern, auf welche biographische Schwellensituation die betreffende «Kleinigkeit» trifft. Wie zwischen fünf und sieben Jahren, so neigen die Kinder auch jetzt, zwischen zehn und zwölf, wieder besonders zu Angstträumen. Wieder entsteht eine untergründige Verunsicherung, und wieder ist es die Pubertät, durch die gleichsam ins erkennende Bewußtsein heraufgerissen wird, was bis dahin mehr Ahnung als Gewißheit war: Die Welt ist voller Häßlichkeit. Der Jugendliche braucht nun jene Zuversicht in die Möglichkeit sinnvoller Entwicklungen so nötig, wie der Durstige, um nicht zu verzweifeln, die Aussicht auf etwas Trinkbares braucht.

Allein diese Hoffnung ist es zuletzt, an der er sich orientieren kann, wenn ihm die *Wahrheitsvoraussetzung* in ihren naiven Grundformen zerschlagen wird. Davon war schon die Rede. Die nervös-ziellose Stimmung des Zuwartens auf den großen, sinnenthüllenden Augenblick weicht der Einsicht, daß ein mühsamer *Weg* bevorsteht. Die Evidenz der Wahrnehmungs- und Erinnerungswelt wird zumindest fraglich; der Jugendliche spürt: Was ich nicht tätig ergreife und verwandle, wird mir entgleiten. Auch das gehört zur «Initiations»-Stimmung dieser Jahre: Eine Ahnung davon, daß die Wahrnehmungswelt in gewisser Hinsicht «Maja» ist, daß wir gar nicht wirklich in der Gegenwart leben, sondern denkend und wahrnehmend von Nach-Spiegelungen schon überlebter Gegenwart umgeben sind,[21] steigt in der Jugendseele auf. Hermann Hesse hat einmal geschrieben: «Alles Lernen ist nur Erinnerung.» Solche Sätze stehen bei vielen Jugendlichen hoch im Kurs. Sie spüren: *Wirklich* wird nur sein, was ich zur Wirklichkeit *erwecke.* Diese Empfindung ist zunächst durchaus nicht begeisternd, sondern beängstigend. Es kann der quälende Eindruck entstehen, mit der eigenen Vergangenheit, dem eigenen Leib gar nichts zu tun zu haben und der materiellen Außenwelt gegenüberzustehen wie einer Traumwelt.

Und schließlich muß auch Abschied genommen werden von der sozialen Seite der Wahrheitsvoraussetzung. Insofern der Jugendliche aufmerksam beobachtet, kann er nicht umhin, festzustellen: Es ist ganz offensichtlich falsch, davon auszugehen, daß der Mensch allein aufgrund seines Menschseins ein Interesse daran hat, den Mitmenschen zu achten, das heißt gerecht zu beurteilen und entsprechend mit ihm umzugehen.

So steht der heranreifende Mensch, wenn er vierzehn, fünfzehn, sechzehn Jahre alt geworden ist und seine biographische Identität in der aktiven Zukunftsgestaltung suchen will, zunächst unter dem Eindruck eines dreifachen Vertrauensverlustes. Dies ist die Schwellensituation der eigentlichen Pubertäts- bzw. Adoleszenzkrise. Die Grundannahme des allumfassenden Waltens der Güte kann der Realität nicht standhalten. Das kleine Kind im Vorschulalter erleidet diese Enttäuschung *gefühlsmäßig*, der Jugendliche *erkennend*. Die Schönheitsvoraussetzung des zweiten Lebensjahrsiebts gerät in Zweifel durch die Erfahrung des *Scheiterns* als einer allgegenwärtigen Möglichkeit. Es ist ein noch traumverhüllter, mehr in der Nacht als am Tage aufbrechender Kummer, der dem Kind daraus erwächst. Der Jugendliche *erkennt* den Grund. Und während er begreift, daß das Böse eine Möglichkeit des Menschen, eine Möglichkeit auch für *ihn* ist und daß es das Scheitern gibt, die ausweglose Verstrickung, das unheilbare Zerwürfnis – während er, dies beides erkennend, vielleicht in literarischen Werken wie Kafkas «Prozeß», Sartres «Das Spiel ist aus», Salingers «Fänger im Roggen» oder Becketts «Murphy» seine Endzeitstimmung wiederfindet, will er sich gründen in den Gewißheiten einer unverrückbaren, untrüglichen äußeren Realität, einer Vergangenheit, aus der er seine Existenz herleiten kann, und eines Leibes, der ihm die Wirklichkeit seines Willens, seiner Tatkraft und Vitalität verbürgt. Aber auch diese unter- und hintergründigen Befestigungen geraten ins Wanken. Und ins Wanken gerät sein sozialer Optimismus, das Streben nach Wahrhaftigkeit und Gerechtigkeit im zwischenmenschlichen Umgang könne vorausgesetzt werden wie eine stillschweigende Vereinbarung, die zwar oftmals nicht eingehalten, aber als solche von niemandem in Frage gestellt werde. Stattdessen erkennt er jetzt – und erkennt es *auch* als eine Möglichkeit für sich selbst –, daß die tugendhaften Beweggründe, die er unterstellt hat, oftmals die letzten sind, von denen sich die Erwachsenen, die sich ihm als Vorbilder andienen, in ihrem sozialen Verhalten leiten lassen.

Im Angesicht dieser drei Gegenbilder, auf Schritt und Tritt erfahrungsbestätigten Antithesen zu allem, woran er einmal zweifelsfrei glaubte, steht der Jugendliche unter Schock. Das Wort «Schock» ist keine Übertreibung, sondern bezeichnet exakt den Sachverhalt im Kulminationspunkt der Adoleszenzkrise. Wir wissen, daß Suizid- (Selbstmord-)

absichten und -versuche in dieser Phase keine Seltenheit darstellen. Aber wie bedrückend weit ist man heute von einer wirklich verstehenden Einsicht in die Not der Jugend entfernt, wenn man zum Beispiel fachmännisch doziert: «Wir betrachten jeden Fall eines Selbstmordversuchs in der Adoleszenz als Zeichen für eine akute Krise im Prozeß der Begründung einer stabilen sexuellen Identität.»[22]

Die Wirklichkeit, wie sie sich der unvoreingenommenen Beobachtung erschließt, ist eine andere. Sie zeigt, daß die «sexuelle Identität» nicht mehr und nicht weniger ist als eine Unterabteilung der biographischen Identität: Der Jugendliche wendet sich im Vollzug seiner krisenhaft gefährdeten Realitätsvergewisserung unter anderem auch dem eigenen Leib zu. In ihm sucht er die physische Bürgschaft für seine noch schwankende Hoffnung, ein *zeugungsfähiges*, nämlich, im weitesten Sinne, schöpferisch begabtes und zum verantwortlichen Geben und Nehmen in Liebe gereiftes, individuelles Menschenwesen zu sein. Wenn die sexuelle Problematik in der Krise der Adoleszenz zum Dreh- und Angelpunkt wird, so liegt dies nicht in der eigentlichen Signatur dieser Krise begründet, sondern darin, daß die jungen Leute im Klima einer sexualistischen Fixierung des (populär)wissenschaftlichen, medienvermittelten, industrialisierten, bis in die feinsten Verästelungen des Alltagsdenkens eingesickerten Menschen- und vor allem Jugendbildes aufwachsen. Höchsten Respekt haben alle Jugendlichen verdient, die sich von dieser allseitigen und allgegenwärtigen, trivialisierenden Verfälschung des Inhaltes und der Ziele ihrer Sinnsuche nicht beirren lassen. Die Jugend selbst sollte den «Experten», die geistig-seelische Prozesse höchstens noch als «psychosexuell» gelten lassen können, endlich die Kompetenz absprechen.

Eros – Moralität – Idealismus

Es würde den Rahmen dieser Darstellung sprengen, im einzelnen darauf einzugehen, wie dem Kinde von der erzieherischen Seite her geholfen werden kann, die beschriebenen Erschütterungen seines Urvertrauens in den verschiedenen Entwicklungsstadien so zu überstehen, daß das Übereinanderschlagen der Urenttäuschungen im Jugendalter nicht zum Fiasko gerät. Aber einige grundsätzliche Gesichtspunkte hierzu sind doch notwendig. Denn es drängt sich ja aus dem bisher Gesagten die Frage auf: Was ist als ausschlaggebend dafür anzusehen, daß im Gewahrwerden des «Bösen» dennoch die Zuversicht in das Gute erhalten bleibe; daß im Angesicht des Scheiterns bzw. der Vergeblichkeit des Wünschens nicht ganz das Vertrauen in heilsame, sinnstiftende Entwicklungen und Taten schwinde; daß schließlich unter dem Eindruck des existentiellen Zweifels dennoch Hoffnung bestehen bleibe in die Wahrheit, Gerechtigkeit und Liebe.

Einiges zu diesem Fragenkanon, der in ganz grundsätzlicher Art das Selbstverständnis pädagogischen Denkens und Handelns betrifft, ist schon gesagt worden. Rudolf Steiner hat in einem seiner zentralen pädagogischen Vortragszyklen gleichsam als Grundstoff zur weiteren Besinnung und Vertiefung «drei goldene Grundregeln der Erziehungs- und Unterrichtskunst» genannt, «die in jedem Lehrer, jedem Erzieher ganz Gesinnung, ganz Impuls der Arbeit sein müssen».[23] Man kann diese Grundregeln nur dann als praxisferne Begriffsblasen abtun, wenn man der Meinung ist, es komme gegenüber den vorstehend beschriebenen Grundeinstellungen der kindlichen Seele in den verschiedenen Lebensaltern *nicht* darauf an, welche Grundeinstellungen sich der Erwachsene andererseits im Umgang mit dem Kind erringt.

Für das erste Lebensjahrsiebt, in dem das Urvertrauen in die moralische Substanz der Welt seine Bewährungsprobe zu bestehen hat und dadurch ein Konflikt freigelegt wird, der sich erst im Jugendalter dem selbsterkennenden Bewußtsein in seiner ganzen Tragweite mitteilt, mahnt Rudolf Steiner als immer wieder neu zu erringende Grundhaltung des Erziehers gegenüber dem Kinde die Dankbarkeit an. «Es ist … das erste Bedeutungsvolle, das durch eine spirituelle Erkenntnis erreicht wird, daß man Dankbarkeit schöpft für die Tatsache, daß man ein Kind zur Erziehung erhalten hat.» Dies sei einer der «wichtigsten Impulse der Erziehungstechnik».[24] Steiner hatte, wie seine Wortwahl («Erziehungs-*technik*») zeigt, offenbar kein frömmelndes Lippenbekenntnis im Sinn, sondern eine Erziehungseinstellung mit praktischen Konsequenzen. Es ging ihm um *aktive* Dankbarkeit – um die Herstellung eines pädagogischen Milieus, das geprägt sein muß von dem Bewußtsein, in Gestalt des Kindes ein kostbares Geschenk erhalten zu haben, wobei nicht das *Kind* als Geschenk zu betrachten ist, sondern der *Auftrag*, es zu erziehen, den es seinen Eltern *selbst* erteilt hat.

Es ist eben, auch wenn man heute wenig geneigt ist, solche Dinge ernstzunehmen, ein großer Unterschied, ob ich in meinen erzieherischen Handlungen und Entscheidungen, im Gestalten der Umgebung des

Kindes, in der Art, wie ich meine Worte wähle, in der Bestimmung des Maßes meiner Befugnis, auf das Kind Einfluß zu nehmen etc., davon ausgehe, ein zwar zur Menschwerdung vorbestimmtes, aber im geistig-seelischen Sinne eigenschaftsloses biologisches Gebilde sei aus dem Mutterschoß hervorgewachsen, um sein weiteres Leben als Konglomerat von zufällig zusammengewürfelten, erlernten Verhaltensweisen zu fristen, oder ob ich im Kinde von Anfang an ein Menschenwesen mit eigener Vergangenheit und eigenen, in der Vergessenheit schlummernden Lebenszielen sehe, für das Rudolf Steiners Worte gelten: «Indem wir ... das Kind von seiner Geburt an nur mit physischen Augen anblicken dürfen, wollen wir uns dabei bewußt sein: auch das ist eine Fortsetzung, ... wollen uns bewußt werden, daß das physische Dasein hier eine Fortsetzung des Geistigen ist.»[25] Wenn ich mich zur letztgenannten Überzeugung durchringen kann, wird Dankbarkeit nicht ausbleiben. Denn was könnte mich dankbarer stimmen als die Erfahrung, daß jemand mir rückhaltlos vertraut? Und gibt es einen größeren Vertrauensbeweis als den *Entschluß* eines Menschen, sich ganz und gar meinem Schutz und meiner Führung zu überantworten?

Das Kind wird die Dankbarkeitsstimmung der Mutter, des Vaters mit hoher Sensibilität wahrnehmen – oder schmerzlich vermissen. Es erlebt sie in Nuancen der Gebärde und Sprache, in der Art, wie es berührt, zu Bett gebracht, gefüttert, gekleidet, getröstet wird, denn es ist mit seinem ganzen Wesen ein einziges, großes Wahrnehmungsorgan für solche Nuancen. Ich habe im zweiten Teil dieses Buches gezeigt, *wie* die Wahrnehmungswelt des Kleinkindes dabei beschaffen ist: Hineinlauschend in das eigene, strömend bewegte Empfindungen zwischen Behagen und Mißbehagen vermittelnde Leibesgefüge, das subtil wie ein feines Meßinstrument auf alle Eindrücke reagiert, erlebt es *mittelbar*, was über Hautberührung, Bewegung, Augen, Ohren und Mund herandringt und atmosphärisch in der Umgebung lebt. In allen direkten Berührungen, die das Kind anfänglich mit der Außenwelt hat, kann es jene Dankbarkeitsstimmung wie mitschwingend, mitklingend aufnehmen und in sich ausgebreitet finden als ein tief befriedigendes Gefühl der *Geborgenheit im eigenen Leib.* Auch die Grunderfahrung, daß der körperliche Kontakt mit anderen Menschen Wonne und Behaglichkeit bedeutet, tritt zunächst nicht als Gedankeninhalt auf, sondern als vertrauensbildende Leibeswahrnehmung. Ähnliches gilt für die etwas später einsetzende, mit Mund und Händen tastende Umwelterkundung, die dann schon die ersten vertrauens-*erschütternden* Erlebnisse mit sich bringt. Es ist deshalb so wichtig, dem kleinen Kind authentische, das heißt natürliche Spielmaterialien anzubieten, weil die damit verbundenen Tasterfahrungen genußvoll – und das heißt: vertrauenerweckend – sind.[26]

Ein so genügend ausgeprägtes Grundgefühl der Geborgenheit im eigenen Leib und des Vertrauens in die befriedende Qualität körperlicher Begegnungen mit der gegenständlichen und menschlichen Umwelt ist die wichtigste Voraussetzung dafür, daß die erste große Enttäuschung der Kindheit im Gewahrwerden der Möglichkeit des Bösen verkraftet werden kann.

Wenn später, im Jugendalter, diese Enttäuschung ins erkennende Bewußtsein heraufschlägt, ist damit eine ganz bestimmte seelische Gefahr verbunden: die Gefahr des *Argwohns*, der sich vor allem gegen jede Art der zwischenmenschlichen Verbindung richtet, die verlangen würde, sich schwach, verletzlich und bedürftig zu zeigen. Jeder Jugendliche macht eine solche Phase des argwöhnischen Zurückweichens vor gefühlsintensiven Beziehungen durch. Während er sich nach Zärtlichkeitserlebnissen in einem Zustand bewußt in Kauf genommener gegenseitiger Auslieferung und Hilflosigkeit sehnt, wie sie nur im sexuell-erotischen Bereich möglich sind, hält ihn die finstere Vermutung, jeder Mensch sei imstande, seine Wehrlosigkeit zu mißbrauchen, in einer stolzen, steifen, scheinbar unterkühlten Haltung fest. Hier entscheidet sich, ob der *Eros* als vertrauens- und liebevolle, von gegenseitiger Bewunderung getragene Form der Beziehungspflege auf sexuellem Gebiet hervortritt oder ob der aus Angst vor Verletzung stammende Argwohn die Sexualität abspaltet und entfesselt als eine nicht mehr von echten menschlichen Gefühlen durchwärmte Kraft. So hängt jene Dankbarkeitsstimmung, die Rudolf Steiner als «wichtigste Technik» im Umgang mit dem kleinen Kind beschreibt, engstens zusammen mit dem Konflikt, vor den sich die Jugendseele auf geschlechtlich-sexuellem Felde gestellt sieht.

Ob sich im dritten Lebensjahrsiebt der *Mut zum Eros* durchsetzen kann gegen die Resignation, die im bloßen Auslebenwollen sexueller Triebhaftigkeit liegt, hängt zu einem wesentlichen Teil vom Grad des Vertrauens ab, das im Kleinkindalter über die körpervermittelte Umweltwahrnehmung gewonnen und durch die frühe Krise der Entdeckung des Bösen hindurchgetragen werden konnte. Man wird, wenn man dies in Betracht zieht, manchen Anlaß zur Neubesinnung finden.

Als «goldene Grundregel» für das zweite Lebensjahrsiebt nennt Rudolf Steiner «die Liebe zur Erziehungstat» und fügt hinzu: «Was man in Liebe als Erzieher ausführt, das wird vom Kinde in diesem Lebensalter als etwas

empfunden, das es sich aneignen muß, um ein Mensch zu sein.»[27] Wir
haben gesehen, in welcher Hinsicht das Kind zwischen Schuleintritt und
Pubertät in der Grundannahme lebt, die Welt sei durchdrungen von
einer Entwicklungsgesetzmäßigkeit, die alles zuletzt zur Schönheit, das
heißt zur sinnvollen Vollendung führe (vergleiche das Kapitel «Vom
Urvertrauen in die Schönheit», S. 153 ff.). Dabei ist deutlich geworden,
daß sich die Schönheitsvoraussetzung, während sie einerseits in ihren
Grundformen zunichte wird und die Möglichkeit des «Scheiterns» ein-
räumen muß, andererseits in eine soziale Vertrauenskraft verwandelt, die
als Erwartung besonders an die erwachsenen Mitmenschen herangetra-
gen wird und ihren Umgang miteinander, ihr Verhältnis zueinander betrifft, ihre Fähigkeit zur Konfliktlösung, ihre Mitleidskräfte, ihren Gerechtigkeitssinn und – dies alles verbindend – ihre Bereitschaft, dem
Mitmenschen als «Wegweiser zu seiner Vervollkommnung» und «helfender Begleiter» uneigennützig zur Seite zu stehen. *An sich selbst* findet das
Kind diese Erwartung bestätigt durch das, was R. Steiner die «Liebe zur
Erziehungstat» nennt. Es will erleben, daß Lehrer und Eltern, ohne Aussicht auf äußere Vorteile, einfach Freude daran haben, daß sie dem Kind
in seiner Entwicklung beistehen können. Was man «in Liebe als Erzieher
ausführt», kann nie manipulativ sein, nie im Sinne H. E. Richters, der im
ersten Teil des Buches ausführlich zitiert wurde,[28] eine «Projektion» eigener Eitelkeiten auf das Kind, sondern wird sich immer daran orientieren,
was das Kind aus seiner individuellen Wesensart heraus zur Entfaltung
bringen *will*, aber noch nicht zur eigenen Zufriedenheit *kann*.

Besonders in allem Künstlerischen, Gestalterischen sollte sich diese
Gesinnung bewähren; da kann dem Kind die unerhört tröstliche Erfahrung zuteil werden, daß bei allem, was es auch beginnt in der Absicht,
Schönes hervorzubringen, eine helfende Hand zur Stelle ist, die zuende-
führt, was im Ansatz stecken bleiben will und zum Versagenserlebnis zu
werden droht.

Wenn einerseits ein starker künstlerischer Impuls, andererseits eine
Haltung aktiver, liebevoller Wertschätzung des Kindes durch die erwachsenen Bezugspersonen die Umgangsformen in Schule und Familie bestimmt, wenn es den Älteren darüber hinaus gelingt, Beispiele für wirkliche soziale Kompetenz vorzuleben, wird das Kind die Enttäuschung,
die mit dem Zusammenbruch des «Urvertrauens in die Schönheit» zusammenhängt, verschmerzen. Es wird diese Enttäuschung trotzdem als
einen untergründig schwelenden Konflikt, eine stetige, leise Bekümmerung über die Pubertätsschwelle mitnehmen und erleben, wie dann eine

Wunde aufbricht, die sich, so wird es ihm eine Zeitlang erscheinen, nur wieder schließen kann, wenn es mit seiner Sehnsucht nach Schönheit, Vollkommenheit und bewunderungswürdigen Erfahrungen ganz bei sich selbst bleibt. Ein narzistischer *Zug* macht sich nun in seinem ganzen Wesen bemerkbar, eine Neigung zur Selbstverliebtheit.

Ein sechzehnjähriges Mädchen sagte mir einmal in einer Beratungsstunde, als ich versuchte, mit ihr über die Liebe zu sprechen: «Was nützt es mir, geliebt zu werden? Dann müßte ich wiederlieben, das heißt aber: auf ein Stück Sicherheit verzichten. Wenn ich in jemanden verliebt wäre, könnte der alles mögliche mit mir anstellen. Ich will nicht geliebt werden, ich will *beliebt sein.*»

Besser kann man die narzistische Krise nicht beschreiben. Jeder Jugendliche durchlebt sie mehr oder weniger stark. Hier entscheidet sich, ob das kindliche Urvertrauen in die Schönheit als moralische Phantasie, soziales Engagement, Mitleidskraft und Gerechtigkeitssinn «aus den Trümmern aufersteht» oder ob der resignative Rückzug in die Einsamkeit einer narzistischen Spiegelwelt sich zur Persönlichkeitsstörung auswächst. W. Biebl schreibt über diesen «Rückzug in eine narzistische Selbsterhöhung», der «an sich nicht pathogen», unter Umständen aber eine «Ursache für abnorme Entwicklungen» sei: «Phantasien von Macht und Stärke, jedoch auch von Opfer und Leiden nehmen überhand.»[29]

Auf diesen Anachronismus bin ich in der Jugendberatung tatsächlich immer wieder gestoßen. Er dokumentiert den Zusammenhang zwischen der narzistischen «Abwehrformation» (Biebl) des Pubertätsalters und jener naiven Grundüberzeugung von der «Allmacht des Wünschens», die wir als charakteristisch für das zweite Lebensjahrsiebt kennengelernt haben. Sei es durch innerlich empfundene «Macht und Stärke», sei es durch Märtyrerposen: Die narzistische Verirrung stellt den Menschen subjektiv in den Mittelpunkt der Welt und macht ihn glauben, was er geistig-seelisch in sich selbst vollführe, sei die maßgebliche Quelle des Weltgeschehens. Für ein achtjähriges Kind ist dieser Glaube normal und sogar nötig. Aber er hält der Wirklichkeit nicht lange stand und verwandelt sich, wie H. Müller-Wiedemann schreibt, in «Sehnsucht, die sich auf eine solidarische menschliche Gemeinschaft richtet (und) die Erde als … gemeinsamen Schicksalsort erkennen» will – als von allen gemeinsam zu gestaltendes «Kunstwerk», durch das der Wunsch nach Schönheit und Vollkommenheit eines Tages doch noch Erfüllung finden kann.[30]

Ob sich das Kind in dieser Sehnsucht bestätigt findet oder alleingelassen fühlt, ist ausschlaggebend für die Richtung, die der Jugendliche später am Scheideweg zwischen Moralität und Narzismus einschlagen wird. Kann sich der Schönheitssinn in soziale Gestaltungsimpulse ausgießen, oder bleibt er egozentrisch-angstvoll eingeschlossen?

Als «goldene Grundregel» für das Jugendalter selbst formuliert Rudolf Steiner schließlich etwas außerordentlich Bedeutsames. Dieses Motto sollte in großen Lettern über jeder Klassenzimmertür der Oberstufe und den Wohnungstüren aller Familien prangen, in denen Jugendliche leben: «Du sollst Erfurcht vor seinem Geiste haben.»[31] Wir sollen uns, so Steiner, zu der lebendigen Überzeugung durchringen, daß wir das Kind nach der Pubertät «in Freiheit als unseresgleichen neben (uns) haben», einem «frei gewordenen Wesen» begegnen, dem gegenüber es sich nicht darum handeln kann, daß wir in seine Seele «dies oder jenes ... hineingießen», denn: «Diesen Geist kannst du nicht entwickeln, er entwickelt sich selber», und man wird erzieherisch, wenn überhaupt, nur noch «von Intellekt zu Intellekt wirken können».

Der bemerkenswerte Psychoanalytiker Ernst Federn, auf den das Konzept der «psychoanalytischen Sozialarbeit» zurückgeht, das unter anderem zur Gründung von Jugendheimen geführt hat, die in vieler Hinsicht den anthroposophisch geführten heilpädagogischen Lebensgemeinschaften ähneln, hat aus vieljähriger Erfahrung mit (vor allem auch straffällig gewordenen) Jugendlichen denselben Schluß gezogen. Er bezeichnet als den wirksamsten Weg der pädagogischen und therapeutischen Kommunikation mit Jugendlichen die direkte Appellation an das Ich – oder, bezogen auf unsere vorstehenden Betrachtungen zum «Urvertrauen in die Wahrheit», an die Impulse der Realitätsvergewisserung und Sinnsuche. Ohne moralisierenden Beigeschmack (das heißt in Federns psychoanalytischer Terminologie «ohne Einflußnahme auf das Überich») solle, so Federn, dem Jugendlichen geholfen werden beim «Durchdenken von Problemen», bei der «Erfahrung von Kompetenz» und dem «Erleben von Richtlinien».[32]

Zuversicht in die Lösbarkeit von Problemen und Freude an der «denkerischen Suche» selbst sind Grundlagen des Vertrauens in die Erkenntniskräfte, die der Jugendliche braucht, um seine «subjektive Identität» zu befestigen und seine pubertäre Initiationsstimmung auf Erkenntnisziele zu richten. Erfahrung von Kompetenz – ich kann sinnvoll handeln und gestalten – stärkt das Vertrauen in die eigene Entwicklungsfähigkeit. Dieses Vertrauen braucht der Jugendliche, um seine «optative Identität» zu formulieren. Das Erleben von Richtlinien – es gibt Menschen, die sich verbindlich an selbsterworbenen Idealen orientieren; es gibt lohnende

Wertsetzungen, die nicht unfrei machen – bindet die revoltierenden Willenskräfte an sozial-zwischenmenschliche Rücksichten. Das Problem der «zugeschriebenen Identität» verliert in dem Maße an Gewicht, in dem man sich der moralischen Unbedenklichkeit des eigenen Handelns gewiß ist.

Wie wir dem Jugendlichen Vertrauen vermitteln können in die grenzüberwindende Kraft der Erkenntnis, den sinnvollen Fähigkeiteneinsatz und die Zusammengehörigkeit von Freiheit und gegenseitigem Respekt, beziehungsweise wie wir es gewiß *nicht* können, ist schon im ersten Teil des Buches ausführlich erörtert worden. Ein wesentlicher Punkt ist die echte *Gesprächskultur* («von Intellekt zu Intellekt»), wobei der Erwachsene die «Kommando-Ebene» konsequent verlassen muß, denn sonst werden keine Gespräche stattfinden.

Aber der allerwichtigste Punkt ist die gelebte Geistes- und Gesinnungshaltung. Ich muß mich als Erzieher fragen: Hat der Jugendliche in mir einen Erkenntnissucher vor sich oder einen Prinzipienverkünder? Ich muß mich zweitens fragen: Kann er in mir einen Menschen sehen, der sich Freude an den Abenteuern der Phantasie, am künstlerischen Experiment bewahrt hat, oder bin ich zum selbstzufriedenen Gewohnheitstier geworden, von dem nichts Neues mehr zu erwarten ist? Und schließlich: Bin ich sozial engagiert, oder bedeutet für mich «sozial» nur noch, daß ich mich brav in vorgegebene Regeln einfüge, um meinen Wohlstand, meine Sicherheit und meinen «Ruf» nicht zu gefährden?

Die jungen Leute werden genau, sehr genau darauf achten, wie es mit uns in diesen Angelegenheiten steht. Und von dem, was sie dabei finden (oder nicht finden), wird es in nicht geringem Maße abhängen, ob die Krise des existentiellen Zweifels, des Zusammenbruchs der naiven Wahrheitsvoraussetzung zur verbindlichen Formulierung von Idealen führt, das heißt zu dem Entschluß, auf den Fundamenten der drei eingestürzten «Tempel» kindlichen Urvertrauens neue Bauwerke zu errichten, oder ob es den Jugendlichen hineintreibt in *illusionistische* Scheinwelten und Scheinwerte. Denn es *werden* in diesem Alter Ideenkräfte, Phantasiekräfte von unerhörter Stärke frei, wie immer die Entwicklung auch verlaufen und die Umgebung beschaffen sein mag. Fraglich ist nur, ob diese Kräfte Anschluß finden an «konkrete Utopien» in bezug auf das eigene Werden und die Gestaltung der Umweltverhältnisse oder ob sie ziel- und richtungslos explodieren und der gewaltigen (legalen und illegalen) Illusionsmaschinerie anheimfallen, der Drogen-, Hollywood-, Geld-und-Macht-, Sex-and-Crime-Welt, an der *alle* zerbrechen: die es «schaffen» und am

Ziel ihrer Träume das Nichts finden; die es nicht schaffen und an der vermeintlichen Bedeutungslosigkeit ihrer Existenz kränkeln oder versuchen, sich durch irgendeine Wahnsinnstat doch noch in ihr Plastikparadies zu katapultieren.

Es sei hier noch am Rande darauf verwiesen, daß Rudolf Steiner in seinem Vortragszyklus «Die Erziehungsfrage als soziale Frage» die Postulate der französischen Revolution in einen begeisternden Zusammenhang mit den drei großen Entwicklungsphasen der Kindheit gestellt hat, der mit den hier angeschnittenen Fragen direkt zu tun hat. Wir können an diese Vorträge anknüpfend sagen: Wenn die Erschütterungen des kleinkindlichen Urvertrauens in die Güte so bewältigt werden, daß sich im Jugendalter der «Mut zum Eros» gegen die Gefahr der resignativen Abspaltung der Sexualkräfte durchzusetzen vermag, erwirbt sich der Mensch die Voraussetzungen zur Freiheit. Wenn die Erschütterungen des Urvertrauens in die Schönheit im zweiten Lebensjahrsiebt so verkraftet werden, daß das Kind im Jugendalter die soziale Phantasie als verwandelte Ästhetik, als Du-bezogenes Künstlertum entwickeln kann, erwirbt sich der Mensch das Verständnis für die tieferen Aspekte des demokratischen Impulses, das heißt der Gleichheitsforderung. Wenn schließlich der Zusammenbruch der Wahrheitsvoraussetzung nicht zu illusionistischer Verirrung, sondern zum idealistischen Erneuerungswillen führt, erwächst dem Menschen das Vermögen, das historisch-menschheitliche Ziel qualitativ zu erfassen, das im Postulat der «Brüderlichkeit», im sozialistischen Impuls aufleuchtet.

Aus der Sicht der anthroposophischen Geisteswissenschaft muß dem vorstehend Ausgeführten etwas Grundlegendes hinzugefügt werden, wodurch erst in vollem Ausmaß deutlich wird, vor welchen enormen Schwierigkeiten Eltern und Lehrer auch dann im Umgang mit Jugendlichen stehen, wenn in der früheren Kindheit die besten Bedingungen gegeben waren. Ich habe schon mehrfach erwähnt, daß sich die anthroposophische Entwicklungspsychologie auf die Überzeugung eines präkonzeptionellen Daseins der Menschenseele stützt. Die geschlechtliche Vereinigung der Eltern trifft zusammen mit einem Entscheidungsakt des Kindes, das sich in einem unmittelbar an die Erdenverhältnisse angrenzenden Geistbereich aufhält und den schon lange vorbereiteten Entschluß, einen Lebens- und Erfahrungsweg unter irdisch-leiblichen Bedingungen anzutreten, im Augenblick der Konzeption realisiert. *Vor* diesem Ereignis hat die Seele, so erfahren wir von Rudolf Steiner, in einer Art hellsichtigem Zukunftspanorama die Lebensverhältnisse überblickt, die ihr bevorstehen, und ihre individuellen Aufgaben innerhalb dieser Verhältnisse im Sinne eines Entwurfs geschaut. Dieser Entwurf orientiert sich nicht an persönlich-egoistischen Entwicklungszielen, sondern an kosmischen Urbildern der Menschheitszukunft; und man muß sich vorstellen, daß im Erschauen dieser Urbilder, an deren Verwirklichung der Mensch teilnehmen darf, die Seele von einer großen Ruhe, Freude und Zuversicht erfüllt wird. Diese Zuversicht nimmt sie mit über die Schwelle der Geburt als «Urvertrauen» in die Güte, Schönheit und Wahrheit. Das ist das eine.

Aber der Vorgang hat auch noch eine andere Seite, die ich in meinem Buch «Die stille Sehnsucht nach Heimkehr» etwa wie folgt beschrieben habe: Wenn es so ist, daß im Vorgeburtlichen ein Ausblick auf den Erdenweg erfolgt, der dann vollständig ins Vergessen sinkt, so können wir annehmen und aus zahlreichen diesbezüglichen Äußerungen Rudolf Steiners folgern, daß mit dem Schwellenübertritt zur Erdenreife, mit der sogenannten Pubertät, *Erinnerung* aufkeimt an das in jener «Sphäre der Zielsetzungen» (Steiner) Geschaute, auch und gerade in Hinsicht auf die Gefahren und Hindernisse, die auf dem Weg zu bestehen sein werden. Unter diesem Gesichtspunkt erscheint es naheliegend, daß in den heutigen, bedrohlichen Zeitverhältnissen immer mehr junge Menschen eine große, ihrem Idealismus entgegenwirkende Bedrückung empfinden, ohne daß ihnen der Grund für ihre Schwermut recht zu Bewußtsein käme – eine Stimmung des «Scheiternmüssens schon im Aufbruch». Man versuche sich nur ganz konkret vorzustellen, der Mensch übersehe von seinem vorgeburtlichen Aussichtspunkt aus die Konsequenzen von Naturzerstörung, geistiger Verödung und Anhäufung von Massenmordmaschinen als seine zukünftigen Schicksalsbedingungen, innerhalb derer er für menschheitliche Ideale eintreten und sich selbst vermenschlichen will.

Der «Vorblick auf das kommende Leben», schreibt R. Steiner in seinem Buch «Theosophie», zeigt «all die Hindernisse ... welche der Mensch hinwegzuräumen hat, wenn seine Entwicklung weitergehen soll. Und das, was er so sieht, wird der Ausgangspunkt von Kräften, welche der Mensch ins neue Leben mitnehmen muß.»

Dieser Widerstreit zwischen der Erinnerung an die im Vorgeburtlichen geschauten Urbilder der Menschheitszukunft einerseits, die in den von Steiner beschriebenen «unbewußten Voraussetzungen» des Kindes weiterwirken, an der Wirklichkeit zerbrechen und im Jugendidealismus wieder auferstehen; und andererseits der im Verlaufe der Kindheit sich

immer mehr verdichtenden und im Jugendalter schließlich hervorbrechenden Erinnerung an die Hemmnisse und Gefahren, die einem
hoffnungserfüllten Lebenskonzept entgegenstehen, ja es zu verhöhnen
scheinen – dieser Widerstreit eskaliert in der Adoleszenz und stellt
die Jugendseele vor eine nur schwer zu verkraftende, mehrdimensionale
Entscheidungssituation: Liebe oder triebhafte Ausnutzung anderer Menschen zum Selbstgenuß? Moralische Orientierung oder Macht, Eitelkeit,
Selbstbespiegelung? Idealische Sinnsuche oder Selbstauslieferung an
betrügerische Scheinparadiese?

Im Angesicht dessen, was die Zukunft bereitzuhalten scheint, dürfen
wir uns nicht wundern, wenn auch solche, von denen viel zu erwarten
gewesen wäre, der Verführungskraft der Gegenbilder nicht widerstehen
können und statt des Orginals die Fälschung wählen. Um so mehr
Verständnis ist von uns gefordert für die Verwirrungen und Verirrungen
der Jugendlichen am Scheideweg. Die Besten erleiden den Zwiespalt am
tiefsten. Wenn sie dieses Leid aber mit unserer Hilfe, unserem Verstehen
und Verzeihenkönnen überstehen, werden es *ihre* Hoffnungskräfte sein,
die weltverändernd wirken können.

Schattenreiche

«Wenn einem Manne, der zu einem Alter von vierzig Jahren
gekommen ist, die grausamen Wahrheiten, die ärgerlichen
Entdeckungen, die Geheimnisse der Gesellschaft,
welche die Wissenschaft eines Weltmannes bilden,
im Alter von zwanzig Jahren bekannt gewesen wären,
so wäre er entweder in Verzweiflung verfallen,
oder er hätte sich selbst aus Vorsatz verdorben.»
Nicolas S. R. Chamfort, 1741–1794

«Das Alter wägt und mißt es, die Jugend spricht: So ist es.»
August Graf v. Platen, 1796–1835

Wenn das Kind geschlechtsreif wird, ist es, als würde von der Landschaft
der Seele, die natürlich auch vorher das Kind undeutlich-verschwommen
umgab, ein Nebelschleier fortgezogen. Jetzt erst werden die einzelnen
Landschaftsteile klar erkennbar: hier der Wald der Einsamkeit, dort die
Quelle der Hoffnung, da der reißende Strom der Angst. Aber mit dem
Nebel verschwinden auch die Wunderwesen, die ihn bevölkerten. «In den
Zeiten, als das Wünschen noch geholfen hat» – so beginnt das Märchen
«Der Froschkönig» –, zauberte sich das Kind die Traurigkeit aus Leib und
Seele, indem es sich einen possenreißenden Harlekin herbeiwünschte
oder einen bunten Vogel, der es irgendwohin trug, wo es schön war. Das
ist vorbei.

Der Verlust der «Zauberkraft» ist ein reales, tief einschneidendes Ohn-
machtserlebnis. Wenn jetzt Traurigkeit einkehrt, gibt es kein Entrinnen;
sie muß durchlitten werden bis zum Grund. Der Harlekin zeigt sich nicht
mehr, der Wundervogel ist verschollen. Mancher greift nun zu rausch-
erzeugenden Hilfsmitteln, flieht in Scheinwelten oder gibt sich, scheinbar
sinn- und grundlos, exzessiven Zerstreuungen hin. Bis zu Äußerungen
von Lebensüberdruß, ja Selbstmordabsicht, kann dieser Umbruch den
jungen Menschen in Ratlosigkeit und Angst stürzen.

Ein Sechzehnjähriger erzählt mir von schlaflosen Nächten mit qualvollen
Zuständen der Einsamkeit und Aussichtslosigkeit. Das Beispiel ist reprä-
sentativ, ähnliche Zustände werden häufig geschildert:

«Nachts kommt manchmal eine Verzweiflung ohne bestimmten Grund. Es fängt damit an, daß ich beim Einschlafen schreckliche Bilder vor mir sehe, Leichen und alles mögliche, und dann hindere ich mich am Schlafen, weil ich Angst habe, von sowas zu träumen, im Traum in sowas hineinzugeraten und nicht mehr aufzuwachen. Ich bilde mir ein, mein Herz könnte im Schlaf aufhören zu schlagen. Dann sitze ich die ganze Nacht in meinem Zimmer, alles ist total trostlos und grau, und ich weiß genau: Das wird jetzt immer so bleiben. Ich fühle mich so einsam, daß ich es gar nicht beschreiben kann. Nie wird mich jemand verstehen, nie werde ich jemanden verstehen, nicht einmal mich selbst, denke ich andauernd, es geht immer im Kreis herum, immer derselbe Gedanke, stundenlang, und das Einsamkeitsgefühl steigt in mir hoch, erst bis zum Hals, dann füllt es meinen Kopf aus, dann das Zimmer, dann die ganze Welt.»

Gedicht eines vierzehnjährigen Mädchens:

Ich stehe am Marktbrunnen in der Stadt.
Es ist heller Tag.
Die Sonne blendet und brennt.
Niemand außer mir ist da …
Oder doch? Da schweben
undeutliche Gestalten vorüber,
menschenähnliche Gestalten,
aber sie haben keine Gesichter
und bewegen ihre Beine nicht beim Gehen.
Sie gleiten vorüber wie an Fäden gezogen.
Ich rufe ihnen zu.
Niemand antwortet.
Irgendwann kommt die Nacht.
Morgen wird die Sonne wieder aufgehen.
Ich werde am Marktbrunnen in der Stadt stehen …

Der Begriff «Pubertätslyrik» hat im heutigen Sprachgebrauch einen verächtlichen Beigeschmack. Man unterstellt den Jugendlichen eine masochistische Lust am Weltschmerz; sie seien nur darauf aus, sich durch ihr eitles «Steppenwolf»-Gehabe wichtig zu machen. Gerade kürzlich kam wieder ein beunruhigter Vater in meine Beratungspraxis, der (ansonsten eigentlich ein sehr aufgeschlossener Mann mit Interesse und Engagement für die anthroposophische Menschenkunde) verkündete, man müsse seinem Sohn nur ein lückenloses Programm aus Schulaufgaben- und Arbeitsdienststunden aufbrummen, so daß er abends fix und fertig ins Bett falle, dann könne er sich den «Luxus» melancholischen Herumgammelns nicht länger leisten.

Diese Haltung ist nicht selten anzutreffen, vor allem die Väter sind anfällig dafür. Im Hintergrund steht immer der Verdacht, das «Pubertätsdrama» (Lievegoed) sei eine vorsätzliche Inszenierung. Manche Eltern brauchen einen gehörigen Schock, um aus dieser Realitätsverkennung zu erwachen, zum Beispiel einen ernsthaften Suizidversuch ihres Kindes.

Stellt man die beiden oben zitierten Stimmungsbilder des sechzehnjährigen Knaben und des vierzehnjährigen Mädchens gegenüber und bezieht die jeweiligen Hintergründe mit ein, wird sogleich deutlich, daß von «wichtigtuerischem Theater» gar keine Rede sein kann. Die – wie ich finde – sehr nüchterne Beschreibung des Sechzehnjährigen habe ich mir aus meiner Zeit als klinischer Heilpädagoge aufbewahrt. Der Junge hatte einen Selbstmordversuch hinter sich und geriet immer wieder in Zustände besorgniserregender Verwirrung mit Halluzinationen und Inevidenzerlebnissen (ich habe den Begriff der «Inevidenzerfahrung» an anderer Stelle zur Bezeichnung von Zuständen bei Magersüchtigen eingeführt, in denen das schwindelerregende Gefühl auftritt, «gar nicht da zu sein»). Deshalb mußte er sich einer stationären Behandlung unterziehen. Er war so weit wie nur möglich davon entfernt, «Lust» an seiner Qual zu empfinden, sondern fühlte sich ständig von einer furchtbaren, aus seinem Inneren aufsteigenden Bedrohung belauert, von ihn selbst und schließlich die ganze Welt erfüllendem Einsamkeits- und Unwirklichkeitserlebnis, verbunden mit Todesphantasien und Herzangst. Daß er therapeutische Hilfe in Anspruch nehmen mußte, lag nicht an der Tatsache des Auftretens solcher Erscheinungen (sie treten bei sehr vielen Jugendlichen auf), sondern vielmehr daran, daß er keine Möglichkeit fand, irgendwie aktiv in das bedrohliche Geschehen einzugreifen, damit umzugehen, «etwas damit zu machen». Wenn der «böse Traum», den er im Wachen träumte, vorüber war, hatte er nur einen Gedanken: «Es» wird wiederkommen. Diese Unfähigkeit, sich nicht nur als Opfer der eigenen Seelenvorgänge, sondern auf der anderen Seite, in besseren Stunden, auch als aktiv handelndes, gestaltendes Subjekt innerhalb dieser Vorgänge zu erleben, macht die Pathologie aus.

In dem Gedicht des vierzehnjährigen Mädchens[1] wird im wesentlichen dieselbe Problematik artikuliert, die den Jungen völlig aus der Bahn geworfen hat: Einsamkeit, Stillstand, Unwirklichkeit, unerreichbare Ferne des Mitmenschen; nur daß hier das Bemühen waltet, einen poetischen, also Ich-geführten Gestaltungsimpuls in das Entsetzen hineinzuschicken. Die junge «Lyrikerin aus Not» überließ sich nicht widerstandslos den Nachwirkungen ihrer an Todeserlebnisse grenzenden, surrealen Erfahrungen, sondern versuchte, sie zu so etwas wie einer objektiven Aussage zu verdichten. Und an *diesem* Prozeß, am Gewahrwerden dieser Möglichkeit, kann sich nun in der Tat eine schöpferische Lust entzünden, die aber nicht das Geringste mit Masochismus, narzistischem Theater oder dergleichen zu tun hat.

Es ist ein ganz anderes, für das menschliche Seelenleben höchst bedeutsames Phänomen, das hier erstmals anklingt: Zum Ich-Rätsel gehört die eigenartige Fähigkeit, gerade im vorbehaltlosen Erleben der (objektiv) leidvollen Seiten des Daseins eine Art von Schönheit zu finden, die dem «In-sich-schon-Schönen» niemals innewohnt. Die Umwandlung der dumpfen, sinnleeren Schwermut, die wir mit einem treffenden Wort auch «Niedergeschlagenheit» nennen, in jene, für das Jugendalter so charakteristische, melancholische Trauer, die sehr weh tut, aber doch den Trauernden aufhorchen läßt im Gewahrwerden einer fernen, Freude verheißenden Melodie; die Umwandlung also der Schwermut in *Wehmut*, dann der Wehmut in *Sehnsucht*, was nichts anderes heißt, als daß sich die Wehmut ein Ziel setzt und der Verlockung des selbstgesetzten Zieles folgt, ist ein urkünstlerischer Vorgang. Er wird ausgelöst durch die in einem Leben immer wieder zu erneuernde, niemals sich abnützende Entdeckung, daß das «Steingut» der Schwermut nicht nur herabziehendes Gewicht, sondern auch gestaltbares, nach Gestaltung verlangendes «Rohmaterial» ist. Die daraus erwachsende Freude, sich aus

1 Vor einer Reihe von Jahren gab mir das Jugendbildungswerk Lindau/Bodensee dankenswerterweise Gelegenheit, einen Literaturarbeitskreis im dortigen Jugendzentrum anzubieten. Das Jugendzentrum war wegen Drogenkriminalität unter anderem in der Stadt zum Politikum geworden. Ich forderte die jungen Leute über Mikrophon im Disco-Tanzsaal auf, Selbstgeschriebenes mitzubringen und vorzutragen. Die Resonanz war völlig unerwartet. Es kamen auf Anhieb etwa 40 Jugendliche mit ihren Texten, aus der Arbeitsgruppe wurde der «Literaturkreis Scheune», der Lesungen veranstaltete und kleine Bändchen veröffentlichte. Ich habe damals gelernt, wie viele Jugendliche insgeheim schreiben. Eine der treuesten Teilnehmerinnen des «Scheune»-Kreises war jenes 14jährige Mädchen.

eigener Kraft der Schwere, die so plötzlich hereinbrach, entringen, ja das Beschwerende aufheben und damit «spielen» zu können, hat eine ganz andere Qualität als das kindlich-reine Entzücken, das umstandslos am freudigen Ereignis aufsprüht.

Der trauernde Jugendliche, über dem Gefühle der Einsamkeit, Angst, Unzulänglichkeit, Scham und Enttäuschung zusammenschlagen, hat *nicht mehr* die Fähigkeit, sich aus seiner Bekümmerung «herauszuzaubern» und, zunächst, *noch nicht* das überschauende Vermögen, den eigenen Schmerz zu relativieren. Stunden, in denen er glaubt, unweigerlich in der aufsteigenden Flut der Schwermut ertrinken zu müssen, bleiben ihm nicht erspart.[1] Bisweilen «steht (er) da ohne Ziel ... schwebt im Leeren ohne Schutz durch das Selbst ... und ist hilflos Situationen ausgeliefert, in denen er hin- und hergeworfen wird zwischen Regression (das ist: Rückfall in kleinkindliche Bedürfnisse und Verhaltensweisen, H. K.) und Gewalt, zwischen ängstlicher Unsicherheit und Fluchttrieb», so daß «von allen Seiten, wie auf einen Ölfleck, die Depressionen zugreifen» (F. Alonso-Fernandez).

Dies wäre, für sich genommen, die Beschreibung eines schweren seelischen Krankheitszustandes. Aber es gibt eben noch jenes andere Phänomen, jenes andere «Zugreifende», das wir charakterisiert haben als *schöpferischen Impuls*, der die Erfahrungen des depressiven Niedergeworfenseins rückschauend mit gestalterischem Interesse aufsucht und umarbeitet, wodurch vorausschauend Zug um Zug das Vertrauen in die Sinnhaftigkeit auch des Leidvollen wächst. Es wird, bildhaft gesprochen, erlebbar, daß ein dunkler Untergrund die beste Umgebung für ein kostbares Kleinod ist.

Die «Herbstseite» der Existenz, das Welkende, Absterbende, Zerfallende, von Todesahnung Umwehte, bricht in das Erlebnisfeld der Seele ein, anfangs nur bedrohlich, nur ängstigend, bis sich allmählich zeigt, daß, wie Bernardo Gut es einmal ausdrückt, ohne Offenheit für das Tragisch-Trauervolle «die Verhältnisse erstarren ... Frische und Spannung vergehen, die Ausschau nach Wandlung und der Entschluß zur Tat im Keim ersticken (würden)». So wandelt sich in der Tat bei vielen Jugendlichen das anfängliche Entsetzen vor den Schattenreichen, die sie durchwandern

1 Louise J. Kaplan schreibt in *Abschied von der Kindheit* (Stuttgart 1988): «Der Jugendliche ... weiß nicht, weshalb er so plötzlich von Traurigkeit, Verzweiflung, Angst und Wehmut überfallen wird. Er hat keine Möglichkeit, bewußt zu erleben, daß seine ständig wechselnden Gefühlslagen, seine scheinbar kapriziösen Stimmungen auf den Verlust seiner kindlichen Vergangenheit zurückzuführen sind.»

müssen, in eine (normalerweise vorübergehende) ausgesprochene *Bedürftigkeit*, sich in die Dimension des Tragischen einzufühlen, entsprechende Orte aufzusuchen, entsprechende Situationen herbeizuführen. Daß es hierbei Abirrungen, teilweise gefährliche Abirrungen gibt, ändert nichts an der Plausibilität des eigentlichen, zugrundeliegenden Entwicklungsereignisses, das in der Abirrung verfehlt wird.

Wenn – um ein Beispiel zu nennen – ein junger Mensch mit hoher spiritueller Sensibilität in seiner trauervollen, auch der Sphäre des *Grauenhaften* zwischen Furcht und Neugier durchaus zugeneigten Seelenverfassung nicht lesend zwischen Borcherts *Traurigen Geranien*, E. A. Poes *Untergang des Hauses Usher* und Hesses *Siddharta* schwankt (es können auch andere Bücher sein); sich nicht nachts mit Freunden an unheimlichen Orten aufhält, manifestartige Abschiedsbriefe schreibt, vielleicht manchmal wegläuft, Liebesromanzen zu Tragödien steigert, über Selbstmord philosophiert, einen scheinbar belanglosen Kummer bei schwermütiger Musik in Whisky ertränkt (dies alles sind Erscheinungen, von denen Eltern verständlicherweise beunruhigt sind, die aber in einem gewissen Umfang einfach «dazugehören»), sondern in einen satanischen Zirkel hineingezogen wird und an schwarzen Messen teilnimmt, so müssen wir daraus folgern, daß eben Kräfte auf den Plan getreten sind, die entsetzlich falsche Antworten auf eine richtige, weil entwicklungsnotwendige Frage geben: die Frage nach dem Reich des Todes und der Finsternis und den Möglichkeiten des Menschen, die Kräfte, die ihn von dorther angreifen, sinnvoll in seine Persönlichkeitsentwicklung einzubeziehen. Daß nicht wenige Jugendliche bereit sind, selbst die abwegigsten «Lösungs»-Vorschläge dieses Problems zu akzeptieren, zeigt das Ausmaß ihrer Verunsicherung, aber auch ihres Alleingelassenseins mit dem, was sie zuinnerst beunruhigt.

Mancher wird hier vielleicht einwenden wollen: Das ist doch alles maßlos übertrieben. Aber zeigen nicht gerade die erwähnten Verirrungen das Gegenteil, indem sie dokumentieren, bis zu welchen extremen Fehlhaltungen sich die Jugendseele in ihrer Verstörtheit versteigen kann, wenn sie nirgends Halt und Orientierung findet? 10% aller Jugendlichen erkranken heute an klinisch relevanten Depressionen (G. Nissen). Hinzu kommen die Legionen, bei denen «verdeckte Depressionen» (F. Alonso-Fernandez) zu suizidalen Handlungen, Kriminalität, Alkohol- und Drogenmißbrauch, Anfälligkeit für Satanskulte und Jugendsekten, Schulversagen, Magersucht und vielem mehr führen; und schließlich darf die heute besonders rasant anwachsende «Dunkelziffer» der Angepaßten, ihrer Jugend Beraubten nicht vergessen werden, die scheinbar keinerlei krisenhafte Erschütterungen erleben, sich bruchlos in gesellschaftliche Klischees einfügen und irgendwann, wenn Unvorhergesehenes eintritt, erbarmungswürdig zusammenbrechen, überwältigt von lange niedergehaltenen, uneingestandenen Ängsten.

Wer sich in den Jugendjahren «die Offenheit zum Entsetzenden, zur Tragik» (B. Gut) nicht errungen hat, ist verloren, wenn Entsetzendes ihn eines Tages ereilt und aufreißt – überwältigende Gefühle des Zweifels und der Leere, unerwiderte Liebe, das Mißlingen eines Vorhabens, dem viel geopfert wurde, das Verlassenwerden, die Schuld, die Berührung mit dem Tod, kurzum: der «gewöhnliche» Zusammenbruch, der, wie S. Sutherland schreibt, «etwas so Alltägliches (ist), daß jeder … wohl irgendwann einmal (damit) konfrontiert wird». Sutherland ist ein Psychologe, der über seine eigenen schweren Depressionen berichtet und rückblickend auf seine Jugendjahre lapidar feststellt: «Ich war ein Musterknabe.»

Auch die konsequente Abwehr von Trauer ist eine Art verdeckter Depression. Wer sich Gefühle der Bekümmerung, Angst und Hilflosigkeit nicht zugestehen kann, lebt eigentlich unter dem Eindruck, diese Gefühle seien unbezwingbar. Dies ist die halbbewußt-resignative Grundüberzeugung des scheinbar Unerschütterlichen.

Wenn die Stimmung der Sinnlosigkeit, des unabwendbaren Scheiternmüssens im Jugendalter nicht zeitweise in ihrer ganzen Bitternis «durchgeschmeckt» wird, kann der Erwachsene später das konkrete Erlebnis des Scheiterns an dieser oder jener Aufgabe, in dieser oder jener menschlichen Beziehung nicht ertragen.[1] Das heißt aber, daß uns die jungen Leute, die sich in scheinbar grundloser Verzweiflung so verhalten, als sei ihnen die Last der ganzen Welt aufgebürdet, ihre Fluchtversuche aus heimatlicher Umgebung (auch wenn ihnen dort nie Leid zugefügt wurde) wie Gefängnisausbrüche abwickeln und sich jeder Annäherung in liebevoller Verstehensbemühung brüsk entziehen (als wollten sie sagen: «Schon die Tatsache, daß du es für möglich hältst, meine Probleme zu begreifen, beweist mir, daß du gar nichts begreifst»), kein Theaterstück vorführen, sondern wir erleben die Zeichen eines entwicklungsnotwendigen inneren

---

1 Der – so viel ich weiß – von M. Mitscherlich eingeführte Begriff «Trauerarbeit» kommt hier ins Spiel. Das Jugendalter ist diesbezüglich ein Übungs- und Bewährungszeitraum. Schon deshalb ist die «unproblematische Jugend» in Wahrheit höchst problematisch. Die Adoleszenzkrise kann niemals umgangen, sondern nur aufgeschoben werden. Tritt sie entfernt von ihrem eigentlichen biographischen Bestimmungszeitraum auf, führt sie unweigerlich zur seelischen Katastrophe.

Wandlungsgeschehens, das man ebenso *begrüßen* lernen muß, wie sich zum Beispiel allmählich die Erkenntnis durchsetzt, daß Kinderkrankheiten begrüßenswert sind, weil sie die Abwehrkräfte stärken.

In ganz ähnlichem Sinne entwickelt sich durch die krisenhaften Erscheinungen der Pubertät und Adoleszenz die *seelische* Widerstandsfähigkeit für das ganze spätere Leben. Es hängt nur eben viel davon ab, ob eine gesunde Ausbildung der Gemüts- und Willenskräfte in früherer Kindheit die Voraussetzungen dafür geschaffen hat, daß jene oben beschriebene Metamorphose der Schwermut in Wehmut und Sehnsucht stattfinden kann. Um den Mut zum selbstgestaltenden Zugriff auf das plötzlich hereingebrochene Chaos aufzubringen, bedarf die Jugendseele der ahnenden Wahrnehmung «eines verlockenden Bildes ihrer künftigen Entfaltetheit» (H. Roth), welches sich lichtvoll abhebt gegen den dunklen Untergrund der Einsamkeit und Trauer, ja überhaupt erst auf diesem Untergrund sichtbar wird. Eine meiner jugendlichen Schutzbefohlenen hat mir (wahrscheinlich in unwillkürlicher Anlehnung an Platos Höhlengleichnis) die folgende kleine Geschichte erzählt, die ganze Abhandlungen ersetzt:

«Ich sitze in einer wolkenverhangenen Nacht am Ufer eines tiefen Bergsees und blicke auf den schwarzen Wasserspiegel, von dem eine merkwürdige, düstere Verlockung ausgeht. Dann wird es heller um mich, Lichtfunken tanzen in dem Schwarz, und ich wundere mich, woher sie kommen, versuche sie mit Händen zu greifen, es mißlingt, meine Traurigkeit wird immer größer. Dann höre ich eine Stimme sagen: ‹Schau auf.› Ich richte den Blick nach oben und sehe den sternenübersäten Himmel. Die Stimme sagt: ‹Einer von den Sternen da oben gehört dir. Er leuchtet immer, auch in den wolkenverhangenen Nächten, auch bei Tag, wenn du ihn nicht siehst.› – Ich frage: ‹Wie finde ich unter so vielen Sternen den, der zu mir gehört?› – Die Stimme antwortet: ‹Suche dir einen aus, es ist möglich, daß du den falschen wählst.› – Ich frage: ‹Wer spricht da?› Die Stimme antwortet: ‹Ich, der Stern.›»

(Veronika W., 19 Jahre alt. Sie war wegen des Verdachts einer drohenden seelischen Erkrankung in der Beratungssprechstunde vorgestellt worden. Der Verdacht erwies sich als unbegründet, Veronika bestand jedoch von sich aus darauf, einen regelmäßigen Gesprächskontakt aufrechtzuerhalten.)

So erschließt sich die Seele in diesen Jahren, in denen der Jugendliche nicht nur seinen Mitmenschen, sondern viel mehr noch sich selbst zum Rätsel wird, ein zukunftentscheidendes Erfahrungs- und Fähigkeitenspektrum. Ihre Aufmerksamkeit ist so zwingend hinabgezogen in das Abgründige, daß sie die überwölbende Sternenwelt vergißt. Das ganz selbstverständliche, aufschauende Vertrauen zu den Kräften, an die das Kind seine Gebete richtete (falls mit ihm gebetet wurde) und deren Wirksamkeit es voraussetzte, wenn es dem Versprechen der Mutter oder des Vaters «Alles wird wieder gut» ohne jeden Anflug von Zweifel glaubte, ist zerbrochen – bis jene Stimme ertönt, die, nach ihrem Namen gefragt, antwortet: «Ich, der Stern.» Das ist der Umschwung.

Es gibt ein wunderschönes Kindergebet von Rudolf Steiner, das mit den Worten beginnt: «Vom Kopf bis zum Fuß / Bin ich Gottes Bild.» Diese Gewißheit trägt nicht mehr. Sie muß schwinden, auf daß die andere sich einstellen kann: «Ich folge meinem Stern.» Dazwischen liegt eine kürzere oder längere Zeit der Entbehrung aller Daseinssicherheit. Diese Zeit nennen wir Pubertätskrise.

Dieses Kapitel stellt einen in sich geschlossenen, für sich allein stehenden Aufsatz dar, den ich nachträglich als besonders geeignet empfand, an dieser Stelle in das Buch eingefügt zu werden. Daraus erklärt sich, daß manches schon in dem Kapitel «Güte, Schönheit, Wahrheit» Gesagte hier so behandelt wird, als könne es beim Leser nicht vorausgesetzt werden.

An die Eltern

> «Der Mensch löst sich freilich gar zu geschwind von denen los,
> denen er noch manchen Rat und Beistand verdanken könnte,
> doch diese Unart dient zu seinem Glück, wenn er sich dereinst
> selbst helfen muß.»
>
> *Goethe an Zelter*

Liebe Eltern!

Sie haben dieses Buch vielleicht zur Hand genommen, weil Sie mit Ihrer Tochter oder Ihrem Sohn nicht mehr weiterwissen, Angst um sie/ihn haben, ihre/seine Zukunft bedroht sehen und sich nun praktische Erziehungsratschläge erhoffen. Und es könnte sein, daß mancher das Buch bald wieder zur Seite legen und bei sich denken wird: «Da erklärt er nun lang und breit, *warum* mein Kind in einer solchen Not ist, aber was ich dagegen unternehmen soll, weiß ich immer noch nicht.»

Das ist heute die übliche und sehr verständliche Haltung, die man einnimmt, wenn man vor größeren Schwierigkeiten steht: Es soll ein Experte kommen und die Sache aus der Welt schaffen. Um diese Haltung in klingende Münze umzusetzen, werfen Verlage zahllose Bücher auf den Markt, in denen für alle nur erdenklichen Probleme *die* Lösungen angeboten werden.

Ich kann und will all diesen fadenscheinigen «Anweisungen zum Glücklichsein» keine weitere hinzufügen, sondern an Ihren Mut zur Selbstverantwortung, zur sozialen Phantasie und in gewisser Hinsicht auch zum «Aushalten» problematischer Schicksalssituationen, an Ihre Geduld also, appellieren. Es gibt Schwierigkeiten – und ich glaube, darauf sollte man sich wieder stärker besinnen –, die können letztlich nur die betroffenen Menschen selbst lösen, unter beratender, ermutigender, warnender, «supervisorischer» Mitwirkung von vertrauenswürdigen Außenstehenden zwar, aber eben doch in eigener Kompetenz. Ich spreche von jener menschlichen, sozialen Kompetenz, die einem in Wirklichkeit nie ein «Experte» abnehmen kann.

In zahllosen Beratungsgesprächen, Elternabenden und Fortbildungsseminaren habe ich immer wieder erlebt, daß mir die Haltung entgegengebracht wurde: «Erzählen Sie mir nicht so viel über das Wieso, Warum und Woher, sondern sagen Sie mir, was ich machen soll.» Gerade in der Familienberatung bei Jugendkrisen ist dies oftmals die erste Hürde, die zur Seite geräumt werden muß, um überhaupt zu einem sinnvollen Gespräch vorzudringen. Ich fühle mich dann verpflichtet, zum Ausdruck zu bringen: «Wenn ich die Krise aus der Welt schaffen wollte, dann müßte ich eigentlich das ganze Kind, die ganze kindliche Lebensgeschichte mitsamt den übrigen Familienmitgliedern, ja die Zukunft und die zur Selbständigkeit erwachende Persönlichkeit des Kindes aus der Welt schaffen. Ich würde dann dem Jugendlichen mit der Absicht gegenübertreten, ihn in einen Zustand hineinzumanipulieren, der gar nicht den Tatsachen entspräche, sondern einfach eine Lüge wäre.»

Denn es ist mit der Krise wie zum Beispiel mit dem Fieber: Fieber ist keine Krankheit, sondern ein Anzeichen dafür, daß sich der Organismus gegen eine Krankheit zur Wehr setzt. Wenn man das Fieber gewaltsam niederdrückt, dann schwächt man die Selbstheilungskräfte und beschädigt das Immunsystem. Erst wenn die Temperatur über die tolerierbare Grenze hinauszusteigen droht oder gar zu lange konstant hoch bleibt, wird vielleicht ein massiveres Eingreifen nötig. Ähnliches gilt auch für das «seelische Fieber» der Pubertätskrise. Was uns äußerlich als schwieriges, widersprüchliches, unvernünftiges, uneinsichtiges, regelmißachtendes, abenteuerlich-unvorsichtiges, gefahrenbildendes Verhalten entgegentritt, zeigt an, daß der Jugendliche gegen etwas ankämpft, daß er etwas zu bewältigen hat, sich gegen etwas auflehnt, was er selbst nicht recht fassen kann.

Wenn wir nun Mittel hätten (und anwenden würden), ihm dies alles durch ein paar Kunstgriffe abzugewöhnen, sein Verhalten also auf «Normalmaß» zurechtzubiegen, was hätten wir dann erreicht? Wir hätten ihm seine Kampfmittel, seine Schutzausrüstung genommen und ihn den Bedrohungen ausgeliefert, von denen er sich eingekreist fühlt. Die *eigentlichen* Konflikte, die «unterhalb» seines abwegigen und verdrehten Verhaltens aufgebrochen sind, würden unerledigt liegenbleiben. Und man kann sicher sein: Sie würden eines Tages mit doppelter, dreifacher Kraft wieder zum Vorschein kommen und nach Lösung drängen.

Ich habe dieses Buch geschrieben, um vor allem ein Verständnis für diese «eigentlichen» Konflikte zu wecken, von denen ich glaube, daß sie sich in den kommenden Generationen mehr und mehr verschärfen werden; und ich bin überzeugt, daß ein wirkliches, ernsthaftes Sich-Einlassen auf die dargestellten menschenkundlichen Zusammenhänge bei Ihnen, liebe Eltern, pädagogische und soziale Phantasiekräfte freisetzen kann, durch die Sie ein Stück unabhängiger von «Experten» werden.

Ich habe dieses Buch zweitens auch deshalb geschrieben, um dazu beizutragen, daß man sich abgewöhne, eine heftige Pubertätskrise für ein Unglück zu halten, einen angepaßten, scheinbar rundum zufriedenen und vernünftigen Jugendlichen dagegen für einen Glücksfall oder das Ergebnis einer besonders gelungenen Erziehung. Mein Beruf als heilpädagogischer Kinder- und Jugendlichen-Therapeut hat mich gelehrt, auf die «Brävlinge» (R. Steiner) mit großer Sorge hinzublicken. Diese Jugendlichen haben oftmals das, was man eine «maskierte», unter Wohlverhalten versteckte Angstsymptomatik nennt. Plötzliche Selbstmordversuche solcher folgsamer Kinder haben schon oft zum bösen Erwachen geführt.

Ich will damit sagen: Die Erziehung sollte von vornherein gar nicht auf die *Vermeidung* einer Pubertätskrise abzielen, sondern darauf, das Kind mit Kräften auszustatten, die es ihm ermöglichen, die Krise heil zu überstehen. Und wenn es dann so weit ist, sollte nicht die möglichst rasche *Abschaffung* der Krise im Mittelpunkt der Bemühungen stehen, sondern die Begleitung des Jugendlichen *durch* die Krise.

Glauben Sie an Ihr Kind!

Dies ist das erste, was ich Ihnen, liebe Eltern, dringend und mit großem Ernst ans Herz legen will: Versuchen Sie nicht, Ihrem Kind die sogenannte Pubertäts- oder Adoleszenzkrise zu nehmen, streitig zu machen, gar zu «verbieten» – auch nicht innerlich, in der Art, wie Sie es auf seinem «Schleuderkurs» mit Gedanken und Gefühlen begleiten. Denn der Jugendliche hat ein ebensolches «Grundrecht» auf seine Krise wie das kleine Kind auf seinen Trotz oder das noch kleinere Kind auf sein markerschütterndes Gebrüll, wenn es sich wehgetan hat oder nicht in seinem Bettchen liegenbleiben will.

Das Wichtigste ist die Aufrechterhaltung Ihres Glaubens an Ihr Kind. Lassen Sie sich durch all die Kassandrarufe, die aus der Verwandtschaft, Bekanntschaft, Nachbarschaft, Lehrerschaft ertönen, *darin* nicht beirren. Gemeint ist kein unkritischer Glaube, keine «Affenliebe», sondern ein grundsätzliches Vertrauen von der Art, wie ich es in dem Kapitel «Vom

Urvertrauen in die Wahrheit» beschrieben habe. Der Jugendliche kann nur dann *an sich selbst glauben* und daraus den Glauben an die Menschheit entwickeln, wenn er erlebt, daß Sie, was immer er auch anstellen mag, nie sein eigenliches, «echtes» Seelenwesen aus den Augen verlieren. Er ist auf der Suche nach dem Sinn seines Lebens darauf angewiesen, daß er immer wieder in seinem höheren Selbst erkannt und angesprochen wird. Davon hängt unendlich viel ab.

Der aus Verbitterung geborene (unausgesprochene oder ausgesprochene) Satz: «Dies ist nicht mehr unser Kind», richtet Verheerungen an. Liebende Eltern haben einen inneren Eindruck von jenem «höheren Selbst» ihrer Tochter, ihres Sohnes. Das Problem liegt weniger darin, daß man an dieses «Wahrbild» des Wesens seines Kindes nicht herankäme, sondern darin, daß man sich täuschen läßt und das Wahre nicht mehr fürwahrnimmt.

Es gibt eine schlichte, aber sehr wirksame Seelenübung, die ich hierzu empfehlen kann – ich wende sie auch als Heilpädagoge für diejenigen Kinder und Jugendlichen an, mit denen ich es zunächst sehr schwer habe: Stellen Sie sich jeden Abend vor dem Schlafengehen Ihr «Sorgenkind» fünf Minuten lang intensiv vor Ihr inneres Auge. Versuchen Sie sich seine Gestalt, seine Bewegungen, seinen Gesichtsausdruck und so weiter bis in die feinsten Nuancen hinein so genau zu vergegenwärtigen, während Sie gleichzeitig alle *Gedanken über das Kind* möglichst «abschalten», daß sich nach und nach das Gefühl einstellt, Ihr Vorstellungsbild sei ein wirkliches, sinnliches Wahrnehmungsbild. Man muß Geduld haben bei dieser Übung, sie braucht Zeit und Regelmäßigkeit und sollte auf jeden Fall *vor dem Einschlafen* durchgeführt werden. Schließen Sie die Übung ab, indem der erste Gedanke, den Sie danach wieder willentlich denken (und sehr energisch denken, vielleicht sogar laut sprechen sollten), die Frage ist: «Wer bist du?» Ich wage an dieser Stelle zu sagen, daß ich fest davon überzeugt bin, man richte auf diese Art eine Frage direkt an den «Engel» des Kindes und erhalte in der Nacht eine Antwort. Die Schwierigkeit ist nur, diese Antwort morgens mitzunehmen über die Schwelle des Erwachens. Aber wenn man sich angewöhnt, *gleich nach dem Aufwachen* in Gedanken wieder auf die Sache zurückzukommen, wird dies immer besser gelingen. Man wird Antworten finden in Form von Tatimpulsen.

Nicht irgendein allgemeines oder «öffentliches», durch gesellschaftliche Wertnormen vermitteltes Bild *des* Idealjugendlichen sollte vor Ihnen stehen, sondern die unverwechselbare Individualität *Ihres* Kindes. Vergleichen Sie Ihren aus den Fugen geratenen Herumstreuner nur ja nicht mit dem höflichen, hilfsbereiten, fleißigen und adretten Nachbarsjungen, denn der letztere hat entweder noch vor sich, was Ihr Sohn gerade durchmacht, oder er ist in der traurigen Lage, daß er verbergen muß, was in ihm brodelt und rumort, ihn ängstigt, wütend und ratlos macht. Irgendwann wird auch seine Wunde bloßliegen, und wer weiß, ob dann noch jemand da ist, der ihm die Treue hält und sagt: «Hier ist ein Hafen, da kannst du jederzeit einlaufen, wenn's dir draußen zu stürmisch wird.»

Bei alledem besteht kein Grund, unkritisch alles hinzunehmen und gutzuheißen, was Ihre Tochter, Ihr Sohn tut und sagt. Mit Ihrem verschreckten Ja und Amen handeln Sie sich nur Verachtung ein. Sie sollten, kurz und bündig, einfach ein möglichst *reifes* soziales Verhalten an den Tag legen, wie es zum Beispiel auch unter erwachsenen Freunden und Partnern anzustreben ist. Man nennt diese Haltung «kritische Wertschätzung» oder auch «kritische Solidarität».

Entwickeln Sie Phantasie!

Ein zweites, ebenso Wichtiges, was ich Ihnen raten möchte – und ich rate jetzt ganz aus dem heraus, was mir im Laufe der Jahre viele Jugendliche über ihr Verhältnis zu ihren Eltern gesagt und geschrieben haben –, ist das folgende: Lassen Sie sich in Ihrer Treue, Ihrem unverbrüchlichen Glauben an Ihr Kind nicht in eine passiv-leidende, märtyrerhafte Pose drängen. Dagegen entwickeln die Jugendlichen einen großen Widerwillen.

Aktiv soll sich die Treue gestalten, *offensiv,* ideenreich und wenn möglich so, daß es nie an Überraschungseffekten mangelt. Sie/er ist positiv überrascht, nachts beim Heimkommen Briefe von Ihnen auf dem Bett zu finden, aber keine vorwurfsvollen, leidenden, sondern gedankenreiche, humorvolle, sachlich-verständnisvolle Briefe. Oder dichten Sie, erfinden Sie Geschichten, Theaterstücke, die Sie ihr/ihm unter der Tür durchschieben mit der Bitte um kritische Stellungnahme. Schenken Sie ihr/ihm Schallplatten, von denen Sie begeistert sind, mit einer Notiz: «Bitte um Rückmeldung, wie es gefallen hat.» Kümmern Sie sich um die Musik, die Ihr *Kind* liebt, und überraschen Sie es mit sachkundigen Beurteilungen. Und so weiter.

Sie dürfen die Rolle der miesepetrig-abgehärmten Mutter, des verbiesterten, in spießige Gewohnheiten eingemauerten Vaters nicht akzeptieren! Zeigen Sie, daß es sich lohnt, mit Ihnen zu verkehren. Dabei sollten

Sie nicht auf Worte des Dankes und der Anerkennung warten, denn nach außen hin *muß* Ihr Kind demonstrieren, daß es sich von Ihnen nicht im geringsten beeindrucken läßt. Und werden Sie niemals aufdringlich! Es hat keinen Zweck, sie/ihn abends in die Stamm-Disko begleiten zu wollen, plötzlich den Szene-Jargon nachzuahmen, ihre/seine Ansichten über Gott und die Welt zu übernehmen oder sich eine Haarsträhne lila färben zu lassen. Nicht durch solche Anbiederungen wird man für die jungen Leute interessant, sondern durch Individualismus, Kreativität, Selbständigkeit und geistige Beweglichkeit. Dazu gehört Ihre Bereitschaft, zurückschauend auf ein erfahrungsreiches Leben für *neue* Erfahrungen dennoch jederzeit offen zu sein. Fast alle Jugendlichen haben die Theorie, nicht auf die Quantität, sondern auf die Qualität von Erfahrungen komme es an. Und damit haben sie eigentlich auch recht.

Die Jugendlichen wollen nicht mit jemandem reden, der bettelnd daherkommt und hernach doch nur Anklagen vorbringt oder weise Predigten hält. Wer sich mit interessanten und ungewöhnlichen Fragen beschäftigt, ist gesprächswürdig, wer zwischen Begeisterung und Empörung mitlebt im Weltgeschehen, wer Ideale hat und hinausblicken kann über den eigenen Gartenzaun.

Das Gespräch

Ist erst einmal die Gesprächsbasis wieder hergestellt, kann man aufatmen. Auch – und besonders – der Jugendliche atmet dann auf, denn man glaube nur ja nicht, er habe Spaß an seiner eigenen Verstocktheit.

An Gesprächsthemen fehlt es nicht. Blättern Sie, liebe Eltern, ein paar Seiten zurück, da finden Sie Stoff in Hülle und Fülle, denn da sind Fragen beschrieben, die Ihr Kind umtreiben und aufwühlen. Und es kann auch darüber sprechen, wenn man darauf achtet, nicht auf die damit zusammenhängenden intimen Probleme zu zielen, sondern die Probleme als das anzugehen, was sie auch wirklich sind: Menschheitsangelegenheiten. Dadurch helfen Sie dem Jugendlichen, die Schamschwelle zu überwinden, aus der kleinen Welt seines eigenen Schmerzes, seiner eigenen Bekümmerung und Angst herauszusteigen. Für die *persönliche* Ebene haben Sie dennoch eine sehr ergiebige Möglichkeit. Sie können nämlich bei dem Jugendlichen auf ein jederzeit waches Interesse an lebendigen, selbstkritischen Erzählungen aus Ihrer eigenen Biographie rechnen – Erzählungen von Krisen, Erfolgen, Leiderfahrungen und Glückserlebnissen, Schicksalsschlägen und Bewährungsproben. Verzichten Sie dabei auf alles Belehrende. Eher wie ein kritisch beobachtender Zaungast Ihres eigenen Lebens sollten Sie erzählen.

Wesentlicher aber noch als dies alles ist die Bereitschaft und Fähigkeit, *zuzuhören* mit echtem, hellwachem Interesse. Das Zuhörenkönnen, ohne unausgesprochene oder ausgesprochene Werturteile über das Gehörte zu fällen, einzig getragen von der inneren Haltung: «Ich interessiere mich für dich», gehört zu den schönsten Errungenschaften einer gereiften Persönlichkeit. Wir sollten den Umgang mit Jugendlichen als eine willkommene Gelegenheit betrachten, uns in diese Kunst einzuüben.

Besinnen Sie sich auf sich selbst!

Ich habe schon erwähnt, wie schwer Jugendliche mit der «Leidenspose» ihrer Eltern umgehen können. Sie behaupten dann, man wolle ihnen Schuldgefühle einimpfen, um sie dadurch zum Gehorsam zu zwingen. Auf das *Mitleid* von Jugendlichen kann in der Regel derjenige nicht rechnen, der um *ihretwillen* leidet.

Das hat zwei Gründe. Zum einen kann sich der Jugendliche noch gar nicht vorstellen, so viel Macht über seine Eltern zu haben, daß er in gewisser Hinsicht verantwortlich sein soll für ihr Seelenheil. Er *will* sich das auch gar nicht vorstellen. Der Gedanke würde ihn tief verunsichern, weil er den Rückhalt durch seine Eltern noch viel dringender benötigt, als er zugeben kann. Was für ein Rückhalt aber sind Erwachsene, die sich völlig abhängig machen von den Launen Ihres Kindes? Was für ein «sicherer Hafen» ist ein Heim, wo die Eltern gramgebeugt sitzen und das Kind anflehen, lieb zu sein? Ich weiß, das klingt hart, aber mit genau solcher Härte argumentieren in diesem Punkt die Jugendlichen. Dahinter steckt Angst vor dem Verlust eines Zufluchtsortes.

Der zweite Grund ist ein viel einfacherer: Die Jugendlichen fühlen sich in ihren Krisenzeiten eigentlich krank. Der Gedanke, durch ihr Leiden, an dem sie, wie sie selbst finden, schwer genug tragen, nun auch noch *anderen* Leid zuzufügen, wäre so belastend, daß er kurzerhand ausgeklammert wird zugunsten jener typischen Pubertätstheorie von der Gehorsamserzwingung durch Schuldzuweisung. Daß übrigens diese Theorie manchmal gar nicht so falsch ist, sei hier nur am Rande erwähnt. Oft entspricht sie *nicht* der Wirklichkeit, sondern ist als eine Art «Überlebensstrategie des jugendlichen Gewissens» anzusehen.

Sie geben dem Jugendlichen eine echte «Rückendeckung», wenn Sie ihm zeigen (und sich selbst klarmachen), daß nicht nur für ihn, sondern auch für Sie eine neue Ära der Unabhängigkeit beginnt. Wenn er stattdessen erleben muß, daß er sich freikämpft, während zu Hause zwei einsame und traurige Menschen zurückbleiben, deren wichtigster Lebensinhalt er war, entwickelt er eine Art von Schuldgefühlen, die ihn hoffnungslos überfordern, und Sie werden völlig unangemessene, nicht selten auch brutal wirkende Reaktionen erleben. Der Jugendliche wird unter seinem eigenen lieblosen Verhalten leiden und es doch nicht abstellen können.

Ganz gleich, in welche Schwierigkeiten sich das Kind nach der Pubertät manövriert: Besinnen Sie sich, liebe Eltern, gerade jetzt wieder auf sich selbst! Fragen Sie sich, welche Möglichkeiten das letzte Drittel Ihres Lebens noch für Sie bereithalten könnte. Fangen Sie etwas Neues an, wozu Sie schon immer Lust hatten. Bilden Sie sich weiter, steigen Sie mit Lerneifer und Forscherdrang in ein künstlerisches oder wissenschaftliches Gebiet ein oder ähnliches.

Ich kenne etliche Beispiele, wo so etwas gelungen ist: Die Mutter (von Beruf ursprünglich Lehrerin), die eine Beratungspraxis für Erziehungsfragen eröffnet; der Vater (ursprünglich Techniker), der sich in der Umweltschutzbewegung engagiert; eine andere Mutter (Hausfrau), die sich im Selbststudium kunstgeschichtliches Wissen aneignet und auf Honorarbasis für ein Reisebüro Bildungsfahrten veranstaltet.

Wenn die Kinder fünfzehn, sechzehn Jahre alt geworden sind, kann man schon mal anfangen, die Fühler auszustrecken nach einem solchen neuen Tätigkeitsfeld, sich langsam einarbeiten, Vorbereitungen treffen. Sie tun damit nicht nur sich selbst einen Gefallen, sondern auch dem Jugendlichen. Ihm helfen Sie nämlich am wenigsten, wenn Sie bangend und bebend zu Hause sitzen und bei jedem Telefonklingeln zusammenzucken. Ihn verunsichern Sie nur zusätzlich, wenn Sie sich selbst um seinetwillen aufgeben!

«Was haben wir nur falsch gemacht?»

Häufig ist die Verständigung zwischen Jugendlichen und ihren Eltern nicht nur durch das «unmögliche Benehmen» des Jugendlichen gestört, sondern auch dadurch, daß sich die Eltern mit diffusen Schuldgefühlen herumplagen. Jeder kennt ja die merkwürdige Sache mit den Schuld- und Reuegefühlen: Man ist einerseits ganz zerknirscht und nimmt auf eine fast selbstquälerische Art alles auf sich, aber andererseits reagiert man auf tatsächliche oder vermeintliche Vorhaltungen, die genau in die Wunde der Selbstbezichtigung treffen, höchst empfindlich. Diese Widersprüchlichkeit der Gefühle verlangt zum Beispiel in der Erziehungsberatung, daß man zunächst einmal ein gewisses Maß an unlogischem Verhalten seitens der Eltern einfach voraussetzt und gelten läßt: Deutet der Berater irgendetwas in Richtung Erziehungsfehler an, wird angestrengt dagegenargumentiert; bittet er darum, man möge doch von fruchtlosen Selbstvorwürfen Abstand nehmen, wird nicht minder angestrengt dagegenargumentiert. Ich sage das nicht «von oben herab», denn ich bin selbst Vater zweier Kinder und weiß daher ganz gut, wie es sich anfühlt, wenn ich betrübt bin über mein erzieherisches Fehlverhalten in einer bestimmten Situation, und dann kommt meine Frau und kritisiert genau den fraglichen Punkt. Da will ich weder die Kritik hören, noch will ich hören, ich hätte mich tadellos verhalten.

Die elterlichen Schuldgefühle können aber gerade dann, wenn die Kinder in heftigen Pubertätskrisen stecken, regelrecht ausarten und zu der Stimmung führen, man habe *alles* falsch gemacht und stehe jetzt vor dem Scherbenhaufen eines gescheiterten Erziehungsauftrages. Verwandtschaft, Bekanntschaft und Schule tun ihr übriges: Alle sind unschuldig, alles liegt an den Eltern. Zwar weiß man nicht so genau, *was* man denn im einzelnen eigentlich für Fehler gemacht hat, aber es gibt ja genug mysteriöse Theorien, in denen man sich gegebenenfalls wiederfinden kann. Wer weiß, ob man nicht (unbewußt) das verkorkste Verhältnis, das man (unbewußt) zu den eigenen Eltern hatte, auf das Kind übertragen hat und von diesem nun (unbewußt) zurückgespiegelt bekommt? Ist es am Ende ein Verhängnis für das Kind, daß die Mutter stets eine energische, tatkräftige Frau, der Vater dagegen still und in sich gekehrt war, wo es doch nach guter alter Sitte umgekehrt sein müßte?

Natürlich gibt es Lebensverhältnisse, Familienverhältnisse, die sich verheerend auf die Entwicklung des Kindes auswirken, und natürlich machen auch Eltern, die ihre Kinder mit Liebe und Umsicht großziehen, manchen Fehler. Man sollte diese Fehler auch ruhig und sachlich anschauen und versuchen, Folgerungen daraus zu ziehen. Nur: Für das *Kind* hat die mütterliche oder väterliche Selbstkritik nur dann eine Bedeutung, wenn sie konstruktiv-zukunftsgerichtet ist.

Denken Sie daran, liebe Eltern, daß Sie, wenn Sie sich von Schuldgefühlen verzehren lassen, die einstigen Fehler nicht aus der Welt schaffen, sondern multiplizieren. Sie beschwören die bösen Geister der Vergangenheit herauf und verleihen ihnen Macht über das Heute. Zwar müssen Sie sich von Ihrem Kind ständig anhören, was für entsetzliche Eltern Sie gewesen seien, aber erinnern Sie sich, was Sie im ersten Teil dieses Buches zum Thema «Distanzierung und Disqualifikation von Heimat» gelesen haben: Um sein Verhältnis zu sich selbst und zu seiner Vergangenheit zu klären, muß sich der Jugendliche zunächst einmal losreißen von dieser Vergangenheit. Er «entwertet» alles, was mit seiner früheren Kindheit zusammenhängt, also auch die Rolle der Eltern. Sie dürfen diese Beschuldigungen nicht unbedingt wörtlich nehmen. Sie besagen eigentlich: «Meine Vergangenheit soll mich loslassen.» Es geht darum, daß Sie Ihrem Kind *dabei* helfen, und das heißt auch: Die alten Gespenster ruhen lassen! *Sie selbst* werden für den Jugendlichen allmählich zu Gespenstern der Vergangenheit, wenn Sie sich von den alten Geschichten – und seien es auch objektiv traurige Geschichten – niederdrücken lassen.

Ich habe in den Betrachtungen zum Thema «Güte, Schönheit, Wahrheit» versucht, das Leid und die Verwirrung Jugendlicher in ein objektives entwicklungspsychologisches Licht zu rücken, und zum Schluß gezeigt, in welchem Maße auch die Weltverhältnisse, in denen wir alle leben, hierbei eine Rolle spielen. Sie haben beim Lesen bemerkt, daß meine pädagogischen Hinweise sich stets auf die *Abmilderung* entwicklungsimmanenter Leidensstufen beziehen. Mit anderen Worten: Die Erziehung hat weder den Auftrag noch die Möglichkeit, dem Kind ein frohes, ungetrübtes Leben zu garantieren, ihm die Enttäuschungen zu ersparen, die unweigerlich eintreten *müssen*, wenn sich eine unschuldig-vertrauensvolle Seele in Verhältnisse einlebt, die weder unschuldig noch vertrauenerweckend sind.

Es ist ein fruchtloses und von der Wirklichkeit tausendfach widerlegtes, monokausales Denkmuster, das uns glauben macht: Wenn ein Jugendlicher in Schwierigkeiten gerät, hat er das seinen Eltern zu verdanken. Man überschätzt die Macht der erzieherischen Determination, während man unterschätzt, wie früh schon die Individualität des Kindes

sich ihre *eigenen* Bedingungen schafft und auf ihre *eigenen* Schicksals-
prüfungen zusteuert. Vieles, was namentlich die Jugendlichen zu durch-
leiden haben an Verwirrungen, Entgleisungen und Kümmernissen, hat
durchaus nichts mehr mit ihrer Vergangenheit im Sinne des einfachen
Ursache-Wirkung-Zusammenhanges zu tun, dafür aber schon viel mit
ihrer *Zukunft*, das heißt auch mit der menschheitlichen Zukunft, an der
sie mitwirken und von der sie betroffen sein werden.

Jene diffusen Schuldgefühle, die so oft ein freies Aufeinander-Zugehen
vereiteln, rühren vielfach daher, daß man bewußt oder unbewußt
die materialistische Auffassung übernommen hat, das Kind werde den
Eltern als «unbeschriebenes Blatt» in die Wiege gelegt. Ganz anders stellt
sich das Beziehungsgewebe von gegenseitiger – fördernder und hemmen-
der – Beeinflussung dar, wenn man davon ausgeht, daß Eltern und Kinder als Individualitäten mit je eigenen Schicksalshintergründen und
Zukunftsaufgaben in einer bestimmten sozialen Konstellation, nämlich
dem Eltern-Kind-Verhältnis, aufeinandertreffen und nun ihre Beziehungen untereinander zu regeln haben. Seit wann heißt Liebe, daß man von
vornherein perfekt miteinander umzugehen weiß? Man muß sich durch
Beziehungskrisen, Fluchtgedanken, Enttäuschungen, Streit und Versöh-
nung zueinander hinarbeiten.

Bezieht man den Karma-Gedanken mit ein, kann sich eine Ahnung
davon einstellen, daß Eltern und Kinder zueinander geführt werden, um
eine Beziehung fortzusetzen, in der Erfahrungen aus der Vergangenheit
wirken, die sich unserer bewußten Wahrnehmung völlig entziehen, von
denen wir aber, unter anderem, Mitteilung erhalten durch die besondere
Art von Schwierigkeiten, die wir miteinander haben, und Fehlern, die wir
im Umgang miteinander ständig wiederholen.

Man kann die Eltern-Kind-Situation als soziale Herausforderung begreifen. Es hilft, sich immer wieder zu sagen: «Wir sind nicht zufällig
zusammen; wir haben etwas miteinander abzumachen; es hat Fehler und
Irrtümer gegeben und wird sie weiterhin geben; aber dies alles kann
ausgeglichen werden, wenn wir uns gegenseitig innerlich die Treue halten
und das fortgesetzte Bemühen niemals abreißen lassen.»

222

Gehorsam

Können Eltern ihren Kindern im Jugendalter noch Vorschriften machen? Diese Frage wird mir oft gestellt, von Eltern und Jugendlichen gleichermaßen. Der Autoritätskonflikt hat zwei Seiten. Erstens eine äußerliche: Das Gesetz schweißt Kinder und Eltern durch eine bindende «Aufsichtspflicht» aneinander, bis das Kind achtzehn Jahre alt geworden ist. Die Jugendlichen finden das in der Regel lächerlich und überflüssig, während die Eltern darin zumeist nur eine gesetzliche Bestätigung dessen sehen, was sie ohnehin für selbstverständlich halten. Dies deutet auf eine zweite, innere Seite des Konflikts: Die Jugendlichen haben zwar durchaus nicht das Gefühl, sie seien schon zu vollverantwortlichem Entscheiden und Handeln fähig (kaum einer hat dies mir gegenüber je behauptet), aber sie finden, daß ihnen das Recht zugestanden werden müsse, Fehler zu machen und *selbst* daraus zu lernen, *selbst* dafür geradezustehen. Die Eltern dagegen haben naturgemäß ein Interesse daran, ihr Kind vor Fehlern zu bewahren.

Der Pädagoge Erich E. Geißler hat in dem Buch *Einführung in pädagogisches Sehen und Denken* (München/Zürich 1984) geschrieben: «Weil Autorität eine mittelbare Form von Erkenntnis ist, darauf aus, dem Kinde beim Urteilen und Handeln so lange zu helfen, bis es nach und nach in immer neuen Bereichen selbständig wird, deshalb muß Autorität dann auch überall dort zurücktreten, wo sich der heranwachsende Mensch einen neuen Bereich der Selbständigkeit erschlossen hat.» Selbständigkeit heißt wohlgemerkt nie, schon alles zu überblicken und zu beherrschen, sondern stark genug zu sein, in eigener Verantwortung zu lernen. Geißler vertritt die Auffassung, im Jugendalter sei diese Voraussetzung normalerweise so weit gegeben, daß «bleiben mag eine Autorität des Rates, (aber) aufgegeben werden muß eine Autorität des Gebotes».

Einen interessanten Aspekt des Gehorsamsproblems gibt in demselben Buch der Psychologe und Pädagoge Günther Bittner zu bedenken. «Das Kind vergewissert sich seiner Freiheit nicht durch Denken, sondern durch Handeln», schreibt er und fügt hinzu, im aktiven Ungehorsam werde das Ge- oder Verbot, welches vom kleineren Kind als quasi göttliche Verfügung erlebt wurde, reduziert «auf ein von Menschen gemachtes, dem allenfalls Achtung als einer zwischen Menschen geltenden Regel, doch keine darüber hinausgehende Referenz gebührt». Mit anderen Worten: Wenn im Jugendalter das Bewußtsein für soziale Zusammenhänge erwachte, werden alle autoritativ gesetzten, einfach durch elterliche Entscheidungsgewalt legitimierten Vorschriften einer Überprüfung unterzogen. Diese Überprüfung findet dadurch statt, daß die Jugendlichen unvorschriftsmäßig *handeln,* und sie verfolgt den Zweck, herauszufinden, ob die bisher von Eltern und Lehrern unter Strafandrohung eingeforderten Regeln solche sind, die als sozial sinnvolle Vereinbarung akzeptiert und fürderhin freiwillig befolgt werden können (oder nicht).

Daraus folgt für den Umgang mit Jugendlichen zweierlei: Erstens ist es falsch, nach dem 15., 16. Lebensjahr noch ultimativ die Einhaltung von Vorschriften zu verlangen, an deren Zustandekommen die Jugendlichen nicht beteiligt worden sind. Dies betrifft alle Angelegenheiten, die innerhalb der gesetzlichen Rahmenverhältnisse naturgemäß Gegenstand der Vereinbarung zwischen mündigen Menschen sind. Der «zivile Ungehorsam» des Jugendlichen ist eine Entwicklungsrealität, die ebensowenig der moralisierenden Bewertung unterzogen werden sollte wie zum Beispiel der kleinkindliche Trotz. Man irrt sich, wenn man glaubt, es diene der sittlichen Entwicklung des Jugendlichen, seinen Gehorsam zu erzwingen. Das Gegenteil ist richtig. Eine konsequente Orientierung an sittlich-sozialen Wertvorstellungen ist nur möglich, wenn diese Wertvorstellungen vom Jugendlichen nach einer Durchgangsphase der moralischen Indifferenz aus eigenem Beschluß bejaht werden.

Die zweite Folgerung ergibt sich aus der ersten: An die Stelle von *Vorschriften* (oder Verboten) müssen im Umgang mit Jugendlichen *Regeln* treten, die gemeinsam zu erörtern und festzulegen sind, wobei die Erwachsenen einerseits Kompromißbereitschaft bei der Regelfindung zeigen, andererseits Toleranz walten lassen müssen bei Regel*übertretungen* durch den jugendlichen «Vertragspartner», der sich manchesmal in der Lage finden wird, etwas unterschrieben zu haben, was seine Möglichkeiten übersteigt. Er unterschätzt zum Beispiel, wenn er in entspannter und entgegenkommender Stimmung mit den Eltern Vereinbarungen trifft, den Druck der Gruppe, in der er seine Freizeit verbringt. So kann es geschehen, daß etwa die Abmachung, nächtliche Verspätungen zu Hause telefonisch anzukündigen, daran scheitert, daß man in der Gruppe darüber spottet. Die gemeinsame «Gesetzgebung» innerhalb der Familie muß also ständig im *Prozeß* bleiben und immer wieder neu den Bedürfnissen und Möglichkeiten der Beteiligten angepaßt werden.

In den Schulen – und ich spreche hier aus persönlicher Verbundenheit besonders den Waldorfschulbereich an – sollte über die in den sechziger und frühen siebziger Jahren einmal sehr aktuelle Idee der *Schülerräte,* die größere Befugnisse haben sollten, als nur Schulfeste zu organisieren, wieder verstärkt diskutiert werden. Für die familiären Angelegenheiten empfehle ich dementsprechend die Einführung regelmäßiger *Familienrats-Sitzungen* unter Hinzuziehung eines «Supervisors», das heißt einer außenstehenden Person, die sowohl das Vertrauen der Eltern als auch des Jugendlichen genießt – hier hätten z. B. die Paten einmal eine echte Aufgabe.

Sie sollten, liebe Eltern (und Lehrer), eines stets im Auge haben: Wenn die jungen Leute ihren entwicklungsnotwendigen Ungehorsams- bzw. Tabuverletzungsdrang nicht innerhalb ihrer gewohnten Lebensverhältnisse realisieren können, werden sie es umso häufiger außerhalb dieser Verhältnisse tun. Man sollte sich manche Fälle von jugendlichem Straffälligwerden oder «Weglaufen» einmal unter diesem Gesichtspunkt genauer ansehen. Andere werden später, im Erwachsenenalter, unter dem Eindruck eines Nachholbedarfs stehen, den sie dann in den gesellschaftlich sanktionierten Tabuverletzungs-Nischen befriedigen: Alkohol, Pornographie, krumme Geschäfte, Schikanierung von Familienmitgliedern und Untergebenen etc. Wieder andere (ansonsten brave und fleißige Bürger) werden sich ihr psychosomatisches Leiden zulegen, durch das sie sich bei Bedarf aus allen Verpflichtungen herausstehlen können.

Die jungen Leute haben ein vitales Interesse daran, mitverantwortlich an sozialen Gestaltungsprozessen teilzunehmen, aber sie hassen, wenn sie gesund pubertieren, das Gesetz um des Gesetzes willen. Ihre Neigung zum Gesetzesübertritt ist eine tiefe Sehnsucht nach Neubeginn. «Das Gebot» steht für alles, wozu man «gemacht worden ist». Davon will sich der Jugendliche losreißen, um selbst etwas aus sich zu machen. «Freiheit und Glück beruhen darauf, daß der Mensch sich selbst begreift, um das zu werden, was er potentiell ist. (Er) sucht nach Regeln und Gesetzen, die es ihm möglich machen sollen, dieses Ziel zu erreichen», schrieb Erich Fromm in *Psychoanalyse und Ethik*. Damit hat Fromm, einer der profundesten Kritiker des herkömmlichen Freudianismus und einer der bedeutendsten humanistischen Denker unseres Jahrhunderts, in wenigen Worten das Lebensgefühl unserer jugendlichen Mitmenschen beschrieben.

Wir müssen in der Bemessung unserer Gehorsamsforderungen die Sätze Rudolf Steiners nicht nur lesen, sondern beherzigen: «Indem man so erzieht, (daß man) nicht antastet, was sich frei entwickeln soll, sondern den Geist stufenweise wach werden läßt durch das, was man als Erzieher tut, wird der Mensch, wenn er geschlechtsreif geworden ist, sein eigenes

Wesen als ein erwachendes erleben; und dieser Moment des Erwachens wird der Quell einer Kraft sein, die im ganzen folgenden Leben nachwirkt» (Oxford, Vortrag vom 19.8.1922. In: *Die geistig-seelischen Grundkräfte der Erziehungskunst*. GA 305).

Warnzeichen

Es gibt zwei Formen von grundsätzlich falschem Reagieren der Erziehungsberechtigten auf Pubertätsschwierigkeiten: Das Augenverschließen vor Problemen, die gefährliche Ausmaße annehmen, sowie die unverhältnismäßige Dramatisierung und Pathologisierung der Krise. Oft ist die Toleranzschwelle bei Eltern und Lehrern viel zu niedrig.

Ich will dies an zwei Beispielen verdeutlichen: Vor einiger Zeit wurde mir ein fünfzehnjähriger Junge vorgestellt. Ich sollte prüfen, ob eine psychiatrische Behandlung und/oder Einweisung in eine Spezialeinrichtung nötig sei. Welches waren die Gründe? Der Junge hatte auf einem Barscheck, den er für seine Mutter bei der Bank einlösen sollte, den Betrag durch Hinzufügen einer Null verändert, war ein paarmal weggelaufen und erst spät nachts wiedergekommen, hatte merkwürdige Science-Fiction-Geschichten geschrieben, zu Hause geschimpft und Türen geknallt, mehrfach Schule geschwänzt und im Briefkasten Feuerwerkskörper explodieren lassen. Außerdem verweigerte er die Mitarbeit im Haushalt, bummelte dauernd in der Stadt herum und klagte gelegentlich über Leibschmerzen, für die der Arzt keine Ursache fand.

Die genannten Vorfälle geben *keine* Hinweise auf eine psychiatrisch behandlungsbedürftige Situation, sondern auf eine «normale» Pubertätskrise. Ich mußte den Jungen also vor der Stigmatisierung «seelisch gestört» bewahren. Das Angebot, regelmäßig mit mir über seine Probleme zu sprechen, nahm er dankbar an. Er erwies sich als «bündnisfähig», das heißt, wenn er mir versprach, dies oder jenes in Zukunft zu unterlassen, hielt er sich entweder daran oder rief mich an, um mir mitzuteilen, daß er im Begriff sei, eine Regel zu übertreten.

Sehen wir uns kurz an, wann die beschriebenen Symptome Krankheitswert erreicht hätten: Wäre es nicht beim gelegentlichen Schulschwänzen geblieben, sondern zur Generalverweigerung des Schulbesuchs mit offensichtlichen Anzeichen von Angst und daran gekoppelten, «pünktlichen» Körperbeschwerden gekommen, hätte Anlaß zur Besorgnis bestanden; desgleichen, wenn die unklaren Schmerzen zur zunehmenden Vereinsamung des Jungen und zum Abbruch seiner sämtlichen Sozialkontakte geführt hätten. Der versuchte Scheckbetrug war in diesem Fall ein «experimentelles» Delikt zum Zweck der Vorteilsbeschaffung und des Prestigegewinns. Der Junge wollte Gleichaltrigen nacheifern, die, im Gegensatz zu ihm, stets gut mit Geld versorgt waren. Außerdem plante er, sich Bücher zu kaufen, die er nach Ansicht seiner Eltern nicht lesen sollte. Das Wort «Diebstahl» ist hier eigentlich ungenau. Es handelt sich um den Versuch einer «Entwendung» aus klar ersichtlichen und in gewisser Hinsicht logisch nachvollziehbaren Gründen. Darin liegt kein Hinweis auf eine psychopathologische Situation. Ein solcher Hinweis wäre erst dadurch gegeben gewesen, daß der Junge fortwährend (unter Wiederholungszwang) Geld entwendet hätte. Dabei kann die Pathologie des Verhaltens entweder darin bestehen, daß grund- und absichtslos gestohlen wird, oder aber darin, daß das Kind zwar bestimmte Absichten mit dem Stehlen verfolgt, aber keine Einsichtsmöglichkeit in die moralische Kritikwürdigkeit seiner Taten hat (Gewissensblindheit).

Das zweite Beispiel handelt von einem siebzehnjährigen Mädchen. Folgende Vorfälle hatten die Eltern in Aufregung versetzt und den Verdacht einer seelischen Störung heraufbeschworen: mehrmaliger Wechsel des Boyfriends und Sexualpartners, Weglaufen und tagelanges Fortbleiben (jeweils nach heftigen Familienszenen), angetrunkenes Heimkommen nach Tanzpartys, Lernverweigerung und gelegentliches Schuleschwänzen, heftige Feindseligkeiten gegen Eltern und Lehrer. Ich lernte das Mädchen als intelligente, stark sozial engagierte, fast unerträglich von Sehnsuchtsgefühlen, Zärtlichkeitsverlangen umgetriebene Jugendliche mit intensiven künstlerischen Ambitionen kennen. Sie war durchaus nicht gestört, obgleich sie sich selbst als «krank vor Sehnsucht und Freiheitsdrang» bezeichnete. Die Eltern konnten in folgenden Punkten beruhigt werden: Die Suche nach dem geeigneten Liebespartner ist kein Symptom für sexuelle Verwahrlosung, auch dann nicht, wenn bei dieser Suche einige Beziehungen nacheinander scheitern. Es kommt darauf an, wie die/der Jugendliche die körperlichen Begegnungen bewertet und gestaltet. Das Mädchen, von dem ich berichte, hatte sich von zwei Freunden gerade deshalb getrennt, weil sie ihnen sexuelle Lieblosigkeit vorwarf. – Das «Abhauen», um nicht mehr als Angeklagte vor dem Familientribunal erscheinen zu müssen, ist keine Krankheit, sondern zeigt einen Autoritätskonflikt an, der behutsam und geduldig gelöst werden muß, indem alle

ihre Beziehungen zueinander und ihre Verhaltensweisen kritisch überprüfen. Man spricht vom «krisenhaft-puberalen Weglaufen» im Unterschied zu anderen, pathologischen Formen des Fluchtverhaltens oder
Umherirrens. – Der «Flirt mit dem Alkohol» ist eine (leider) fast obli-
gatorische Jugenderscheinung. Man trinkt auf Partys und in Kneipen,
um «dazuzugehören», trinkt aus Neugier, aus Liebeskummer oder um
einem Gefühl der «wilden Ungebundenheit» irgendwie Ausdruck zu
geben. Die Sache wird erst dann gefährlich, wenn sie der ständigen
Wiederholung unterliegt oder zu bemerken ist, daß auch mehrmalige
Erfahrungen mit dem jammervollen Zustand der Volltrunkenheit die/
den Jugendlichen nicht davon abhalten können, sich immer wieder sinn-
los zu betrinken. Vom Schuleschwänzen war schon im ersten Beispiel
die Rede.

Wir können nicht umhin festzustellen, daß *so* (oder so ähnlich), wie es
in den beiden Beispielen beschrieben wird, die Krise aussieht, wenn sie
sich heftig Bahn bricht.

Die wichtigsten Indikatoren, um zu prüfen, ob mit einer Beruhigung
früher oder später zu rechnen und dem Kind zuzutrauen ist, daß es *seinen*
Weg zuletzt doch findet, sind nach meiner Erfahrung:

1. Ist das Kind, wenn auch eingeschränkt, unter Berücksichtigung der
vorstehend gegebenen Ratschläge zur Gesprächsführung und allgemeinen Erziehungshaltung noch *dialog- und bündnisfähig?*

2. Pflegt das Kind ausreichende und qualitativ gefächerte Sozialkontakte,
kann man also erleben, daß es neben den gruppenhaften Beziehungen aus
Neugier, Außenseitergebaren, Geltungsdrang und Abenteuerlust auch
wirkliche, ernsthafte *Freundschaften* (zu Gleichaltrigen oder Erwachsenen) pflegt, bei denen die Wertschätzung oder Bewunderung der betreffenden *Persönlichkeit* im Vordergrund steht?

3. Hat das Kind *Interessen,* die seine irgendwie geartete innere Teilnahme
am Weltgeschehen dokumentieren?

4. Formuliert das Kind in moralisch-sozialer Hinsicht *Idealvorstellungen,*
seien diese auch unausgegoren und mit dem Verhalten des Kindes selbst
überhaupt nicht in Einklang zu bringen?

5. Ist das Kind fähig, *Mitleid* zu empfinden?

6. Ist bei aller Pflichtverweigerung und allem Verlangen nach anspruchs-
loser Zerstreuung doch noch *Tatkraft* vorhanden? Gibt es sinnvolle Tätig-

keiten, die das Kind *freudig* ergreift (und sei es auch in Bereichen, die den Erwachsenen wenig sympathisch sind)?

7. Sind im Verhältnis zum anderen Geschlecht und in der sexuellen Erfahrungssuche *romantische Beziehungsideale* wirksam?

Wenn Sie, liebe Eltern, diese Fragen überwiegend mit Nein beantworten müssen, während sich ihr Kind immer weiter Ihrem Einfluß entzieht und sich stattdessen vielleicht den Gruppenzwängen eines Milieus beugt, in welchem die Jugendlichen gezielt ausgebeutet und abhängig gemacht werden, sollten Sie sich an eine Beratungsstelle oder einen Jugendtherapeuten wenden. Können Sie jedoch die meisten dieser Fragen «trotz allem» bejahen, liegt es an Ihnen, den Reifevorsprung, den Sie beanspruchen und von Ihrem Kind respektiert wissen wollen, auch wirklich unter Beweis zu stellen. Sie wirken *therapeutisch* – als würden Sie ein homöopathisches Medikament geben, das zwar nicht gleich die Symptome beseitigt, aber an die Selbstheilungskräfte appelliert –, wenn Sie mit Umsicht, innerer Treue, Geduld, Verzeihensbereitschaft und Gesprächsoffenheit den Jugendlichen durch das gefahrenreiche Grenzgebiet zwischen Kindheitsgeborgenheit und eigenverantwortlicher Zukunftsgestaltung begleiten, ihm Mut zusprechen und für sich selbst (was das Kind betrifft) nichts anderes wollen, als daß es *seinen* Stern finden möge.

Eine persönliche Bemerkung sei mir an dieser Stelle gestattet: Vor etwa dreiundzwanzig Jahren steckte ich selbst in einer tiefen, gefahrenreichen Jugendkrise. Kaum jemand hätte noch einen Pfifferling für mich gegeben. Damals wurde ich einem Kinder- und Jugendpsychologen vorgestellt, der mir durch seinen aufrichtigen, großen Glauben an mich entscheidend half, wieder Orientierung zu finden. Eine psychotherapeutische Behandlung lehnte er ab. Stattdessen ermunterte er mich, Gedichte und Lieder zu schreiben und nahm an den Ergebnissen kritisch-engagiert Anteil. Bei einem festlichen Empfang in seinem Hause durfte ich zum ersten Mal vor einem Publikum singen und lesen. Meinen verzweifelten Eltern sagte er, sie müßten mich nun meinen Weg gehen lassen und mir die Treue halten. Das haben sie getan und mir dadurch wahrscheinlich den größten Dienst erwiesen, den mir je Menschen erwiesen haben. Nur noch meine Eltern und jener Psychologe brachten mir damals das Vertrauen entgegen, auf das ich so dringend angewiesen war.

Der Name des Psychologen ist Dr. Ernst Ell. Er hat viele Bücher geschrieben. In einem dieser Bücher schlüpft er in die Rolle eines Jugendlichen, wie ich damals einer war, und läßt ihn sagen: «Wie ist mir? Eine quälende Unruhe hat mich befallen. Ich kenne mich selbst nicht mehr, und doch, was sage ich, habe ich mich denn schon je gekannt? Es wallt in mir – ich fiebere, glühe! Es drängt mich, dies alles niederzuschreiben. – Welche Dumpfheit ist um mich, zeitweilig bin ich ganz apathisch, und doch ist diese Glut in mir … Es ist in mir etwas aufgebrochen, ‹erwacht›, was ich nicht verstehe. Gerade dieses Unbekannte, Unbegreifbare ist es, wovor mir graut …» (E. Ell, *Die Jugendlichen in der seelischen Pubertät*, Freiburg 1966).

Bedrohliche Anzeichen

Abschließend seien noch einige bedrohliche Anzeichen einer sich ankündigenden oder schon ausgebrochenen seelischen Erkrankung im Sinne einer «Entgleisung» der Pubertätskrise aufgezählt, die unbedingt erfordern, daß man Hilfe sucht:

- Anhaltende Traurigkeitszustände, ständiges Weinen.
- Wiederkehrende Selbstmordäußerungen, vor allem solche, die nicht in der Wut oder im Affekt herausgeschrien, sondern mit resignierter Ruhe vorgebracht werden.
- Extreme Antriebsschwäche, ständiges Herumsitzen und Vor-sich-hin-Starren bei gleichzeitigem fortschreitendem Abbruch aller Sozialkontakte (Vereinsamung), eventuell mit unklaren Körperbeschwerden, die als Grund angeführt werden.
- Starke und anhaltende «Entfremdungserlebnisse» im Sinne von Störungen des Wirklichkeitserlebens der Umwelt («Derealisation») und/oder der eigenen Person («Depersonalisation»).
- Aggressive Durchbrüche; hektisches, ziel- und planloses Herumirren zu Fuß oder mit Verkehrsmitteln.
- Sexuelle Verwahrlosung, wahllose Sexualpartnerschaften ohne Gefühlsbeteiligung.
- Zwanghaftes Hungern (Abnehmen) oder Freß-Brech-Anfälle.
- Heftiges Hingezogensein zum Bösen, zur Gewalt und zur Kombination von Gewalt und Sexualität, eventuell magisch-religiös durchsetzt. – Ängste infolge von «übersinnlichen» Erfahrungen.
- Selbstauslieferung oder Übergabe der eigenen Identität an eine Sekte, Brüderschaft etc., die Unterwerfung verlangt, Demütigungen zele-

briert, kultische Führerverehrung betreibt und einen Auserwählten-
status beansprucht.

- Drogenmißbrauch, der über das neugierige (kurzfristige) Experimentieren mit Cannabis, Alkohol oder Weckaminen hinausgeht.

- Anhaltende starke Konzentrationsstörungen, Vergeßlichkeit, «wirres
Reden» (Gedankenabrisse, Antworten ohne Zusammenhang mit der
Frage).

- Zwanghaft-überangepaßtes Verhalten: «Festkleben» in den Familien-
beziehungen, verzweifelte Forderungen nach bruchloser Aufrechterhaltung gewohnter, fest strukturierter Abläufe zu Hause.

- Phobien (irrationale Ängste vor bestimmten Situationen, Gegenstän-
den oder Lebewesen) oder generalisierte, lähmende Angst vor Unfäl-
len, Katastrophen, Krankheit, Herzstillstand, Gedächtnisverlust.
Nicht die zuletzt genannten Ängste *als solche* sind krankhaft, sondern
erst ihr Anwachsen zu seelenbeherrschenden Panikzuständen.

Diese Aufzählung kann keine Vollständigkeit beanspruchen. Sie beinhaltet besonders häufig beschriebene und beobachtete Symptome, die mich
in der Beratung und Therapie bei Jugendlichen seit Jahren beschäftigen,
von befreundeten Therapeuten und Ärzten geschildert und auch in der
Literatur hervorgehoben werden.

Was Sie Ihrem Kind raten können

Sie werden sich nun, liebe Eltern, vielleicht fragen, was *Sie* denn
dem Jugendlichen raten können. Die Antwort darauf liegt eigentlich
offen vor Ihnen in dem, was ich in den Kapiteln «Der Weg zum Herzen»
und «Güte, Schönheit, Wahrheit» beschrieben habe. Dort wird die
Jugendseele in ihrem Durchgang durch die krisenhaften, verwirrenden
Zustände des *Zweifels* und der *Scham* betrachtet, und ich glaube, daß
es zum Erkenntnisrüstzeug des Jugenderziehers gehört, wirklich sorgfältig
zu beobachten, in *welche* von beiden Richtungen die Konflikte besonders
tendieren.

Steht die *Scham* im Vordergrund, sollten Sie sich daran erinnern, wie
innig das Schamgefühl mit dem zweiten Lebensjahrsiebt zusammenhängt:
mit dem «künstlerischen» Jahrsiebt, in das aber auch die Entdeckung des

«Versagens», des biographischen Scheiterns, der Destruktion, des Todes und der Sinnlosigkeit fällt. Die Jugendkrise ist dann eine überwiegend *schamhaft* geprägte, wenn sich das Kind quälend deutlich erlebt in der Ausgesetztheit, Entblößtheit, Schutzlosigkeit einer dauernd exponierten Situation, in der es sich hilflos, unvollkommen, häßlich, linkisch, lächerlich, untauglich und allen anderen unterlegen fühlt, mit seinem heißen Begehren nach dem anderen Geschlecht immerfort allein bleibt, weil es sich vor Schüchternheit «nicht traut», und Idealmaßstäbe von Zärtlichkeit, Behutsamkeit, Geduld, Treue und Verständnis an einen möglichen Liebespartner (bzw. eine mögliche Partnerin) anlegt, die schlechterdings unerfüllbar sind.

Wenn Sie Ihrem Kind in dieser Situation raten wollen und können, dann führen Sie sich alles dasjenige vor Augen, was der Entwicklungsgesetzmäßigkeit des zweiten Lebensjahrsiebts entspricht, und orientieren sich an dem Gedanken, daß in bezug auf diesen Entwicklungszeitraum eine Art «Nachreifung» stattfinden muß, die das Vertrauen in die Schönheit, in das «Gelingen», die (Selbst-)Gestaltungsfähigkeit und mitmenschliche Verantwortung erneuert. Ihr Kind braucht nun vor allem die *Kunst*, das künstlerische Unterscheidungs- und Ausdrucksvermögen; es braucht die Schönheiten der Natur; und es braucht den Ausblick auf *soziale Schönheit*, das heißt auf idealistische Entwürfe einer besseren Welt, mithin den Umgang mit Menschen (oder mit Werken von Menschen), die sich im Sinne solcher Entwürfe engagieren, die Bekanntschaft mit herausragenden Lebensläufen im Dienst der Selbst- und Weltverbesserung. Wundern Sie sich nicht, wenn ich hinzufüge: Auch ein kräftiges Maß an «Ekel» braucht das schamerfüllte Kind nach der Pubertät im Hinblicken auf Lebensformen, gesellschaftliche Institutionen etc., in denen so gar nichts mehr lebt von sozialem Engagement, Kreativität und Verantwortung für Mensch und Erde. Sie werden verstehen, was damit gemeint ist, wenn Sie noch einmal zurückblättern zu «Der Weg zum Herzen».

Stehen dagegen im Vordergrund der Adoleszenzkrise zermürbende *Zweifel* wie Zynismus, Verdruß, Geringschätzung der eigenen Fähigkeiten, pessimistische Ansichten, sollten Sie den Blick auf die frühe Kindheit richten und wiederum den «Nachreifungs»-Gedanken in sich bewegen als Motto für das, was Sie dem Kinde raten können. Der von Zweifeln zernagte Jugendliche muß sein Verhältnis zum eigenen Leib und zur eigenen Vergangenheit klären. Das «Urvertrauen in die Güte» bedarf der Neubegründung. Körperbetonte Hilfen und Aktivitäten sind hier von großer Bedeutung, sei es rhythmische Gymnastik, Bothmer-Gymnastik, Tanz, Pantomime, Sport (ohne Leistungsstreß!) oder Handwerk. Darüber hinaus braucht das (Noch-)Kind Anregungen zum positiven Umgang mit der eigenen Vorgeschichte, sei es durch Erzählungen der Eltern, sei es durch Abfassen autobiographischer Skizzen – wobei zu empfehlen ist, daß ein aufmerksamer, Vertraulichkeit zusichernder Leser bzw. Zuhörer *außerhalb* der Familie sich zur Verfügung stellt. Und hingeführt werden sollte der überwiegend zweifelnde Jugendliche überall dorthin, wo er die Kräfte der Barmherzigkeit, des tätigen Mitgefühls, der uneigennützigen gegenseitigen Hilfe kennenlernen kann.

Ich weiß, es widerspricht dem, was man heute gleichsam automatisch miteinander verknüpft, wenn ich nicht primär die Scham, sondern den *Zweifel* unter anderem einer mangelnden Bejahung der eigenen Körperlichkeit (und damit auch Geschlechtlichkeit) zuordne, aber ein klares Durchdenken der Probleme führt eben zu dieser Beurteilung. Andrerseits muß ich wiederholen, was schon in dem betreffenden Kapitel gesagt wurde: In der Lebenswirklichkeit tritt die sehnsuchtsvolle Scham immer *zusammen* mit der zweifelvollen Einsamkeit auf, aber es überwiegt eben in den meisten Fällen einer der beiden Aspekte, und wir haben dadurch entscheidende Hinweise auf die jeweilige besondere Nuance des Prologs der Krise.

Den Jugendlichen selbst aber sei in dieser öffentlichen Form nur ein Satz zugerufen: Laßt euch nicht einreden, ihr müßtet so werden, daß ihr euch in diese Welt «nützlich» einfügt. Diese Welt soll sich den Impulsen fügen, die sie durch euch empfangen kann. Haltet eure Erneuerungsimpulse lebendig und kämpft mit friedlichen Mitteln um ihr Wirksamwerden. Dies gibt eurem Leben Sinn.

Anhang.
Drei Kolumnen und ein Märchen

Die nachstehenden drei kurzen Aufsätze sind Folgen der seit November 1985 von mir betreuten Eröffnungsrubrik der Zeitschrift INFO 3, die sich auf das Jugendthema beziehen und in aktueller Weise dasjenige ergänzen, was in dem vorliegenden Buch zur Entwicklung des Kindes ausgeführt wird.

Das Märchen ist eine Co-Produktion. Eine jugendliche Patientin, deren Namen zu nennen mir in diesem Zusammenhang versagt ist, hat mir die Idee so weit geliefert, daß ich sie nur noch literarisch umsetzen und durch einige wenige Kleinigkeiten ergänzen mußte. Für mich hat dieses Märchen den Rang einer authentischen Wahrbildhaftigkeit. Es schildert den Weg seiner Autorin durch eine schwere seelische Krise, die jetzt, nach dreijähriger ambulanter Arbeit, überwunden ist. Es schildert zugleich in überaus eindrucksvoller Art die «Geburt des Astralleibs».

Märchenwege, Erlösungswege

Bio-graphie ist die «Lebensniederschrift». «Das Leben eines jeden Menschen», hat Hans Christian Andersen einmal notiert, «ist ein von Gotteshand niedergeschriebenes Märchen.» Der Satz fordert in seiner etwas banalen Allgemeinheit zur Auseinandersetzung heraus. Muß man nicht, wenn man sich in der Welt umsieht, dem Autor vorwerfen, daß er seinem Gott eine reichlich makabre Phantasie zugetraut hat? Was sind das für Gottesmärchen, wenn ein sechzehnjähriges Mädchen so lang von seinen Eltern gequält und geschlagen wird, bis es sich eines Tages aus dem Fenster in den Tod stürzt; wenn Schüler wegen schlechter Zensuren Selbstmord begehen; wenn eine hochbegabte, liebebedürftige und ausdrucksstarke Seele sich in einem Körper eingekerkert findet, der ihm nicht erlaubt, auch nur das geringste Lebenszeichen von sich zu geben?

Die Ehrfurcht vor dem unsterblichen und unverletzlichen Wesenskern in jedem Menschen darf uns nicht zu sentimentalen Beschönigungen verleiten. Es gehört keine ausgeklügelte Theologie dazu, um festzustellen, daß wir dem Gott der Liebe und Barmherzigkeit nicht die absichtsvolle Urheberschaft von Katastrophen wie den oben erwähnten zuschreiben können. Dennoch ist der Gedanke, jedes Menschenleben sei eine Episode in der gewaltigen Biographie des Weltschöpfers, weder abwegig noch neu. Er hatte dereinst einen tröstlichen Klang, half vieles zu erdulden, verleitete aber auch dazu, Aufgaben der praktischen Nächstenliebe und sozialen Gerechtigkeit fatalistisch liegenzulassen. Heute können wir uns damit nicht mehr zufriedengeben, gerade als Christen nicht – es sei denn, ein zweiter Gedanke, den der junge Rudolf Steiner formuliert hat, verbände sich mit jenem: «Der Weltengrund», schrieb er, «hat sich in die Welt vollständig ausgegossen; er hat sich nicht von der Welt zurückgezogen, um sie von außen zu lenken, er treibt sie von innen. – Hat somit der Weltengrund Ziele, so sind sie identisch mit den Zielen, die sich der Mensch setzt, indem er sich darlebt» (Rudolf Steiner, *Grundlinien einer Erkenntnistheorie der Goetheschen Weltanschauung*, GA 2).

Das klingt so, als habe sich Gott an die Menschen ausgeliefert und ihnen den Auftrag erteilt: «Verwirklicht mich, indem ihr euch verwirklicht.» Nicht mehr mit Befehlsgewalt durch den Sturm wie zu Moses spricht Gott; er lebt in unserem Streben nach Vervollkommnung, an dem wir Lebensmut fassen oder verzagen, wachsen oder zerbrechen. Der Mensch ist in die Freiheit gestellt. Das heißt einerseits: Freiheit des

Strebens nach Selbstverwirklichung auf Ideale zu, des Strebens also nach Verwirklichung der Gestalt der Gottheit in und durch uns. Es heißt aber auch: Freiheit einer Wahl, die zur Seite der Destruktion, der hemmungslosen Durchsetzung kurzlebiger persönlicher Vorteile zum Schaden anderer ausschlagen kann. Welche Chancen jeder einzelne hat, seine Lebensgeschichte nach Maßgabe *seiner* Utopie zu schreiben, hinstrebend – um mit Heinrich Roth zu sprechen – auf «das verlockende Ziel einer Endgestalt» (in: Flitner, Scheuerl, Hrsg.: *Einführung in pädagogisches Leben und Denken.* München 1984), ist in hohem Maße ein soziales Problem – auch (und ganz besonders) dann, wenn Menschen durch Krankheit, Behinderung oder zerstörerische Lebensumstände nur schwer dazu in der Lage sind, ihre Bedürfnisse geltend zu machen und ihre Fähigkeiten zu entwickeln. Die gesellschaftlichen Verhältnisse in wirtschaftlicher, rechtlicher, kultureller und therapeutischer Hinsicht, durch die geregelt ist, welche Aussicht auf Lebensqualität – und Lebensqualität ist Persönlichkeitsentwicklung – gerade für die Benachteiligten, Kranken, Schwachen, also auch für *Kinder*, bestehen, sind aber keine Märchenerzählungen Gottes, sondern von Menschen für Menschen gemacht. Sie geben den Ausschlag, ob der einzelne «die Macht seiner Individualität … zur Geltung bringen (und) den Ort finden kann, wo er seinen Hebel anzusetzen vermag» (Steiner, *Grundlinien*).

Deshalb schreiben an der Lebensgeschichte eines Menschen immer alle anderen mit. Die Umwelt fügt fortwährend Passagen ein, die den Handlungsablauf verzerren, verursacht Stilbrüche und Anachronismen oder nimmt gar dem Autor die Feder ganz aus der Hand. Aber sie kann auch den gegenteiligen Einfluß ausüben, und jedesmal, wenn dies geschieht, hat die stummgewordene Gottheit einen Teil ihrer Sprache wiedergefunden: Ein Mensch, dem seine Lebensidee, weil er sie nicht tätig verwirklichen, nicht zur Sprache bringen kann, auch innerlich aus dem Blick zu geraten droht, wird durch andere, die den Kern seines Leids begreifen, auf «sein Thema» zurückverwiesen; es kann der eine den innersten Impuls des anderen, der resignieren will, wahrnehmen, ermutigen, vielleicht ihm zum «Sprachrohr» werden, zum Formulierungshelfer; ihm Ausdrucksfelder jenseits des Gewohnten erschließen, ihn Schriftzeichen lehren, von denen er nichts wußte, von denen vielleicht niemand etwas wußte.

Auf den fragwürdig tröstlichen Satz von Andersen kann, näher am Leben und an der Verantwortung, die wir füreinander tragen, erwidert werden: In jedem Menschenleben *will* sich die Idee eines Märchens, *seines* Märchens, aussprechen. «Märchen» ist tatsächlich der passende Ausdruck, denn im Märchen wird urbildlich die Überwindung Ich- fremder Mächte geschildert. Dabei dürfen wir die «Behinderten»-Motive ruhig einmal wörtlich verstehen: «Hans mein Igel», der, geächtet und verspottet, Dudelsack spielend auf dem Gockel davonreitet und ein Königreich gewinnt, weil er sich so gut auskennt im tiefen wilden Wald, daß er verirrten hochherrschaftlichen Jagdgesellschaften den Heimweg zeigen kann; das «Eselein», das erst in der Hochzeitsnacht seine Tierhaut abwirft; der «starke Wanja», der seine Kindheit auf dem Kachelofen liegend stumm und tatenlos verbringt, um, wie sich später zeigt, Kräfte zu sammeln für gewaltige Aufgaben.

Schicksalswege, auf die der Schatten eines «bösen Zaubers» gefallen ist: Märchenwege, Erlösungswege. Wer die Wanjas der Wirklichkeit kennt, weiß, daß das keine Hirngespinste sind. Und er beginnt in dem Maße, in dem seine anfänglichen, lächerlichen Überlegenheitsgefühle gegenüber den «Gestörten» eingestürzt sind, zu begreifen, daß letztlich *jeder*, der nicht irgendein Leben, sondern *sein* Leben leben will, die Leiden und Prüfungen des «Fingerhütchens» durchmachen muß, des buckligen Kindes, das den Kopf nicht heben kann und dadurch geheilt wird, daß es sich in der Begegnung mit den Nachtwesen bewährt. Manche tragen ihren «Buckel» in sich, manche tragen ihn an sich; der eine führt seinen Kampf offen, der andere versteckt, der eine früher, der andere später. Allmählich ahnt man, daß Lebensläufe, die (wie dutzendfach abgezogen von ein- und derselben Matrize) weder Abgründe noch Glanzlichter zu kennen scheinen, weder wirkliche Siege noch wirkliche Niederlagen, etwas mindestens ebenso Tragisches an sich haben wie die sogenannten Behindertenschicksale. Wo ist der «Märchenerzähler» geblieben, der Teilnehmer an der Wiederverwirklichung Gottes? Eine Frage, mit der man bei den Menschen, die Behinderte oder Geistesgestörte genannt werden, zumeist keine Probleme hat. Manche von ihnen erleben wir still in sich versunken, wie in eine ferne Zukunft lauschend, beschäftigt mit Dingen und Wesen, die vor uns verborgen bleiben. Man ahnt: Das ist ein Durchgangsstadium, Episoden in einer langen Geschichte von Prüfungen, Bewährung, Verzauberung und Erlösung. Andere sehen wir kämpfen, durch alle Verzerrungen sich hindurchringen, Schritt für Schritt sich ihre Wege bahnen durchs Unwegsame; und man benötigt – außer dem Willen zu helfen – nur einen Zukunftsbegriff, der über das Ende dieses einen Lebens hinausweist, um zu sehen: Solche Mühe kann nicht umsonst sein; diese Menschen werden durchstoßen, früher oder später.

Stell dir vor, es ist Krieg ...

Ein siebzehnjähriger Junge, der an den Frankfurter Häuserkämpfen teilnahm, sagte in einem Interview: «Das war eigentlich immer in meinem Wortschatz drin; es war so eine Idee: Irgendwann muß es eine Revolution geben, und die mach ich dann.»

Wer nimmt eine solche Aussage wirklich ernst, ohne sich am Äußerlichsten, nämlich an der zeittypischen Wortwahl, festzuhaken? Allein solches Ernstgenommenwerden könnte den Jugendlichen dazu ermutigen, *sich selbst* zu suchen in dem, was er da fühlt, was ihm eigentlich als Lebensrätsel vor der Seele steht: Irgend «so eine Idee» war «eigentlich immer drin», eine Idee von etwas bevorstehendem Gewaltigen, und das «mach ich dann». Er nennt es Revolution. Die Begriffswelt, in der er sich bewegen muß, um seinen inneren Erlebnissen Namen zu geben, hat er vorgefunden. Wir können ihm nicht vorwerfen, daß er die Sprache spricht, die man ihn gelehrt hat. Vielleicht würde er andere Begriffe finden, wenn ein Geistesleben existierte, das sie ihm anböte.

Wenn heute ein junger Mensch das Gefühl in sich trägt, daß es großer Taten der Erneuerung bedarf, und er landet bei den Predigern des «Macht-kaputt-was-euch-kaputt-macht», so hat ihn die Rohheit unserer Sprache, unseres Denkens dorthin getrieben.

Es ist ja wie ein kleines Sterben und Wiederauferstehen, was zwischen dem 11., 12. und 14., 15. Lebensjahr durchgemacht wird. Die Seele ist tatsächlich einer Art Todesprozeß unterworfen, indem sie abgeschnitten wird von der Kindheitswelt, sich in einer großen Einsamkeit erfährt durch den Verlust des Zusammenhanges mit jeder geistigen Wirklichkeit, der sie entstammt. Etwas erstirbt, damit ein anderes wachsen kann. Wer denkt heute solche Gedanken, wenn er einem elf-, zwölfjährigen Kind gegenübersteht? Bis zur Mitte der Kindheit fällt noch ein Lichtschein durch die Eingangspforte und erleuchtet den Weg. Dann ist die Entfernung zu groß geworden. Der Wanderer steht allein in der Nacht. Er ahnt, daß er weitergehen muß, daß in der Ferne wieder Lichter sind, daß man auf ihn wartet.

Jetzt müssen ihm Menschen ein Stück entgegenkommen, die diesen Weg schon gegangen sind; das Dunkel aufhellen mit dem Licht ihrer Persönlichkeit und ihn ermutigen, der Ahnung zu folgen. Menschen, die wissen, was in ihm vorgeht. Wenn einer mit siebzehn sagt, er müsse eine gewaltsame Revolution machen, hat er solche Menschen nicht getroffen.

Man hat ihn im entscheidenden Augenblick alleingelassen. Er mißversteht sich, weil niemand ihn verstanden hat. Weil niemand ihm *vorgelebt* hat, daß in einem nie ermüdenden, fragenden, suchenden, nach wahrem Menschentum strebenden Leben etwas viel Revolutionäreres liegt als in Straßenschlachten.

Die populäre Verhaltenspsychologin Christa Meves deutet Aussagen wie die oben zitierte kurz und bündig als Ergebnisse «des geistigen Klimas indoktrinierender, linker Verweigerungsstrategien». Dies ist genau das uneinnehmbare Bollwerk der Verständnislosigkeit, gegen das die Jugendlichen bis zur Resignation – oder bis zur verzweifelten Wut – vergeblich anrennen. Frau Meves beobachtet einen immer früher, immer heftiger hervorbrechenden Unabhängigkeitsdrang, der in Gewalt und Verweigerung mündet. Wenn sie hierfür neben politischer Indoktrination als weiteren Grund anführt, daß diese jungen Menschen «sich nach dem forderungslosen Säuglingsleben an der Brust einer ewigspendenden Mutter zurücksehnen», so verrät sie ihre ganze, tiefeingewurzelte Verachtung. Die aufbegehrenden Kinder sind in diesem Verständnis nichts als neurotische Versager und Schwächlinge, denen auf der ganzen Linie fehlt, was sich die Psychologin unter den Eigenschaften eines Idealjugendlichen vorzustellen angewöhnt hat: «Spaß am Sich-Durchboxen ... Interesse an der Herausforderung und durchhaltende Arbeitslust.»

Durchhaltende Arbeitslust, Spaß am Sich-Durchboxen als Gattungseigenschaften des ordentlichen, von der Mutterbrust entwöhnten, in Triebverzicht eingeübten Heranwachsenden – es ist so schön einfach. Aber auch Frau Meves wird anerkennen müssen, daß, wenn Realität und Ideologie auseinanderklaffen, nicht die Realität irrt, sondern die Ideologie. Ohne Rücksicht auf die Seelennöte des einen oder anderen enttäuschten Psychologen neigt sich die Zeit dem Ende zu, wo das Sich-Durchboxen auf Kosten anderer ein tragfähiges Ideal sein konnte. Die durchhaltende Arbeitslust wird mehr und mehr ausbleiben, wenn sie empfunden werden muß als emsig-geschäftiges Vorwärtshasten dem Abgrund zu – sei es der persönliche Abgrund des Todes, sei es der kollektive des atomaren Holocausts.

Hat Frau Meves nie einen Jugendlichen fragen hören: «Und wozu der ganze Aufwand, wenn am Ende einfach das Licht ausgeht – zack –, und du bist mal gewesen?» Hat sie je den Erklärungen «autonomer» Straßenkämpfer in Presseinterviews (oder vielleicht gar in der persönlichen Begegnung) *gelauscht*, die berichten, wie sie gar nicht vorrangig aus politischen Motiven randalieren, sondern «um sich selbst zu spüren»? Ist das nicht furchtbar, wenn uns unsere Kinder sagen: Wir spüren uns nicht! Heißt das nicht übersetzt: «Nie hat *mich* jemand *angesehen*.» Wie auch sollte ein Mensch, der als Produkt von Triebverzichtsmechanismen und Indoktrinationen definiert wird, dem man mit höchster wissenschaftlicher Autorität *nichts* als sein Eigenes zubilligt, den Eindruck haben, wahrgenommen zu werden?

Der Drang, sich als Persönlichkeit, als Individualität bestätigt zu finden, «sich zu spüren», ist unbeugsam. Er sucht sich die Kanäle, die ihm angeboten werden. Wenn sich Seelen mit revolutionierenden Geisteszielen in eine geistverlassene Welt inkarnieren, wo man ihnen nur zu sagen hat, sie seien nichts weiter als übermutterte, ideologisch verhetzte Versager, wenden sie sich zur Gewalt. Der Zustand unerfüllter Geistessehnsucht gewinnt gerade in dem biographischen Augenblick, der *auch* gekennzeichnet ist durch heftige Triebeskalation, eine ungeheure destruktive Dynamik. Wehe, die aufschießenden Willenskräfte bleiben sich selbst überlassen, weil sie keine geistige Zielrichtung finden, keine menschengemäße Verlockung. Wo aber die Gewalt, die doch Angst ist, Todesangst («Ich spüre mich nicht!»), keinen Weg nach außen findet, wo die Entkräftigung schon zu groß ist, da wütet sie innen. Die jugendpsychiatrischen Krankenstationen füllen sich. Da stehen wir vor der Innenseite der Straßenkrawalle.

Die Psychologin Meves, die hier nur angeführt wird als wissenschaftliche Kronzeugin einer weitverbreiteten Gesinnung, sieht lediglich «überhebliche Anmaßung» im Verhalten dieser Jugend. Die darunterliegende Not sieht sie nicht. »Stell dir vor, es ist Krieg, und du hast kein Haarspray» stand mit Lippenstift geschrieben auf dem Spiegel einer Disco-Toilette. Zynismus? Vor einigen Jahren hieß es noch:«Stell dir vor, es ist Krieg, und keiner geht hin.» Wer bereit ist, den Dingen auf den Grund zu gehen, vernimmt den gequälten Aufschrei hinter der Haarspray-Parole. Die Worte standen auf dem *Spiegel.*

Solange wir nicht den Weg zurückfinden zu einem Menschenbild, in dem der Mensch überhaupt wieder vorkommt, werden wir Jugendprobleme vom Terrorismus über die Drogensucht bis zur Gewaltkriminalität als von uns geschaffene hinnehmen müssen. Denn der jugendliche Mensch erkrankt an der Seele, wenn er sich nicht als geistiges Wesen wahrzunehmen lernt dadurch, daß *wir* ihn als solches wahrnehmen.

Der Kapitalismus produziert die Widersprüche, an denen er zugrunde gehen wird, sagt Karl Marx. Sein Irrtum besteht in einem Wort: Er hätte statt Kapitalismus sagen müssen: Materialismus.

Der Verlust der Kindheit

«Jemand hat erfahren, die Kinder wollten so wie die Arbeiter ihre eigene Fahne haben, und die solle grün sein. Also veranstalteten sie eine Demonstration mit einer grünen Fahne. Die Erwachsenen waren wütend. ‹Das ist ja eine schöne Geschichte. Wir haben schon genug Sorgen mit den Arbeitern, und nun fangen die Kinder auch noch an. Das hat uns gerade noch gefehlt›» (Janusz Korczak, *König Hänschen*).

Wenn Korczak, der polnisch-jüdische Arzt, Pädagoge und Schriftsteller – der 1942, obwohl ihn die Deutschen auf Fürbitte des Judenrates im Warschauer Ghetto verschont hätten, den Kindern seines Waisenhauses nach Treblinka folgte und dort mit ihnen starb –, die Friedens- und Umweltschutzbewegung als einen Aufstand der *Kinder* voraussah, so war dies kein Wunschtraum, keine vage poetische Fiktion. Es zeigt, daß in ihm ein Sinn tätig war, dem sich das *Wesentliche* künftiger Ereignisse im Bilde mitteilt. Die grüne Farbe der Ehrfurcht vor dem Leben ist die Fahne der Kindheit. «Es wird nicht mehr lange dauern, da werden alle Kinder der ganzen Welt die grüne Fahne tragen», schreibt der 45jährige, knapp zwanzig Jahre, bevor er freiwillig mit seinen Schutzbefohlenen in den Tod geht.

Kindheitskraft erhebt sich gegen den Geist der Erstarrung und lebensblinden Verstandesschärfe, unter dessen Regentschaft die Ichheit dahinsiecht in ihren Zerrformen der kleinlichen Egoität, des Argwohns und des dumpfen Machttriebs. Nur solche Impulse, die über Kindheit und Jugend hereindrängen, werden imstande sein, unsere Geisteskultur aus den Klauen des «Untiers» zu befreien. In zahlreichen Märchen taucht dieses Motiv auf, wenn der Jüngste von dreien, der «Dummling», den alle verspotten, schließlich die Prinzessin (die Weisheit) erlöst, in deren Schoß der Drache schläft und sich kraulen läßt. Thema zahlreicher moderner Dichtungen ist die archetypische Vision vom Aufstand oder Kreuzzug der Kinder, von der Rettungsmission eines einzigen Kindes oder, bei Tolkien, der kleinen «Hobbits».

In Korczaks Roman wird König Hänschen zum Tode verurteilt. Da wirft sich «einer der Herren in Frack und Handschuhen» plötzlich vor ihm nieder und ruft unter Tränen: «Jetzt erst sehe ich, was wir angerichtet haben. Und wenn unsere nichtswürdige Feigheit nicht gewesen wäre, dann würdest jetzt du Gericht halten.» Hänschen wird schließlich nicht hingerichtet, sondern auf eine einsame Insel verbannt. Frieden, Gerechtigkeit, Achtung vor dem Leben hatten die Kinder mit der grünen Fahne gefordert und waren gescheitert an der «nichtswürdigen Feigheit» der Herren in Frack und Handschuhen. Sie lockten König Hänschen in die Falle, indem sie ihm einen gefälschten Aufruf an alle Kinder der Welt unterschoben. In dem Aufruf stand: «Ich schenke euch die Freiheit. Also helft mir und macht auf der ganzen Welt Revolution.»

Da ist keinerlei Interpretationsakrobatik vonnöten, um aktuelle Bezüge herzustellen. Korczak gießt das Motiv des Kindheitsaufstandes in die zeitgemäße Form. Die «Fräcke» sind sich für keine Intrige zu schade, um abzuwenden, was sie am meisten fürchten: Veränderung, schöpferische Unruhe. Der «Drache» flüstert ihnen ein, das Gute sei unvernünftig, und in vernünftigen, geordneten Bahnen setzen sie die Verwüstung der Erde ins Werk. Nicht böswillig. Nur feige. Das Kind aber, das Unruhe stiftende, lästige Kind, wird auf eine einsame Insel verbannt. Das ist die geistige Situation der Gegenwart.

Kindheitskraft lebt in dem vielgeschmähten «moralischen Rigorismus», dem man gewalttätige, umstürzlerische Absichten unterstellt, bis er sich mit der Unterstellung identifiziert und ins offene Messer läuft. Kindheitskraft lebt in dem verhöhnten, naiven (aber ja!) Weltverbesserungsidealismus der Jüngeren und ihrer junggebliebenen erwachsenen Kampfgefährten. In den «Maximalforderungen» lebt sie, die im verödeten Bewußtsein der Macher und Sachverständigen nichts weiter sind als Verstöße gegen die «hygienischen» Vorschriften. Die «nichtswürdige Feigheit» einer auf die Grundwerte Sicherheit, Ordnung, Eigenheim reduzierten bürgerlichen Als-ob-Ethik weist panikartig alles von sich, was daran erinnern könnte, daß wir in einen Zustand geraten sind, in dem unsere Sicherheiten und felsenfesten Überzeugungen über uns zusammenstürzen werden, wenn wir nicht *jetzt* damit beginnen, sie freiwillig abzutragen.

Dazu aber gehört Mut, Kindheitsmut. Solange nach Parteitagen der «Grünen» oder Konferenzen der Friedensbewegung jede dort formulierte konkrete Utopie höhnisch als Indiz für «Politikunfähigkeit» registriert wird, besteht freilich wenig Hoffnung. Es ersetzt eine Bibliothek voll Abhandlungen über den Zustand unserer Geisteskultur, festzuhalten, daß «Weltverbesserer» heute ein Schimpfwort ist. *Kindheit* also ist ein Schimpfwort. Denn jedes Kind ist in seinem Innersten ein «Weltverbesserer». Aus keinem anderen Grund hat es den Weg in diese gottverlassene Einöde angetreten.

Warum neigen die Menschen, je jünger sie sind (oder geblieben sind), desto mehr zu moralischen «Maximalforderungen»? Sie *erinnern* sich. Sie sind noch angeschlossen an eine geistige Wirklichkeit, in der die

Menschenseele gerade so von «moralischen Maximalforderungen» umgeben ist wie auf der Erde von Bäumen, Bergen, Wasser und Wind. Am kleinen Kinde müssen wir mit der Intuitionsfähigkeit der Liebe ablesen, was es uns mitzuteilen hat. Niemand vermag dies besser als eine Mutter. Deshalb laßt jetzt die *Mütter* reden, statt sie zu belehren, ihre Angst sei destruktiver als die erhöhte Strahlenbelastung durch Tschernobyl. Angst um ein *anderes* Wesen ist niemals destruktiv. Die Belehrungen sind es.

Und laßt die *Jugend* reden – die Jugend an Jahren; die Jugend, die übrig ist in unseren Herzen. Jugend heißt: Das Mitgebrachte, Erinnerbare, schon verblassend, wird *sagbar*. Nur dadurch, daß es verblaßt im Vergangenheitsraum, wird es sagbar. Aber indem es sagbar wird und *Gehör findet*, strahlt es vor uns, in die Zukunft, wieder auf. «Im Jugendidealismus erschaut der Mensch die Wahrheit», schrieb Albert Schweitzer.[1] Und er fügt hinzu: «Das Wissen vom Leben, das wir Erwachsenen den Jugendlichen mitzuteilen haben, lautet also nicht: Die Wirklichkeit wird schon unter euren Idealen aufräumen, sondern: ‹Wachset in eure Ideale hinein, daß das Leben sie euch nicht nehmen kann.› Wenn die Menschen das würden, was sie mit vierzehn Jahren sind, wie ganz anders wäre die Welt!»

Es gehört zu den großen Lügen unserer Zeit, zu behaupten, der aus Kindheitskräften gewonnene «moralische Rigorismus» sei eine Realitätsverkennung. Er ist vielmehr *Realitätssinn* auf höherer Stufe. Wo immer er sich ausspricht und wir über gefährliche Phantasterei und so weiter lamentieren, können wir ermessen, wie weit wir uns von der Wirklichkeit entfernt haben. Wird allerdings den jungen Menschen dieser Wahrheitssinn systematisch zerschlagen, entsteht jene Realitätsverzerrung, deren Folgen wir dann erleben in Straßenschlachten, Bombenanschlägen und sinnlosem Haß. Sollte man die Maximalforderungen nach Abschaltung aller Kernkraftwerke und Beseitigung aller Massenvernichtungswaffen nach dem Schock von Tschernobyl weiterhin zynisch ignorieren, werden wir eine verzweifelte Eskalation der Gewalt erleben, und diese Gewalt wird zunehmend Selbstzweck werden, zur Gewalt um der Gewalt willen, die gar keinen Versuch mehr macht, sich zu rechtfertigen. Die fortgesetzte Kränkung der Kindheit rächt sich. Die reine Lust an der Destruktion wird in das Vakuum einfallen, das durch den Verlust der Jugend, d. h. durch die Aussichtslosigkeit weltverändernder Impulse entstanden ist. Dies zeichnet sich heute schon ab. Und keiner, der in den letzten zwanzig Jahren die Jugend vom hohen Roß herab belächelt und ihre Forderungen als «unreif» abgetan hat, sollte seine Hände in Unschuld waschen, wenn man inzwischen den Eindruck hat, daß gewisse Dinge sich wiederholen könnten …

Der gestohlene Kristall

Es wohnte einmal in einem kleinen, steinernen Häuschen am Rand eines tiefen, dunklen Waldes eine alte Frau. Die Fenster an der Vorderseite des Häuschens gaben den Blick frei auf wunderbares, weites, von Blumen übersätes Wiesenland. Durch die hinteren Fenster aber blickte man in den dunklen Wald hinein.

Die alte Frau war eine Heilkundige. Tag für Tag sammelte sie im Wald Kräuter und Wurzeln, um ihre Salben und Tinkturen daraus zu bereiten.

Im Haus befand sich ein Tresor, der in die Wand eingelassen war. Dort hatte die alte Frau einen Kristall verborgen, der in den wunderbarsten Farben leuchtete. Abend für Abend, wenn sie aus dem Wald heimkam, öffnete sie den Tresor, nahm den Stein heraus und schaute ihn lange an.

Eines Abends jedoch, als sie sich wiederum an dem Kristall erfreuen wollte, war er nicht mehr da, und es lag ein seiner Statt ein häßlicher, schwarzer Stein im Tresor. Da wurde die Alte sehr traurig.

Sie wußte wohl, daß eine böse Hexe, die beim nahen Fluß wohnte und gleichfalls mit den Kräften der Pflanzenwelt umzugehen wußte, die Vertauschung heimlich vorgenommen hatte, und das war sehr schlimm, denn es hatte eine besondere Bewandtnis mit dem Stein.

Tief im Wald nämlich wohnte ein Mann, der um viele Geheimnisse wußte und in die Zukunft sehen konnte. Die gute Kräuterfrau besuchte ihn bisweilen, und einmal hatte er ihr den Kristall gegeben und gesagt: «Eines Tages wird ein junges Mädchen, fast noch ein Kind, über die Wiesen kommen und bei dir klopfen. Es wird dich um ein Kräutlein gegen seine Traurigkeit bitten. Diesem Kind gib den Stein, denn er gehört ihm und muß ihm den Weg zu seinem Glück weisen.» Seither hatte die Alte den Stein gehütet und auf das Kind gewartet.

Die Hexe vom Fluß aber, die oft um das Haus der guten Kräuterfrau herumstrich und durch die Fenster hereinspähte, wußte bald von dem wunderbaren Kristall und glaubte, er verleihe seinem Besitzer große Macht. Lange hatte sie nach einem Zauber geforscht, um das Kleinod an sich zu bringen, und nun war es ihr geglückt.

Eines schönen Tages kam, wie es der weise Mann verheißen, das Kind über die Wiese daher und bat um Hilfe. Da erzählte die gute Kräuterfrau bekümmert von dem Mißgeschick und riet dem Mädchen, das von einer rätselhaften Traurigkeit befallen war und seit Jahr und Tag nicht mehr gelacht und sich an gar nichts mehr gefreut hatte, eine List anzuwenden.

Es solle zu der Flußhexe gehen, die schon lange gemerkt hatte, daß der Kristall in ihren Händen ganz wertlos sei, und solle ihr sagen: «Nur wo *ich* bin, entfaltet der Stein seine Macht, so laß mich also bei dir bleiben.» Sodann solle sie eine gute Gelegenheit abwarten, um den Kristall zu entwenden.

Das Mädchen befolgte den Rat, obgleich es große Angst hatte. Die Hexe aber, die sich nicht leicht täuschen ließ, bemerkte gleich, daß der Stein wirklich zu diesem Kind gehörte, und so willigte sie ein, daß das Mädchen bei ihr bleiben und ihr dienen könne.

Es waren mehrere Wochen vergangen, als an einem Nachmittag ein wunderschöner, weißer Hengst in der Nähe des Hauses der Flußhexe graste. Die Alte sah das Tier durchs Fenster. Und weil sie ein raffgieriges Weib war, wollte sie es sogleich in ihre Gewalt bringen und ging hinaus. Nun beobachtete das Kind, wie der Hengst die Alte immer weiter fortlockte, indem er sich teils zahm und willig zeigte und seiner Verfolgerin Hoffnungen machte, teils fortsprang, wenn sie ihm gerade in die Mähne greifen wollte. Hätte sie ihn aber berührt, wäre er der ihre gewesen.

Bald waren Hengst und Hexe nicht mehr zu sehen. Da ging das Mädchen rasch zu der Glasvitrine, in welcher der Edelstein lag, nahm ihn an sich, sprang zur Tür hinaus und lief und lief und lief, so schnell sie nur konnte, davon. Als sie eine Weile so gelaufen war, hörte sie hinter sich das Trappeln von Pferdehufen und fürchtete schon, die Alte käme ihr nachgeritten. Aber es war nur der weiße Hengst. Er blieb neben ihr stehen und sagte mit menschlicher Stimme: «Ich bin der Mann, der im Wald wohnt und der guten Kräuterfrau den Stein für dich gab. Steig auf und laß uns fliehen.»

Da schwang sie sich auf den Rücken des Pferdes, und sie galoppierten davon. Und während sie wie der Wind über die Wiesen jagten, fiel die Traurigkeit von dem Mädchen ab, und es begann zu lachen und zu jauchzen.

Als sie zu dem steinernen Haus der guten Kräuterfrau kamen, war diese nicht mehr da. «Wo ist sie?» fragte das Kind. Da antwortete der Hengst: «Du wirst es eines Tages verstehen. Fürs erste sollst du nur wissen: Sie wird überall sein, wo auch du bist.»

Das waren die letzten Worte, die der Hengst sprach. Er und das Mädchen blieben fortan immer zusammen. Der Stein zeigte ihr stets den richtigen Weg, und der Hengst trug sie sicher ans Ziel.

Anmerkungen

Die Werke Rudolf Steiners werden zitiert mit den Bibliographie-Nummern der Gesamtausgabe (= GA), Rudolf Steiner Verlag, Dornach.

Zu: Entwicklung zwischen Bedingtheit und Freiheit

1 R. Steiner, *Allgemeine Menschenkunde als Grundlage der Pädagogik.* GA 293.
2 R. Steiner, *Die geistig-seelischen Grundkräfte der Erziehungskunst.* GA 305.
3 R. Treichler, *Die Entwicklung der Seele im Lebenslauf.* Frankfurt 1985 und Stuttgart 1990.
4 *INFO 3 Magazin*, Herbst 1987, Interview mit H. Witzenmann von H. Köhler.
5 G. Nissen (Hrsg.), *Psychiatrie des Pubertätsalters.* Bern 1985 (dort: F. Alonso-Fernandez).
6 Vgl. dazu in diesem Buch: «Wandlungen der Selbst- und Welterfahrung» (S. 126 ff.) und «Vom Urvertrauen in die Güte» (S. 169 ff.).
7 Vgl. Anm. 5, dort: H. Tellenbach.
8 Irene Kummer, *Beratung und Therapie bei Jugendlichen.* München 1986.
9 L. J. Kaplan, *Abschied von der Kindheit.* Stuttgart 1988.
10 Die Überbehütung («Overprotection») als Ursache für kindliche Verhaltensstörungen ist in der Form, wie sie gemeinhin aufgefaßt wird, eine bloße Verlegenheitserklärung. Der Begriff suggeriert, im «Behüten» liege der Fehler. In Wahrheit entstehen aber erst dann Probleme, wenn sich in das äußerliche «Behüten» andere, dem Erziehungs- und Fürsorgeauftrag eigentlich ganz fremde Intentionen mischen, so z. B. die von H. E. Richter (vgl. die Fallbesprechungen in diesem Buch) im Prinzip mit Recht beklagten «narzistischen Projektionen» der Eltern. Auch die von der deutschen Propagandistin der «Festhaltetherapie» (Jirina Prekop) beschriebenen Umkehrungen des Autoritätsverhältnisses in der Eltern-Kind-Beziehung, durch die «der kleine Tyrann» (Prekop) heranwächst, rühren nicht vom übertriebenen Behüten her, sondern von einer ängstlich-unsicheren Grundstimmung der Erzieher, durch die das «Behüten» etwas Äußerliches bleibt und kein wirkliches Daseinsvertrauen schafft.
11 Karl König, *Die Seele des Menschen.* Stuttgart 1989.
12 R. Steiner, *Anthroposophie, Psychosophie, Pneumatosophie.* GA 115. Dort die Vorträge zur «Psychosophie».
13 Marilyn Lawrence, *Ich stimme nicht / Identitätskrise und Magersucht.* Reinbek 1986.
14 Vgl. dazu in diesem Buch «Der Weg zum Herzen» (S. 117 ff.).
15 D.W. Winnicott, *Vom Spiel zur Kreativität.* Stuttgart 1979.
16 Vgl. Anm. 5 und 7, dort: I. P. Jakobsen, zitiert nach Tellenbach.
17 Wie Anm. 16.
18 Wie Anm. 2.
19 Wie Anm. 2 und 18.

20 P. von der Heide (Hrsg.), *Das therapeutische Gespräch*. Stuttgart 1980.

21 Vgl. Anm. 5, 7 und 16, dort: G. Nissen.

22 Reinhold Schneider, 1903-1958, Historiker und Dichter, zitiert nach: C. Greiff, *Zitate*. O. J., o. O.

23 Carl Gustav Jung, *Seelenprobleme der Gegenwart*. Freiburg 1973.

24 H. Ullrich, *Waldorfpädagogik und okkulte Weltanschauung*. Weinheim/München 1986.

25 Wie Anm. 24.

26 Wie Anm. 24 und 25; vgl. dazu auch von H. Köhler *Normative Pädagogik?* INFO 3, Heft 7/8 1987, sowie *Metaphysik der faulen Vernunft?* INFO 3, Heft 9 1988.

27 Alice Miller, *Das Drama des begabten Kindes*. Frankfurt 1979.

28 Wie Anm. 9.

29 Wie Anm. 2, 18 und 19.

30 Vgl. dazu in diesem Buch: «Zwei Fallschilderungen nach H. E. Richter» (S. 80 ff.).

31 Wie Anm. 2, 18, 19 und 29.

32 Vgl. dazu von H. Köhler *Ich werdend spreche ich Du*. In INFO 3, Heft 1 1987.

33 Wie Anm. 4.

34 Wie Anm. 4 und 33.

35 R. Steiner, *Das Karma des Berufes des Menschen in Anknüpfung an Goethes Leben*. GA 172.

36 Der Begriff «Inkarnationsimpuls» bzw. dasjenige, was damit zusammenhängt, klingt in dem vorliegenden Buch immer wieder an, ohne jedoch ausführlich erörtert zu werden. Eine allgemeinverständliche Darstellung findet sich in meinem Buch *Die stille Sehnsucht nach Heimkehr*. Stuttgart 1987, S. 93ff.

37 K. Dörner, U. Plog, *Irren ist menschlich*. Rehburg-Loccum 1982.

38 Vgl. Anm. 21.

39 Ausführliches hierzu findet sich, anknüpfend an R. Steiners *Allgemeine Menschenkunde*, GA 293, in meinem Buch *Die stille Sehnsucht ...* (vgl. Anm. 36), dort: «Das Geistselbst und die Metamorphosen des Willens».

40 Vgl. Anm. 27.

41 F. Lenz, *Bildsprache der Märchen*. Stuttgart 1976.

42 Vgl. in diesem Buch die Darstellungen im 2. und insbesondere im 3. Teil.

43 Vgl. Anm. 21 und 38.

44 Jean-Jacques Rousseau (1712-1778), der große Gegenaufklärer und Intimfeind Voltaires, behauptete im wesentlichen seit 1750, der Mensch sei von Natur aus gut und werde durch den Zivilisationsprozeß verdorben. Diese damals umwälzende und vor allem gegen den Mythos der «Erbsünde» gerichtete Auffassung hatte gewaltige Auswirkungen auf das neuzeitliche Denken. Ihre Schwäche besteht darin, daß sie alles, was mit der geistigen Entwicklung der Menschheit zusammenhängt, a priori als degenerativ einstuft und behandelt, als sei sie dem Menschen irgendwie von außen aufgezwungen. Heutige Theorien, welche die Ausbildung des selbstreflexionsfähigen Menschengehirns als eine «Panne» der Evolution ansehen, gehen, bewußt oder unbewußt, auf Rousseau zurück.

45 Wie Anm. 9.

Zu: Das Ich: «Fixe Idee» oder Realität?

1 H. Ullrich, *Waldorfpädagogik und okkulte Weltanschauung.* Weinheim 1986.
2 Wie Anm. 1.
3 W. Holtzapfel, *Krankheitsepochen der Kindheit.* Stuttgart 1978.
4 A. Flitner, H. Scheuerl (Hrsg.), *Einführung in pädagogisches Sehen und Denken.* München 1984. dort: O. F. Bollnow.
5 R. Steiner, *Heilpädagogischer Kurs.* GA 317.
6 Zitiert nach: Th. Ziehe, H. Stubenrauch, *Plädoyer für ungewöhnliches Lernen / Ideen zur Jugendarbeit.* Reinbek 1982.
7 Wie Anm. 4, dort: Erich E. Geißler.
8 R. Steiner, *Die pädagogische Praxis vom Gesichtspunkte geisteswissenschaftlicher Menschenerkenntnis.* GA 306.
9 Wie Anm. 4 und 7, dort: H. Rauschenberger.
10 Welchen Schaden die zu frühe und immer frühere Betonung des intellektuellen Lernens in Wirklichkeit anrichtet, wird selbst von den Befürwortern einer mehr musisch-sozialen Gewichtung im Unterricht selten in vollem Umfang erfaßt. Eine wahrhafte Psycho-Analyse der dramatisch anwachsenden pathologischen Angstzustände im Vorpubertäts- und Pubertätsalter, aber auch von Zeitkrankheiten wie Anorexia nervosa (Magersucht), kindlichen Zwangsneurosen oder Unruhezuständen würde diesbezüglich Erschütterndes zutage fördern. Der Tendenz zur «Hochbegabtenförderung», die vom entwicklungspsychologischen Standpunkt aus nur als gefährlicher Unfug bezeichnet werden kann, muß gerade in diesem Zusammenhang viel energischer öffentlich entgegengetreten werden, als dies bisher geschieht. Ich habe mich mit einigen Aspekten dieses Themas in INFO 3, Heft 10 1988 unter dem Titel: *Michaelische Fragen der Psychologie: Zur Intelligenz* befaßt.
11 R. Steiner, *Die geistig-seelischen Grundkräfte der Erziehungskunst.* GA 305.
12 Wie Anm. 11.
13 I. Kummer, *Beratung und Therapie bei Jugendlichen.* München 1986.
14 Erich Fromm, *Ihr werdet sein wie Gott.* Reinbek 1980.
15 Eine vergleichende Arbeit zum Thema *Erich Fromm und Rudolf Steiner – ein Dialog* liegt (unveröffentlicht) vor. Sie kann bei mir gegen einen Unkostenbeitrag als Manuskriptdruck angefordert werden.
16 R. Steiner, *Die Philosophie der Freiheit.* GA 4.
17 K. Lorenz, *Der Abbau des Menschlichen.* München 1983.
18 Vgl. H. Köhler, *Auf der metaphysischen Ebene gescheitert – Jean Paul Sartres Ideen über Hoffnung am Ende seines Lebens.* In: Neue Politik (Hamburg) 5/1981.
19 Was Sartre als Philosoph geleistet hat, nämlich den konsequenten Durchgang durch den «Nullpunkt» der Sinnlosigkeit, in den die materialistische Logik den, der sie konsequent durchführt, unweigerlich hineinstößt, ist bei Samuel Beckett literarisch zum Ausdruck gekommen. Beide resümieren, gedanklich im «Nichts» stehend, daß nun entweder nichts mehr und nie wieder etwas zu sagen sei oder etwas vollständig Neues, Ungeahntes. Diesen gewiß nicht angenehmen Weg

stellvertretend für die europäische Kulturmenschheit ohne Ausflüchte gegangen
zu sein, mit großer geistiger Redlichkeit, um am Ende festzustellen, daß, wenn
es überhaupt einen Weg gibt, dies nicht der richtige gewesen sein könne, ist
das unschätzbare Verdienst der beiden großen Nihilisten der Philosophie und
Dichtung. Nihilisten des Herzens waren sie allerdings nicht – im Gegensatz zu
manchem Vertreter des «Neuen Zeitalters», der auf jede Sinnfrage eine großartige
kosmologische Antwort weiß, aber keine Sekunde seines Lebens mit den Unterdrückten, Hungernden und tragisch Verirrten dieser Erde aufrichtig leidet.

20 Vgl. H. Köhler, *Wie einmal irgendwie der Affe mutierte* (zu Friedrich Engels'
Evolutionsverständnis). In: INFO 3, Heft 3 1986.

21 Vor allem Herbert Witzenmann hat im Sinne einer anthroposophischen Erkenntniswissenschaft herausgearbeitet, daß zwar dasjenige, was wir als Gegenwartsbewußtsein erleben, ein bloßes Wirklichkeitsvermeinen ist und wir gleichsam
stetig in einer Vergangenheitswelt von Wirklichkeitsabspiegelungen leben, aber
er hat, anknüpfend bei Steiner, zugleich den Weg gewiesen, wie wir zu einem
schöpferischen Gegenwartsbewußtsein (und damit zur Freiheit) vordringen
können. Die anthroposophische Erkenntniswissenschaft gibt sich nicht der
Illusion hin, der Mensch sei ein freies, sich selbst bestimmendes Wesen, aber
sie bestreitet, daß aus der Tatsache der Unfreiheit zu schließen sei, wir könnten
folglich niemals frei werden. R. Steiner hat in seiner *Philosophie der Freiheit* gerade
das Problem der Fremdbestimmung des Menschen scharf herausgearbeitet, aber
er hat die «Spurenelemente» wirklicher Freiheit gezeigt und daraus Perspektiven
entwickelt.

22 H. Heckhausen, P. M. Gollwitzer, F. E. Weinert (Hrsg.), *Jenseits des Rubikon.*
Berlin 1987, dort: D. Dörner.

23 Eine der wichtigsten Gegenpositionen zum systemtheoretischen Ansatz hat (ohne
direkt darauf Bezug zu nehmen) Georg Kühlewind in seinem kleinen Buch *Das
Leben der Seele zwischen Überbewußtsein und Unterbewußtsein.* Stuttgart 1982
formuliert.

24 G. Nissen (Hrsg.), *Psychiatrie des Pubertätsalters.* Bern 1985, dort: H. Tellenbach.

25 H. E. Richter, *Eltern, Kind und Neurose / Die Rolle des Kindes in der Familie.*
Reinbek 1987.

26 Vgl. dazu in diesem Buch das Kapitel «Die verlorene Heimat» (S. 37 ff.).

27 H. J. Schultz (Hrsg.), *Trennung.* Stuttgart 1984, dort: Angela Waiblinger, *Adieu,
mein Kind.*

28 H. Köhler, *Die stille Sehnsucht nach Heimkehr. Zum menschenkundlichen Verständnis der Pubertätsmagersucht.* 3. Aufl. Stuttgart 2008.

29 Wie Anm. 13.

30 Es ist das Problem unserer heutigen materialistischen Weltsicht, daß wir uns
von der Selbsterziehung nur dann eine pädagogische Wirksamkeit versprechen,
wenn sie uns praktisch umsetzbare Techniken an die Hand gibt, das Kind nach
unseren Vorstellungen zu beeinflussen. Daß wir, indem wir mit der Erziehung
bei uns selbst beginnen, unmittelbar unser Ich stärken und dadurch auf eine Art
und Weise den Astralleib des Jugendlichen heilsam beeinflussen können, die

sich auf einer übersinnlichen Begegnungsebene abspielt, hat Rudolf Steiner im 2. Vortrag seines *Heilpädagogischen Kurses* (GA 317) beschrieben.

31 Vgl. dazu in diesem Buch das Kapitel «Wandlungen der Selbst- und Welt-erfahrung», dort: «Die Wahrnehmungswelt des Kleinkindes» (S. 127 ff.).

32 Die psychoanalytische Entwicklungstheorie geht davon aus, es sei die Funktion von Erziehung, «das primäre Ich durch ein sekundäres zu überlagern, um es in seiner Ursprünglichkeit zu hemmen» (Willy Rehm, *Die psychoanalytische Erziehungslehre.* München 1968). Was hier «primäres Ich» genannt wird, ist entfernt vergleichbar mit dem, was Rudolf Steiner den «ungeläuterten Teil des Astralleibs» (ungeläutert, weil nicht vom höheren Ich durchstrahlt) genannt hat. Das «sekundäre Ich» der Psychoanalyse ist das, was sich im Seelenleben des Menschen als Ergebnis der Nötigung durch äußere sittliche Normen Ich-verdunkelnd festsetzt, wie R. Steiner in seiner *Philosophie der Freiheit* ausführt. Wir sehen also, daß die «beiden Iche» der Psychoanalyse gerade die beiden Hauptquellen der Fremdbestimmung bezeichnen, die nach R. Steiner die Ausfaltung der eigentlichen Ich-Wesenheit behindern: die unterindividuellen Nötigungen unserer biologischen Gattungswesenheit sowie die außerindividuellen Nötigungen der konventionellen Sittlichkeit. Das «Ich», von dem in der Anthroposophie die Rede ist, kommt in der Psychoanalyse gar nicht vor.

33 Sehr kluge und grundlegende Fragen hat (freilich nicht von der Anthroposophie ausgehend) hierzu Christof T. Eschenröder in seinem Buch *Hier irrteFreud / Zur Kritik der psychoanalytischen Theorie und Praxis.* München-Weinheim 1986, gestellt.

34 Von der damit zusammenhängenden instinktiven Abwehrgebärde des Kleinkindes gegen äußere Einflüsse ist in dem Kapitel «Wandlungen der Selbst- und Welterfahrung» (S. 126 ff.) ausführlich die Rede.

35 Vgl. Anm. 22, dort: W. Wickler.

36 Wir sind uns im Regelfall gerade nicht unseres Wollens bewußt. Das Selbst-Bewußtsein wird zunächst über das Vorstellungsleben aufgebaut, das heißt durch Vergangenheitsbilder. Viele Ursachen unseres Wollens sind uns in Form solcher Vergangenheitsbilder bewußt, während das Bewußtwerden des Wollens selbst nur durch langes, ausdauerndes Üben erreichbar ist. Im Wollen selbst sind dann Willensmotive höherer Ordnung auffindbar, die sich der gewöhnlichen Vorstellung entziehen. – Außerdem ist (wie ehrfurchtgebietend der Name Spinoza auch klingen mag) nicht einzusehen, weshalb darin, daß wir vielfach die Motive unseres Handelns nicht durchschauen, sondern auf unser eigenes Handeln als auf etwas Unergründliches zurück- oder hinblicken, «Freiheit bestehen» soll. Darin besteht sie gerade nicht. Aber sie besteht keimhaft schon darin, daß wir ihr Nichtbestehen in dem von Spinoza beschriebenen Zustand erkennen können.

37 R. Steiner, *Die Philosophie der Freiheit.* GA 4.

38 Wie Anm. 37.

39 Woran die Freiheitsdiskussion krankt, macht der Satz von Oswald Spengler deutlich: «Willensfreiheit ist keine Tatsache, sondern ein Gefühl.» Gefühle sind demnach keine Tatsachen.

40 Wie Anm. 13 und 29.

41 Wie Anm. 24.

42 Hans Müller-Wiedemann, *Mitte der Kindheit.* Stuttgart 1989.

43 Wie Anm. 42.

44 Wie Anm. 11 und 12.

45 Vgl. in diesem Buch das Kapitel «Vom Urvertrauen in die Wahrheit» (S. 179 ff.).

46 Der Brief wurde in der Zeitschrift INFO 3, Heft 12 1988 unter dem Titel *Ich will meinem Stern folgen* vorabgedruckt.

47 Zitiert nach I. Kummer (vgl. Anm. 13, 29 und 40).

48 Wie Anm. 6.

49 Albert Steffen, *Die anthroposophische Pädagogik.* Dornach 1983.

50 R. Steiner hat unermüdlich vor einer moralisierenden Erziehung gewarnt und gefordert, die religiöse Unterweisung in begrifflich-gebotsmäßiger Form zu unterlassen. «Das moralische Urteil soll man dem Kinde nicht einimpfen. Man soll es so vorbereiten, daß das Kind, wenn es mit der Geschlechtsreife zur vollen Urteilsfähigkeit erwacht, an der Beobachtung des Lebens sich selber das moralische Urteil bilden kann.» (*Die geistig-seelischen Grundkräfte der Erziehungskunst.* GA 305.)

51 Über die Unterschiede zwischen weiblicher und männlicher Pubertät ist in meinem Buch *Die stille Sehnsucht nach Heimkehr* das Wichtigste in dem entsprechend überschriebenen Kapitel zusammengefaßt. Dort habe ich den autistisch-introversiven, ästhetisierenden Zug der weiblichen Jugendseele («Rapunzel») im Unterschied zum expansiv-stürmischen Grundzug bei den Knaben («Steppenwolf») beschrieben.

52 Ch. Beichler, E. Klein, *Vom Umgang mit Jugendlichen.* Schaffhausen 1977. Obwohl ich das Buch im angesprochenen Punkt kritisiere, ist es im ganzen von einem undogmatischen, großherzig-gütigen Grundton und durchaus lesenswert.

53 Hilmar Hoffmann (Hrsg.), *Jugendwahn und Altersangst.* Frankfurt 1988, dort: Rita Süßmuth.

54 Wie Anm. 17.

55 W. J. Stein, *Erziehungsaufgaben und Menschheitsgeschichte.* Stuttgart 1980.

56 L. J. Kaplan, *Abschied von der Kindheit.* Stuttgart 1988.

57 Wie Anm. 49.

58 K. Jaspers, *Allgemeine Psychopathologie.* Berlin/Heidelberg/New York 1973.

59 Die Begriffe, die zur Verfügung stehen, um solche Fragen zu formulieren, sind natürlich von Milieu und Schulbildung nicht unabhängig. Aber auf die Formulierungen (es gibt nicht nur sprachliche, sondern auch tätliche Formulierungen!) kommt es nicht in erster Linie an. Gerade bei schweren seelischen Krisen erlebt man oft, daß Jugendliche, denen keiner so etwas zugetraut hätte, plötzlich die erstaunlichsten Fragen zu stellen und Tiefen auszuloten beginnen. Ich habe scheinbar ganz dumpfe, ungebildete junge Leute kennengelernt, die unter dem Eindruck starker Ängste oder im Vorfeld eines psychotischen Schubs jeden gebildeten (gesunden) Altersgenossen durch das philosophische Niveau ihrer Äußerungen in Verlegenheit gebracht hätten.

60 R. Steiner, *Allgemeine Menschenkunde als Grundlage der Pädagogik.* GA 293.

61 Wie Anm. 49.
62 R. Steiner, *Die geistig-seelischen Grundkräfte der Erziehungskunst.* GA 305.

Zu: Vorbemerkungen zur Symptomatologie

Literatur (im Text Autorennamen):
A. Prader, in: G. Nissen (Hrsg.), *Psychiatrie des Pubertätsalters.* Bern/Stuttgart/Wien 1985.
M. Woernle, in: *Goetheanistische Naturwissenschaft.* Bd.4 (Anthropologie). Stuttgart 1985.
R. Steiner, *Allgemeine Menschenkunde als Grundlage der Pädagogik.* GA 293.
R. Steiner, *Geisteswissenschaft und Medizin.* GA 312.
L. J. Kaplan, *Abschied von der Kindheit.* Stuttgart 1988.
F. Alonso-Fernandez, in: G. Nissen (Hrsg.), *Psychiatrie des Pubertätsalters.* Siehe oben.
R. Treichler, *Die Entwicklung der Seele im Lebenslauf.* Frankfurt 1984.
H. Müller-Wiedemann, *Mitte der Kindheit.* 4. Aufl. Stuttgart 1993.
W. Holtzapfel, *Krankheitsepochen der Kindheit.* Stuttgart 1978.
F. Husemann, *Das Bild des Menschen als Grundlage der Heilkunst.* Bd. 2. 5. Aufl. Stuttgart 1991.
H. Köhler, *Die stille Sehnsucht nach Heimkehr.* 3. Aufl. Stuttgart 2008.
A. Steffen, *Die anthroposophische Pädagogik.* Dornach/ Schaffhausen 1983.

Zu: Wandlungen der Selbst- und Welterfahrung

Literatur, sofern sie nicht schon vorher genannt wurde (im Text Autorennamen):
K. König, *Die Seele des Menschen.* Stuttgart 1989.
L. Scheck-Danzinger, *Entwicklungspsychologie.* Wien 1975.
R. Steiner, *Die gesunde Entwicklung des Leiblich-Physischen als Grundlage der freien Entfaltung des Seelisch-Geistigen.* GA 303.
R. Steiner, *Theosophie.* GA 9.
R. Steiner, *Anthroposophie – Ein Fragment.* GA 45.
R. Steiner, *Anthroposophie, Psychosophie, Pneumatosophie.* GA 115.
W. Rehm, *Psychoanalytische Erziehungslehre.* München 1968.
D.W. Winnicott, *Vom Spiel zur Kreativität.* Stuttgart 1979.
W. Biebl, *Anorexia nervosa.* Stuttgart 1986.
G. Nissen, *Psychiatrie des Pubertätsalters.* (Vorwort). Bern/Stuttgart/Wien 1985.
K. Löwith, zitiert nach Tellenbach, in: G. Nissen. Siehe oben.

Zu: Güte, Schönheit, Wahrheit?

1 R. Steiner, *Allgemeine Menschenkunde als Grundlage der Pädagogik.* GA 293.
2 An dieser Stelle wird in der Regel sogleich gefragt: Und was ist mit Kindern, die

gar nicht erwünscht waren? Ich glaube, man muß mit solchen Problemen so sachlich wie möglich umgehen. Wenn ich etwa sagen würde: «Wenn zwei Menschen zusammen in eine Wohnung ziehen, ist es in der Regel ihr Wunsch, zusammenzuleben», dann widerspricht das Argument, in Zeiten großer Wohnraumnot seien viele Menschen gezwungen, zusammen in einem Zimmer zu leben, dieser Aussage nicht. Auch das Gebären von Kindern, die nicht erwünscht sind, ist auf einer anderen Ebene eine große Not. Die Not besteht in beiden Fällen darin, daß die Voraussetzungen für freie Menschenbegegnungen nicht gegeben sind. Daß auch karmische Zusammenhänge der Verwirrung und tragischen Verzerrung unterliegen können, steht außer Zweifel.

3   E. Bornemann, *Das Geschlechtsleben des Kindes*. München/Wien/Baltimore 1985.

4   L. Scheck-Danzinger, *Entwicklungspsychologie*. Wien 1975.

5   Wie Anm. 1.

6   R. Steiner, *Die Schwelle der geistigen Welt / Aphoristische Ausführungen*. In: *Ein Weg zur Selbsterkenntnis des Menschen / Die Schwelle der geistigen Welt*. GA 16.

7   Vgl. dazu H. Köhler, *Über die Schönheit*. INFO 3, Heft 1, 2, 3 1987.

8   Man kann die Entwicklung des Zeiterlebens bis zum etwa 18. Lebensjahr in fünf Hauptabschnitte einteilen, nämlich l. die Phase der Zeitenthobenheit; 2. die Phase der objektiven Nah-Zeitigung; 3. die Phase der subjektiv-rückschauenden Fernzeitigung; 4. die Phase der subjektiv-vorschauenden Fernzeitigung. Letztere überlappt sich schon mit dem Eintritt in die «Zeitreife» bzw. in die Phase der biographischen Integration.

9   D. W. Winnicott, *Vom Spiel zur Kreativität*. Stuttgart 1979.

10   H. Müller-Wiedemann, *Mitte der Kindheit*. Stuttgart 1989.

11   R. Steiner, *Die geistig-seelischen Grundkräfte der Erziehungskunst*. GA 305.

12   Zitiert nach Müller-Wiedemann (vgl. Anm. 10).

13   Wie Anm. 10.

14   Wie Anm. 1.

15   Es gibt gewisse Urerfahrungen, die von vielen Jugendlichen gesucht werden und auf dieses Phänomen hindeuten, so z. B. der Ritus der «Verschmelzung mit dem Baum», das Stehen am Rande eines Abgrunds, das intensive Betrachten eines Gegenstands, bis er keine Bedeutung mehr hat und schließlich als optisches Ereignis sogar verschwindet. Einen ähnlichen Stellenwert haben oft die Sexualität, der Tanz, die entfesselte Musik.

16   Harbauer, Lempp, Nissen, Strunk (Hrsg.), *Lehrbuch der speziellen Kinder- und Jugendpsychiatrie*. Berlin/Heidelberg/New York 1981.

17   Wie Anm. 4.

18   H. Köhler, *Die stille Sehnsucht nach Heimkehr. Zum menschenkundlichen Verständnis der Pubertätsmagersucht*. 3. Aufl. Stuttgart 2008.

19   Ch. Beichler, E. Klein, Vom Umgang mit Jugendlichen. Schaffhausen 1977.

20   Es ist für die Psychotherapie seelischer Störungen im Erwachsenenalter von großer Bedeutung, im Sinne einer biographischen Gesprächsarbeit aufzuklären, in welcher Kindheitsphase der «Vertrauensbruch durch die Realität» so stark erschütternd gewirkt hat, daß die Enttäuschung über das Jugendalter hinaus unverwandelt

weitergetragen wurde. Rudolf Steiner hat einmal gesagt, es könne niemals «Schönheit auf der Erde erblühen, ohne daß die Götter die Erde mit Häßlichkeit düngen. Das ist eine innere Notwendigkeit des Lebens.» Aber das Erlebnis der «Düngung» der Erde mit Häßlichkeit (in dem Sinne, wie ich Schönheit und Häßlichkeit vorstehend beschrieben habe), kann auch entmutigen. Dann ist es (z. B. bei depressiven Menschen) wichtig, den von R. Steiner beschriebenen Zusammenhang im Denken, Fühlen und Wollen lebendig werden zu lassen. Man wird in der Biographiearbeit besonderes Gewicht auf die Kindheitsmitte legen.

21 Vgl. dazu S. 231, Anm. 21.

22 M. Laufer, M. Egle Laufer, *Adoleszenz und Entwicklungskrise*. Stuttgart 1989.

23 R. Steiner, *Die geistig-seelischen Grundkräfte der Erziehungskunst*. GA 305.

24 Wie Anm. 23.

25 R. Steiner, *Allgemeine Menschenkunde als Grundlage der Pädagogik*. GA 293.

26 Über den Zusammenhang von ungenügender Tastsinnentwicklung und Angst schreibt Karl König in seinem Buch *Sinnesentwicklung und Leiberfahrung* Grundlegendes. Man wird das Tastsinn-Phänomen (das viel mehr beinhaltet als nur das Tasten mit den Händen, nämlich das sogenannte Körperschema, das Grundgefühl der Begrenztheit, des In-sich-selbst-heimisch-Seins) wesentlich stärker als bisher ins Auge fassen müssen, um nicht nur angstneurotische, sondern auch zwangsneurotische Erscheinungen, gewisse Spielarten des Schulversagens oder chronische Erkrankungen der Atemwege bei Kindern richtig verstehen zu können.

27 Wie Anm. 23.

28 Vgl. das Kapitel «Diskussion – zwei Fallschilderungen nach H.E. Richter», S. 60 ff.

29 W. Biebl, *Anorexia nervosa*. Stuttgart 1986.

30 Wie Anm. 10 und 12.

31 Wie Anm. 23 und 27.

32 Zitiert nach Biebl, vgl. Anm. 29.

Zu: Schattenreiche

Literatur, sofern sie nicht schon zuvor aufgeführt wurde (im Text Autorennamen):
B. Lievegoed, *Entwicklungsphasen der Kindheit*. Stuttgart 1976.
B. Gut, *Neugier – Übersicht – Einbezogenheit / Zur Entwicklung der offenen Persönlichkeit*. In: *Die Drei* Heft 6 1989.
S. Sutherland, *Die seelische Krise / Vom Zusammenbruch zur Heilung*. Frankfurt 1980.
H. Roth, in: Flitner/Scheuerl (Hrsg.), *Einführung in pädagogisches Sehen und Denken*. München/ Zürich 1984.

Zu: Der Verlust der Kindheit

1 A. Schweitzer, *Aus meiner Kindheit und Jugend*. Bern 1979.